公共行政的哲学基础

The Philosophical Basis of Public Administration

谭九生　著

中国社会科学出版社

图书在版编目（CIP）数据

公共行政的哲学基础／谭九生著．—北京：中国社会科学出版社，2018.10

ISBN 978－7－5203－3389－4

Ⅰ．①公…　Ⅱ．①谭…　Ⅲ．①行政学—哲学—研究　Ⅳ．①D035

中国版本图书馆 CIP 数据核字（2018）第 240245 号

出 版 人　赵剑英
责任编辑　王莎莎
责任校对　冯英爽
责任印制　王　超

出　　版　中国社会科学出版社
社　　址　北京鼓楼西大街甲 158 号
邮　　编　100720
网　　址　http://www.csspw.cn
发 行 部　010－84083685
门 市 部　010－84029450
经　　销　新华书店及其他书店

印　　刷　北京君升印刷有限公司
装　　订　廊坊市广阳区广增装订厂
版　　次　2018 年 10 月第 1 版
印　　次　2018 年 10 月第 1 次印刷

开　　本　710×1000　1/16
印　　张　17.75
插　　页　2
字　　数　317 千字
定　　价　75.00 元

国家社科基金后期资助项目

出版说明

后期资助项目是国家社科基金设立的一类重要项目，旨在鼓励广大社科研究者潜心治学，支持基础研究多出优秀成果。它是经过严格评审，从接近完成的科研成果中遴选立项的。为扩大后期资助项目的影响，更好地推动学术发展，促进成果转化，全国哲学社会科学工作办公室按照"统一设计、统一标识、统一版式、形成系列"的总体要求，组织出版国家社科基金后期资助项目成果。

全国哲学社会科学工作办公室

序　言

以改革开放初期行政管理学的恢复与重建为契机，在学界与实务界的大力推动下，我国公共行政学科历经40年的发展，学科建设取得了重大成就，影响日渐扩大，为推进我国行政体制改革、解决改革创新过程中的重大问题贡献了智慧。当前，公共行政学在我国已进入发展的快车道，研究队伍日益壮大、研究方法日益多元、研究成果日益丰富、研究成效日益显著，扎根于我国丰富多彩的经济社会发展实践，逐步形成了具有鲜明中国特色的公共行政学。一方面，我国波澜壮阔的改革开放，特别是国家行政制度及政府机构改革的伟大实践，为我国公共行政学的兴起注入了强大动力，极大拓宽了学科发展的研究空间并提供了前所未有的历史机遇。另一方面，经济、信息、文化的全球化深入发展，深刻改变了公共行政学的理论样态、实践模式和话语体系，对我国公共行政学创新发展提出了新的时代要求。

在公共行政学突飞猛进发展的今天，其作为独立学科的“身份危机”始终困扰着公共行政研究者们，导致这种状况的最主要原因在于学科的基础理论研究比较薄弱。针对公共行政学的“身份危机”困境，行政哲学在何种维度、以何种方式，为公共行政学提供何种知识基础，是当前行政哲学研究必须予以回应的。从行政思想史以及行政哲学的发展状况来看，行政哲学至少能够为公共行政学提供价值观、方法论、思维方式等类别的知识基础。早在2004年，我就认为“人性假设与行政”是公共行政学研究的基本内容之一。2014年在《实践哲学视阈中的行政哲学》一文中，我依然将“人性假设与行政”作为行政哲学学科体系的内容，并提出了如何从“经济人”向“公共人”转化的问题。正如休谟所言：“一切科学对于人性总是或多或少地有些关系，任何学科不论似乎与人性离得多远，它们总是会通过这样或那样的途径回到人性。”人性作为哲学的基本范畴之一，是研究公共行政理论与实践的逻辑前提。因而，当下的公共行政学界，应充分考虑公共行政中的人性问题，并以站在时代前沿的理论勇气诠释公共行政学的理论内涵，构建公共行政学科体系，解决学科“身份危机”。然而，目前公共行政学界尚无一部从人性维度系统研究公共行政的哲学基础的著作。鉴于此，本书的出版可进一步推进我国公共行政学的理论研究。

本书立足于本土实践思考，以公共行政与人性的关系究竟是什么，这一关系又具体体现在哪些方面为逻辑起点，是一项关于公共行政学学科发展与理论创新的研究成果，阅读它，发现它有如下理论建树和应用价值：

一是研究内容的创新性。书中所阐述的观点，都表现出作者在公共行政哲学基础研究中的创造性。一直以来，何为公共行政哲学的基础，学术界莫衷一是，多年来争论不断。追问是哲学的魅力之所在，从现象出发，应用哲学式的追问之法探究本质根源，从而使问题研究不限于现象。本书作者从人性预设的方法论原则、“公共人”的主要表征、“公共人”的理论渊源、“公共人”与公共行政的契合四方面，论证了“公共人”作为公共行政哲学基础的合理性。可以说，任何一项研究，最难的是基础性、原创性的研究。而这本书却体现了作者的理论功底和创新性思维的运用。

二是研究问题的前沿性。作者以一个公共行政理论研究者独有的责任感和敏锐性，着眼于公共行政学科建设面临的诘难，把握时代发展要求，抓住公共行政学的前沿问题进行研究。一方面，作者以“公共人”为统一的哲学基础，从逻辑起点、学科边界、主要议题、范畴体系以及方法论五方面，较完整地建构了公共行政学科体系。这与学界将人性研究成果主要应用在如何完善行政激励等具体行政制度不同，本书更具有全局性、根本性，有助于解决公共行政学科因哲学基础不统一，所导致的学科体系逻辑较混乱、缺乏内在联系等不足之处。另一方面，作者从“公共人”的规则意识、服务品格、协同理念以及人文精神等方面，探讨了法治行政、服务行政、民主行政和人本行政的建构问题，有助于克服学界在研究公共行政实践转型中，仅注重具体的制度构建，却忽视了制度构建背后的人性因素等不足之处，为公共行政的实践转型奠定了较为充分的哲学基础。

三是研究方法的合理性。在公共行政领域，某个问题的产生、存在与发展往往是多个因素共同作用的结果。因此，分析、解决问题的方法与思路必须讲究科学性。特别是从事哲学研究，方法是为一定目的服务的，哲学式思辨在于提供和培育反思和批判的哲学态度，在于增进对以人性预设为研究视角的公共行政哲学基础及其意义的理解。故此，研究方法之选择显得尤为重要。作者遵循科学原则和价值原则辩证统一、整体分析和历史考察相融合、抽象思维和具体思维相结合的人性预设方法论原则，论证了现实个人的存在形态、公共领域的行动边界、公益优先的价值取向、有限理性的认知能力以及实现善治的行动目标构成了“公共人”的本质属性。并以此研究方法，分析人性之维的公共行政哲学基础之所以是“公共人”，其原因在于公共问题的治理、公共利益的实现以及公共行动的达成，都离不开以公益优先为价值取向的“公共人”的实践活动，作为“公共伦理”存在的“公共人”，在定向、定位与定性三方面与公共行政的“公共性”相契合。

湘潭大学公共管理学院成立于2007年，成立时间虽不长，但办学基础良好，学术积淀深厚，优秀人才荟萃，特别是行政文化与行政哲学研究已成为研究特色，在国内公共行政学界有一定的影响力。本书作者谭九生教授是我的第一个公共管理合作博士后，从法学到公共行政学的专业跨越，使他拥有较为广阔的知识视野、严谨的治学态度、潜心的求学精神。这些年他专注于行政哲学研究，虽工作繁忙依然坚持学术研究，取得了不俗的科研成果。当他把即将出版的《公共行政的哲学基础》书稿置于我面前时，我由衷为他感到高兴，并欣然作序，希望他的研究成果早日面世。当然，书中有些观点还不太成熟，甚至会引起学术争论，这是任何基础性研究均会遇到的现象。我们应当秉持包容性的学术情怀，鼓励青年学者多出成果，切实为公共行政学的基础理论研究添砖加瓦。也希望更多的公共行政学者，在中华民族伟大复兴的道路上，以不畏艰难的学术勇气、高度的国家责任感，不懈地进行更有理论含量的创新性研究，创造有中国特色的公共行政学的理论体系和话语体系。

颜佳华

2018年7月21

目　录

导　　论

一　学科“身份危机”与人性预设:问题的提出

学科“身份危机”是指公共行政学作为一门独立的学科并没有得到学界普遍认同。公共行政学是一个研究领域?经世致用的专业?还是一门科学或技艺?诸如此类的基础问题尚未达成共识，相关争议也贯穿了公共行政学的百年发展历程。正如美国行政学者麦尔文·达布利克所言，“身份危机”本是学科成长的青春期阶段才有的烦恼。然而，该问题并没有得到有效解决，现已“发育成熟为盛开的中年危机”“‘身份危机’已成为用来表征公共行政学问题的几个标签之一”。[①]

中外学者关于公共行政学科“身份危机”的产生之因大体相同。西方学者认为，“由于人们对‘什么构成了领域的核心’以及‘什么是其恰当的研究议程’没有达成共识，因此，公共行政学很难将它在其他学科中发现的知识整合起来或变成自己的东西。公共行政借用了其他学科的知识，却未能吸纳、培育或发展之。它之所以不能整合，是因为它没有一个被清晰定义的、能附加枝蔓的躯干。公共行政学仍然是一个多学科领域，而不是一个跨学科领域”。[②] 所以，在西方学者看来，导致学科“身份危机”的最主要原因是学术共同体在公共行政的核心问题上缺乏统一的“共识”。我国学者认为公共行政学“研究重心的‘非中国化’、‘管理主义’盛行、缺乏对真实世界的了解、消解了‘历史’的公共行政学研究、规范理论的贫困、研究质量存在问题、缺乏学术规范、缺乏指导实践的能力”[③] 等问题的存在，致使我国的公共行政学作为一门独立学科处在危机

---

① 颜昌武、马骏:《公共行政学百年争论》，中国人民大学出版社2010年版，第170页。

② 同上书，第180页。

③ 马俊、刘亚平:《中国公共行政学的“身份危机”》，《中国人民大学学报》2007年第4期，第8—11页。

之中。

鉴于学科独立地位有助于实现学科研究的连贯性之价值，中外学者均从不同途径开出了解决公共行政学科“身份危机”的药方。西蒙主张在逻辑实证论的指导下，建立一门纯粹的行政科学，与传统的政治学分离，从而奠定公共行政学的独立地位。沃尔多与西蒙不同，他一方面反对将公共行政学视为政治科学的次级学科，另一方面又对公共行政学能够成为一门独立的社会科学表示怀疑。因此，沃尔多采取折中方法，认为将公共行政学作为一门“专业”来建设，则可解决公共行政学的学科“身份危机”问题。“专业观点或专业地位是唯一的一个足够宽泛和灵活的选择，它可以容纳我们各种不同的兴趣和目标，同时它又是足够坚定的和易懂的，可以提供关于方向和目的的某种一致性和某种意义。它内涵丰富，包含有用的提示与命令，这对研究和讲授公共行政的学术界以及实践公共行政的政府部门都是有很大意义的。与任何其他一种进路相比较，这种思路在公共行政的理论与实践所开展的更广阔的环境里，能带给我们更多的东西。”① 我国学者则是从“研究品质”的提升来探讨如何解决公共行政学科的“身份危机”问题。概而言之，主要有以下几种观点。一是认为将公共行政学定位于应用学科是解决学科“身份危机”的关键；② 二是主张妥善处理工具理性与价值理性的关系，改变技术至上的研究现状；③ 三是认为创新公共行政学研究的方法论，将诠释性、批判性研究引入学科研究；④ 四是主张解决学科的“身份危机”，须从官僚行政走向民主行政；⑤ 五是认为通过主流行政学期刊的正确导向、行政学研究者的自律与自省以及研究方法的训练等措施，可缓解公共行政学的“身份危机”。⑥

笔者认为，学科议题、基本范畴、方法论等“共识”的缺乏，以及研究品质偏低等因素，的确是引发学科“身份危机”的原因，但仅仅是

---

① 颜昌武、马骏：《公共行政学百年争论》，中国人民大学出版社 2010 年版，第 176—177 页。

② 周志忍：《公共行政学发展绕不开的几个问题》，《公共行政评论》2013 年第 2 期，第 2—3 页。

③ 丁煌、李晓飞：《正本清源：公共行政学“身份危机”之新考量》，《湘潭大学学报》（哲学社会科学版）2010 年第 4 期，第 68—73 页。

④ 刘亚平：《公共行政学的合法性危机与方法论路径》，《武汉大学学报》（哲学社会科学版）2006 年第 1 期，第 102—105 页。

⑤ 王惠娜：《公共行政学的“身份危机”与未来走向》，《华侨大学学报》（哲学社会科学版）2012 年第 3 期，第 30—37 页。

⑥ 何艳玲：《危机与重建：对我国行政学研究的进一步反思》，《中国人民大学学报》2007 年第 4 期，第 12—15 页。

形式要件。人性预设“共识”的缺乏才是导致学科“身份危机”的实质要件，是公共行政学作为一门独立学科难以得到学界认同的深层原因。正如休谟的经典判断，“一切科学对于人性总是或多或少地有些关系，任何学科不论似乎与人性离得多远，它们总是会通过这样或那样的途径回到人性”①。事实上，人性预设作为科学研究的“心脏”，决定了不同学科的议题设定、基本范畴以及方法论的选择。例如，以“理性—经济人”为人性基础的古典经济学，认为私人利益最大化是“理性—经济人”的本质属性，经济学作为研究经济活动的学科，其核心议题便是如何最大化地实现私益，为此，构建良好的市场机制构成了古典经济学的基本范畴，研究经济活动的最适宜方法论是个人主义方法论。以“人性恶”为人性预设的西方政治学，则认为滥用权力是人的本性，然而，权力的公共性决定了权力必须以维护公共利益为其宗旨，因此，维护良好的公共秩序、保障公民权利是政治学的核心议题，权力—权利的关系构成了政治学的基本范畴，整体主义是政治学的方法论。

纵观西方公共行政学的百年发展历史，就有“理性—经济人”“社会人”“行政人”“自我实现人”“复杂人”，以及“文化人”等多种人性预设。我国自20世纪80年代恢复行政学以来，在短短的30多年中，对公共行政学的人性预设观点纷呈，如“理性—经济人”“比较利益人”“公共人”“道德人”“完整人”“制度人”等。建构在这些不同人性预设基础上的公共行政学范式，各有不同的议题、范畴及方法论基础。比如，“理性—经济人”假设的传统公共行政范式，主张行政效率的提升是公共行政的最高之善，科学设计行政组织、总结行政规律是公共行政学的基本范畴，个人主义是其方法论。“社会人”假设的行为学派，看到了传统公共行政在行政物化方面的不足之处，主张应当从“理性—经济人”向“社会人”转换，尽管提高行政效率依然是公共行政的主要议题，但是，实现该议题的途径则从“控制”走向“参与”，研究重心由此也发生了转换：突出行政组织的和谐人际关系构建之内容。除此之外，公共行政学的发展历程中，以“自我实现人”“复杂人”“文化人”等人性预设为基础的理论范式，均在核心内容方面有所差别。因此，因人性预设“共识”的缺乏所导致的公共行政理论范式之变迁，时常使得公共行政理论范式处在变化之中，让人目不暇接、难有定论，这种状况不利于学科知识在相对稳定的范式框架中有序增长，无怪乎其他成熟的学科质疑公共行政学作为

① ［英］休谟：《人性论》（上册），关文运译，商务印书馆1980年版，第6页。

一门独立学科的妥当性问题了。

人学学者卡西尔指出，“认识自我乃是哲学探究的最高目标——这看来是众所公认的。在各种不同哲学流派之间的一切争论中，这个目标始终未被改变和动摇过：它已被证明是阿基米德点，是一切思潮的牢固而不可动摇的中心。即使连最极端的怀疑论思想家也从不否认认识自我的可能性和必要性”①。“认识自我”的核心在于对人性的认识。事实上，任何社会科学研究都离不开对人性的认识，作为对社会生活进行抽象并上升为系统理论所形成的社会学科，都是以某种人性预设作为建构该学科体系的“阿基米德点”。人性预设的不同，也就形成了不同的学科特色，规定了不同的研究对象与方法，正是在这个过程中，社会科学才能走向繁荣，是在特殊性中的繁荣。然而，认识人自己的命题又是何等复杂，自从人认识到自己成为人的那一刻起，人的自我意识就从未停止认识自己的本质是什么，人从何来又将往何去等人生问题，从古至今，形成了无法精确统计的人性观点。因此，认识人性、研究构成各学科不同的人性预设，并在此基础上明确学科研究主题、基本范畴以及方法论等核心议题，突出学科特色，是解决学科“身份危机”的关键，公共行政学科尤其应当如此。

二　国内外研究现状及简评

公共行政学的跨学科属性，决定了在其成长过程中需借鉴其他学科的知识，尤其是政治学、经济学、管理学以及心理学等，对公共行政学的理论建构起着支撑作用，公共行政学的人性预设方面亦是如此。

（一）国外研究现状

公共行政学在西方的百年发展历程中，“理性—经济人”“社会人”“自我实现人”“复杂人”“理念人”等构成了西方公共行政学主要的人性观。

“理性—经济人”的人性假设来源于快乐主义哲学，这种学说主张人的所有行为都是为了追求自身利益的最大化，从行政人员的行为角度而言，“理性—经济人”的人性假设意味着，“职工们基本上都是受经济性刺激物的激励的，不管是什么事，只要能向他们提供最大的经济收益，他

---

① ［德］恩斯特·卡西尔：《人论》，甘阳译，上海译文出版社2003年版，第3页。

们就会去干。……因为经济性刺激物又是在组织的控制之下，所以职工们的本质是一种被动的因素，要受组织的左右、驱使和控制。……感情这东西，按其定义来说，是非理性的，因此必须加以防范，以免干扰了人们对自己利害的理性的权衡。……组织能够而且必须按照能中和并控制住人们感情的方式来设计，因此也就是要控制住人们的那些无法预计的品质”①。泰勒倡导的科学管理运动以及后来的新公共管理就是建立在“理性—经济人”人性预设的基础之上。

以“理性—经济人”人性预设为基础的泰勒制，虽然强调了管理的科学性、合理性与纪律性，但是，却对人在管理中的地位及其作用没有过多的注意。因此，泰勒制在大幅度提高生产效率的同时，也导致了劳资关系的恶化，工人成了“活机器”，单调乏味的工作引起了工人的强烈不满，怠工、罢工现象时有发生。另外，随着经济发展与科技进步，工人的教育水平有了明显提升，资产阶级深刻地感受到需要创新管理方式以应对前述两方面的变化。埃尔顿·梅约通过著名的“霍桑实验”，揭示了社会交往的需要对激励行政人员努力工作的重要性，从而提出了一种新的人性观：社会人。公共行政中的人际关系学派所主张的就是“社会人”的人性观。认为行政人员不仅仅是理性、经济的，还是寻求同事或非正式团体的爱的“社会人”。同僚彼此之间的爱、同情、归属感以及平等正义等共同的价值观可以提升工作效率。“理性—经济人”预设与“社会人”假设相比，关注点从纯粹的物质利益或经济性刺激转向重视行政人员的社会性需求，尤其是社会交往的需要，这种转向无疑是一种进步，其对公共行政的意义在于：一是开始从“见物不见人”、以完成行政任务为目的的传统公共行政，转向注重人的作用、满足人的需要的现代公共行政。二是行政领导不仅仅以对下属的控制为唯一管理手段，而应关心他们的心理健康，尤其是应当关注下属对行政组织的身份归属感。三是行政领导要倾听下属的心声，了解他们的心理预期与现实需要，在上级领导面前支持下属的要求。

“社会人”人性预设将行政活动的成效高低，寄托于行政人员社会交往需求的满足之上。但是，这种成效究竟如何却很难做出恰当的判断。故此，很多学者从关注行政人员本身转而关注工作对行政人员的意义，这与现代工业化进程中，许多工作已被碎片化、过分专业化，以至于工作人员

① ［美］爱德加·薛恩：《组织心理学》，余凯成等译，经济管理出版社 1987 年版，第 62—63 页。

无法在工作中体现自己的能力与价值这一宏观背景有密切的联系。马斯洛的"自我实现人"以及麦格雷戈的"Y"理论就是从行政人员的工作意义中探讨人性问题。马斯洛认为人的需求从低到高共有五大类，它们是生理需求、安全需求、社会需求、受人尊敬的需求，以及自我实现的需求。麦格雷戈的"Y"理论认为，一般的人并非天生厌恶工作，相反，在工作中能够满足自身的需要；外部控制并不是实现组织目标的唯一方法，在参与的过程中，人们能够自我控制；自我需要的满足是实现组织目标的直接产物等。就完善组织的激励制度而言，"Y"理论与"自我实现人"人性假设将激励因素置于工作本身，而不是某一个领导权威或特定的职位之上，在"理性—经济人"或"社会人"人性预设中，换取一定工作成效必须要以支付一定的物质报酬或社会性奖励为代价，这二者都属于外在性激励。而"Y"理论与"自我实现人"的假设由于将工作本身视为对行政人员富有意义和挑战，所以，努力完成工作就是满足了自身的需求，这样，外在性激励便内化为行政人员自身的追求了，亦即通过完成任务的满足感及发挥了个人潜能后的满足感去换取优质的工作成效。组织不再需要运用严密的控制手段来监督行政人员应当努力工作，重要的事情是从控制转变为将合适的工作分配给合适的人。

薛恩认为"理性—经济人""社会人""自我实现人"这三组人性假设，"并不是相互竞争、不能互容的，它们只不过是各自企图在不同的'分析层次'上去解释不同的事情而已"①。由此而构建的公共行政管理方式方法在一定程度上是正确的，并且有利于人们认识公共行政组织如何发挥其管理功能。但是，其共同的不足之处是"每一种理论都会把复杂的现实过分简单化和过分一般化了"。② 随着对人类行为研究的深入，薛恩主张应当综合采用社会学的、发展的与情景的理论来研究人性问题，认为个体的人不仅需要与潜在的欲望是多种多样的，而且这些需要的模式会随着年龄、所扮演的社会角色以及所处境遇的不同而发生变化，由此，薛恩提出了"复杂人"的人性假设。该观点的主要内容有：一是认为人有多种需求，且会随着人的发展阶段不同而发生变化。二是人在职业生涯中的总的动机模式，是他的原始需要与组织之间相互交往的结果。三是人在组织中处于不同岗位、部门就会有不同的需求。四是人们可以基于不同的心

① ［美］爱德加·薛恩：《组织心理学》，余凯成等译，经济管理出版社1987年版，第91页。

② 同上书，第90页。

理动机，全身心地参与到组织中，提高自己的工作效率。五是人们可以对不同的管理策略作出不同的反应，所以，没有唯一正确的管理策略。公共行政的系统权变管理理论所持的就是“复杂人”人性观。

进入20世纪80年代以来，针对国际化市场竞争的日趋激烈之情势，日本著名的企业家松下幸之助提出了“理念人”——国内有人称为“文化人”——的人性假设。“理念人”强调人的观念、信仰及习俗作风对人的欲望的驾驭作用，突出了群体理念对个体工作人员的制约作用。其主要观点有三：一是人是心物合一的统一体，人兼有欲望与理性双重人性，理性可对人的无穷之欲望进行节制。人的理智水平决定了人的价值，推动着个体的人持续前进。二是人性是个性与群体性的统一，优良的群体性可矫正个性的不足，在优化个性的基础上，个性与群体性通力合作，成为改造世界的强大力量。三是人性是可塑的，经过后天的教育与社会的磨炼，人性可达到优良。

（二）国内研究现状

我国自20世纪80年代以来，对公共行政学的人性研究成果较多，观点也较为多元。梳理国内已有的研究成果，大体可分三大类：一元人性论、二元人性论及总体性人性观。

1. 一元人性论

主张一元人性论的观点主要有“经济人”“比较利益人”“公共人”“知识人”“生态和谐人”等。

董建新[①]认为“经济人”假设并非道德批判，而是一种对社会现象的现实描述，也并非仅是指关注自利而完全排除利他的行为动机。就政府组织而言，若从应然角度而言，政府不应是“经济人”，而是公利人，从实然角度来看，具体的政府组织并非完全不是“经济人”。就个体的政府官员而言，则是不折不扣的“经济人”。之所以如此判断公共行政的人性假设，是因为现在的经济基础仍然是商品经济，行政官员的行为动机仍然是由一定生产力发展水平决定的，在生产、生活资料存在稀缺、劳动还是人们主要谋生手段的现实条件下，行政官员追求一定的经济利益与职务利益是其现实需求。

---

① 董建新：《政府是否是“经济人”?》，《中国行政管理》2004年第3期，第65—69页。

陈庆云等[①]认为新公共管理运动是以“经济人”假设为制度设计的前提，而“经济人”假设是一种极点式的人性判断，它以个人私利最大化为个体追求的终极目标，完全排斥了人的为公属性，这种人性判断可能无法促进公利的实现。针对“经济人”假设的不足之处，结合公共管理的本质属性，主张公共管理的人性假设应当是“比较利益人”，与“经济人”假设的“极点式人性论”不同，比较利益人是一种“线段式人性论”，它具有利益性、比较性、动态性和相对性等特点。

张康之[②]在区分市场活动与行政活动的不同属性基础上，主张行政人员应当是“公共人”而不是“经济人”，假如行政人员也是“经济人”的话，就为腐败现象设定了合理的借口。公共行政的公共性决定了行政人员只能是“公共人”。刘瑞、吴振兴[③]也主张社会主义的政府人应当是“公共人”，认为利己性与理性是“经济人”的两个基本特征，其中利己性是“经济人”的灵魂，“经济人”假设不适用于政府人，因为“经济人”假设违背了历史唯物主义，忽视了社会经济条件对人性的制约作用，这是其一。其二，“经济人”假设建立在形而上学的基础上，把多样人性抽象化为单一的、线性的人性。在将政府人的角色定位为人民“公仆”的基础上，主张我国的政府人应当是“公共人”，其人格特征表现为四个方面。一是政府人追求的目标应当为实现公共利益的最大化。二是政府人的公共管理权力来自公众的授权，在公众的授权之外，政府人没有任何权力，公众授权的同时也意味着对政府人权力运行的监督。三是政府人的全部生活资料由社会公众提供，因为政府人不再从事社会生产经营活动，除了一心一意为公众服务之外，没有个人特殊的物质利益。四是政府人必须接受社会公众的监督，这是由政府人的行为宗旨、掌握的公共权力性质所决定的。

徐拥军[④]认为在知识经济时代，“知识人”是管理的人性假设。首先，“知识人”与普通人一样，具有利己特性，利己性表现的不只是经济利益，而是多种利益的综合。其次，“知识人”具有公益性，追求公益性或

---

① 陈庆云等：《比较利益人：公共管理研究的一种人性假设——兼评“经济人”假设的适用性》，《中国行政管理》2005 年第 6 期，第 40—45 页。

② 张康之：《寻找公共行政的伦理视角》，中国人民大学出版社 2002 年版，第 162—164 页。

③ 刘瑞、吴振兴：《政府人是公共人而非经济人》，《中国人民大学学报》2001 年第 2 期，第 72—77 页。

④ 徐拥军：《“知识人”假设与知识型员工激励模式》，《经济师》2004 年第 2 期，第 148—149 页。

许是囿于法律、制度等约束，或许是基于一个具有高度社会责任感的人的有意为之。最后，“知识人”具有“自我理性”和“社会理性”，前者强调对自身利益的追求，后者要求实现社会公共利益。

孙健[①]认为“经济人”“社会人”“文化人”人性假设是适应了农业文明、工业文明时代要求的人性抽象，在生态文明的时代背景下，“生态和谐人”应当是公共管理的人性假设。“生态和谐人”假设是对传统人性假设的超越，强调人与人、人与自然、人与社会的生态和谐，强调经济效益、社会效益与环境效益的三维效益和谐，强调经济安全、社会安全与生态安全的综合安全观。

2. 二元人性论

公共行政的二元人性论主要包括“公益人”与“经济人”、“经济人”与“道德人”、“经济人”与“公共人”的统一等观点。

侯保龙[②]主张政府的人性假设是“公益人”与“经济人”的统一体。首先，从人性视角而言，我国古代的人性善推演出政府是公共利益的化身，主张为政以礼，实行贤人政治，但是这种政治容易陷入人治的泥沼，人性恶假设则容易使得政府走向霸权之治。因此，政府应当是“公益人”与“经济人”的统一体，唯有如此才能避免人性善恶二分法所导致的人治与霸权之治。其次，从政府的价值角度而言，政府的宗旨就是为了让私人过上理性的社会生活与维护公共利益，理性的社会生活反映了政府的“经济人”属性，而公共利益则是“公益人”的体现。最后，从政府组织的发生学维度，政府应是维护公共利益的代表者，而不仅仅只是为了实现自身利益的“经济人”，否则政府组织的存在就将失去合法性。

赵军、孙昌兴[③]主张行政人应当是“经济人”与“道德人”的统一体。二者的关系是既对立又统一，对立表现在：第一，二者追求的利益不同。“经济人”追求个人利益最大化，“道德人”虽然不完全否认对个人自身利益的追求，但是，更倡导对自身利益的超越。第二，二者之间他律与自律的对立。“经济人”为追求物质利益而为他人提供好处的行为不是自律而是他律，“道德人”崇尚精神利益，把行善作为目的本身就是一种

① 孙健：《管理学视野中的生态和谐人假设及其实现》，《西北师大学报》（社会科学版）2004 年第 5 期，第 123—127 页。

② 侯保龙：《也论政府的人性假设：政府是公益人与经济人的统一体》，《浙江海洋学院学报》2007 年第 2 期，第 50—53 页。

③ 赵军、孙昌兴：《中国行政人伦理建设研究：从行政人的人性论谈起》，《江淮论坛》2005 年第 3 期，第 82—86 页。

自律。“经济人”与“道德人”的统一性表现在：一方面，“道德人”的完善要以“经济人”为物质基础；另一方面，“道德人”是“经济人”追求利益最大化的伦理保障。

孙伟伟、冷向明①认为“经济人”与“公共人”在有限理性、追求利益最大化方面是相同的，二者的分野主要表现在“经济人”是追求个人利益，而“公共人”则是追求公共利益。政府官员作为公共行政主体，其人性具有二重性：“经济人”是其实然人性，“公共人”是其应然人性。以此为基准，人类在构建政府官员管理制度时，则要以“经济人”为基础，以“公共人”为导向，承认“经济人”属性，目的在于使政府官员管理制度能够抑制人的趋恶之倾向，而“公共人”导向可使政府官员管理制度具有前瞻性，真正成为建设服务型政府的前提性假设。

3. 总体性人性观

何颖②在理性地分析了西方公共行政学的人性观基础上，主张公共行政需要坚持马克思的人性观，构建“总体性”人性观。行政人员应当是集特殊性与普遍性、抽象性与具体性、生成性与历史性于一身的总体性的人。

（三）简要评价

中外学者对公共行政的人性预设研究，提升了公共行政学理论研究的深度，为公共行政学寻求独立学科地位做出了贡献。然而，理性分析学界已有的成果，尚存以下不足之处。一是过于强调单一属性的研究，忽视了对人性的整体把握，造成了对人性的抽象化、片面化、静态化及物性化的理解，割裂了人性的完整性，使得公共行政论域中的人都是一种“单向度”的人，与人的完整性现实相矛盾。二是大多数的成果过于依赖其他学科的知识供给，如“经济人”“自我实现人”“利益人”等，公共行政学科自身的特色不足。即使是“公共人”假设，也仅仅描述了“公共人”是什么，对“公共人”的理论渊源，以及“公共人”与公共行政的逻辑关系等核心问题，已有的成果语焉不详。三是对人性预设的理论、实践意义认识的高度与深度不够。学界对人性预设的研究，大体上围绕如何完善行政激励机制等具体行政活动而展开，缺乏以人性预设为统一的哲学基

① 孙伟伟、冷向明：《政府官员人性假定问题探究》，《湖北行政学院学报》2009 年第 2 期，第 74—78 页。

② 何颖：《行政哲学研究》，学习出版社 2011 年版，第 147—152 页。

础，构建公共行政学学科理论体系、探讨公共行政实践转型等根本性“大问题”的成果，相对“矮化”了人性预设研究的理论和实践价值。

三　研究思路与方法

从人性维度研究公共行政的哲学基础，一是应当理顺公共行政与人性的逻辑关系，这是探讨公共行政哲学基础的逻辑起点；二是检讨公共行政领域中相关人性预设，尤其是“政治人”“经济人”预设的不足之处，为重构公共行政的哲学基础提供研判对象；三是诠释“公共人”是什么、“公共人”何以能够成为公共行政的哲学基础等核心问题，为寻找“公共人”预设的理论与实践价值奠定基础；四是以“公共人”为公共行政的人性预设，建构公共行政学科理论体系，此为研究公共行政哲学基础的理论意义；五是以“公共人”为人性预设，探讨公共行政实践的转型问题，此为研究人性之维的公共行政哲学基础的实践价值。具体研究思路如下图所示。

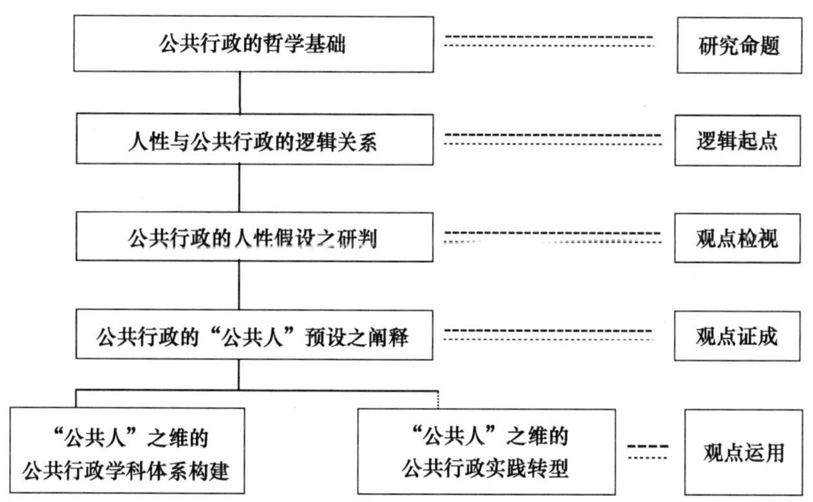

本书是以规范分析为主的基础性研究，具体的研究方法包括：（1）文献研究法。通过收集、研读学界已有成果，去粗存精、集思广益，为研究的顺利展开提供文献资料支持。主要收集了中外有关人性、公共行政理论范式、公共行政的人性观等相关文献资料。（2）比较研究法。公共行政人性假设的观点多元，各观点之间以及建构在自身所持观点之上的公共行政理论体系、实践模式互有优劣，唯有在比较中取长补短，才能得出相对合理的人性观、理论体系以及实践模式。本书在中外人性观、公共行政界定、公共行政的人性观、理论体系及实践模式等方面，运用了比较研究法。（3）反思批判法。该方法是一种否定性的思维方式，通过反思批判现有的“认识”，根据某种规范性的评判标准，提出自己对研究对象的“认识”，使含混不清的“认识”得以澄清。本书在公共行政的人性预设之检讨，公共行政学科体系构建，以及行政实践转型等方面，就是建立在反思批判的基础之上。

四 研究框架与创新之处

（一）研究框架

本书除导论、结语两部分外，主体部分共有五章。导论部分从学科“身份危机”视角提出了研究公共行政人性预设的重要性，并对国内外研究现状、研究思路与方法及创新之处作了简要的概述。结语部分主要是对未来的公共行政人性问题研究提出展望。

第一章在界定公共行政的内涵、人性的内涵与要素基础上，从公共行政的合法性、公共行政运行的基本逻辑及公共行政发展三方面，重点探讨了人性与公共行政的逻辑关系，认为人性是公共行政生成之基础。

第二章介绍并简要评价了公共行政领域中几种主要人性观的内容，重点梳理了“经济人”“政治人”假设的历史演进、本质与表征，论证了“经济人”“政治人”在定向、定位及定性三方面都与公共行政的“公共性”相冲突，认为“经济人”“政治人”不宜成为公共行政的哲学基础。

第三章首先厘定了人性预设的方法论原则，遵循着这些方法论原则，提出了“公共人”的主要特质，探讨了“公共人”预设的理论渊源，重点从定向、定位及定性三方面论证了“公共人”作为公共行政哲学基础的合理性。

第四章从“公共人”维度探讨如何建构公共行政学科体系问题，主要包括公共行政学的逻辑起点、边界厘定、主要议题、范畴体系及方法论五方面的内容，目的在于通过统一的人性预设，消除目前公共行政学科理论体系缺乏逻辑性等弊端，实现研究人性之维的公共行政哲学基础的理论价值。

第五章从“公共人”的固有属性，分别阐述了从人治行政走向法治行政、从管制行政走向服务行政、从垄断行政走向民主行政、从物化行政走向人本行政的理论与现实依据，以及如何转向的具体措施等内容，实现人性之维的公共行政哲学基础研究的实践意义。

（二）创新之处

本书的研究离不开学界同人已有的研究成果，笔者的某些观点得到了上述成果的启发。本书主要的创新之处有三。

一是从人性预设的方法论原则、“公共人”的主要表征、“公共人”的理论渊源、“公共人”与公共行政的契合四方面，论证了“公共人”作为公共行政哲学基础的合理性。学界虽提出“公共人”的观点，但仅阐释了什么是“公共人”这一概念，对“公共人”预设的方法论原则，“公共人”的理论渊源，以及“公共人”何以能够成为公共行政的哲学基础等主要内容，学界并没有深入探讨。相比已有成果，在“公共人”预设方面，本书更具有系统性。

二是以“公共人”为统一的哲学基础，从逻辑起点、学科边界、主要议题、范畴体系及方法论五方面，较完整地建构了公共行政学科体系。与学界将人性研究成果主要应用于如何完善行政激励等具体行政制度相比，本书更具有全局性、根本性，有助于解决公共行政学科因哲学基础不统一，所导致的学科体系逻辑较混乱，缺乏内在联系等不足之处。

三是从“公共人”的规则意识、服务品格、协同理念及人文精神等方面，探讨了法治行政、服务行政、民主行政和人本行政的建构问题，有助于克服学界在研究公共行政实践转型中，仅注重具体的制度构建，却忽视了制度构建背后的人性因素等方面的不足之处，为公共行政的实践转型奠定了较为充分的哲学基础。

第一章　人性与公共行政的逻辑关系

正如休谟所言，任何学科最终都要回归到人言人殊的人性问题，人性构成了科学研究的起点和终点、理论建构的哲学基础。公共行政既是一种人类的实践活动，也是一门独立学科，其与人性的关系究竟是什么？具体体现在哪些方面？公共行政学界虽已意识到此方面的重要性，[①] 但是尚未作系统的探讨。理顺人性与公共行政的逻辑关系，为指导公共行政实践活动、构建学科体系奠定坚实的理论基础，是公共行政研究的逻辑起点，实有全面深入研究的必要。

第一节　公共行政的多维释义

“公共行政的界说是建立公共行政学科与实务之一般范围和探讨其主要考量的必要措施。”[②] 纵观公共行政学的百年发展史，每个时代不同的主题导致其学说流派纷呈。总体而言，对公共行政的研究，正如戴维·

---

① 薄贵利教授1998年在《中国行政学：问题、挑战与对策》一文中认为“长期以来，我们对人性问题既缺乏深入的理论研究，更缺乏跨文化的比较分析。这使我们的一些学术立论的基本前提显得十分脆弱”。因此，呼吁行政哲学领域应当加强人性问题的研究。2002年张康之教授在其著作《寻找公共行政的伦理视角》中，专门探讨了“经济人”“公共人”的问题。2004年颜佳华教授在《我国行政哲学研究概况与相关问题再探讨》一文中，认为“人性假设与行政”是行政哲学研究的基本内容之一。2014年在《实践哲学视阈中的行政哲学》一文中，依然将“人性假设与行政”作为行政哲学学科体系的内容，并提出了如何从“经济人”向“公共人”转化的问题。何颖教授在2011年出版的《行政哲学研究》专著中，将“公共行政理论人性观”专列为一章进行研究，并提出了“总体性人性观”的观点。当然，还有其他学者也提出了公共行政中的人性问题。整体上看，尽管研究的系统性还有待于进一步提升，但是，学界从呼吁到重视、再到专门性的研究，公共行政领域中的人性问题现已成为公共行政学研究的主要内容之一。

② 林钟沂：《行政学》，三民书局2005年版，第2页。

H. 罗森布鲁姆所言，大体是从管理、政治与法律三种途径来进行的[①]。研究途径的不同，便有不同的公共行政之认知。或许是因为前述三种研究途径存在着无法兼容彼此的缺陷，哲学作为人类解决自身问题的最高智慧，研究行政哲学的学者们试图从哲学层面解读公共行政的内涵与外延，抽象出公共行政的哲学释义，成为行政哲学研究的逻辑起点，从而确定公共行政学科的研究范畴与理论体系。[②]

一 管理之维的公共行政

从管理维度研究公共行政，始于19世纪初美国的文官制度改革。在此之前，由于实行“政党分肥制”，结果却是政府腐败、行政效率低下。于是，改革政府成了当时主要的社会思潮，要求行政人员严守“政治中立”，以“功绩”与“称职程度”作为任命行政人员的主要标准，政府运转应当采取一种完全企业化的模式。同时，私人企业高效率的管理经验也为公共部门改革提供智识支持。至此以降，管理之维的公共行政一直占据学科研究的主导地位。

管理之维的公共行政，逻辑起点是“政治—行政”二分，目的在于将公共行政从政治学的体系独立出来，通过凸显公共行政的技术理性来表明与政治学不同的学科特点，从而将公共行政作为一门独立的“行政科学”来研究。其早期的代表性人物有威尔逊、怀特及泰勒等。威尔逊作为行政学的鼻祖在《行政学研究》一文中指出，之所以应当将行政作为一门独立的科学来研究，就是因为现代政府的职能日益变得复杂，政府机构也大大增加，政府部门的工作业已深刻地影响着民众的生活，传统的政治学仅仅强调宏观上的权力分立与制衡，对行政系统内部的运作却不在政

---

① ［美］戴维·H. 罗森布鲁姆、罗伯特·S. 克拉夫丘克：《公共行政学：管理、政治和法律的途径》，张成福等校译，中国人民大学出版社2002年版，第5—6页。

② 不同的研究途径既反映了学者自身的偏好，也反映了一国的公共行政发展现状以及整体的行政生态环境，戴维·H. 罗森布鲁姆总结的管理、政治与法律途径明显反映了美国的宪政实践。除了这三种途径之外，比较有代表性的还有“职业”与“文化”两种途径，“职业”途径认为公共行政是一种职业类别、文稿竞赛、行动中的理想主义、学术领域以及专业活动（参见林钟沂《行政学》，三民书局2005年版，第12—18页）。“文化”途径指出，传统公共行政学的研究，由于受“功利主义”或“效益主义”的影响，强调外在价值的诱因，而未涉及内在报酬的重要性，未来公共行政学的研究应当加强探讨行政权力的超化与文化价值之间的相互关系（参见吴琼恩《行政学》，三民书局2008年版，第26—32页）。笔者认为，法律途径可归为政治途径，而文化途径事实上是一种哲学研究，因此，本书对公共行政概念的界定主要是从管理、政治及哲学三种途径来进行。

治学的研究范畴。然而，现实的情况是“执行一部宪法变得比制定一部宪法更要困难得多”,[①] 因此，行政学的学科体系建设成为一个急需解决的问题。

威尔逊认为“公共行政就是公法的明细而系统的执行活动”[②]。“行政管理的问题并不是政治问题，虽然行政管理的任务是由政治加以确定的，但政治却无需自找麻烦地去操纵行政管理机构。”[③] 行政管理的领域与政治领域相比较属于一种“事务性领域”。行政学的研究目标就在于明确“政府能够适当地和成功地进行什么工作。……政府怎样才能以尽可能高的效率及在费用或能源方面用尽可能少的成本完成这些适当的工作”[④]。威尔逊的这些经典陈述明确了公共行政的研究对象与研究目标，开启了公共行政学科独立发展之历程。继威尔逊之后，古德诺系统论证了“政治—行政”二分法，“实际上，行政中很大一部分是与政治无联系的；所以，即使不能全部，也应该在很大程度上把它从政治团体的控制下解放出来。行政之所以与政治不相干，是因为它包括了半科学、准司法和准商业或商业的活动——这些活动对于真正的国家意志的表达即使有影响也是很小的”[⑤]。古德诺认为政治是国家意志的表达，而公共行政则是国家意志的执行，具体表现为公共行政是执行国家政策的一种手段。

尽管威尔逊、古德诺、泰勒等人为公共行政学的创立做出了巨大贡献，但是，他们的研究还存在不全面、不系统的局限性。怀特 1926 年编写的《行政学导论》是世界上第一本行政学教科书，因其对公共行政研究的全面性与系统性，标志着公共行政学作为一门独立学科的正式创立。怀特认为，对公共行政的研究首先应当认识到“行政已经成为，而且将继续是现代政府的中心问题”[⑥]，突出了研究公共行政规律的重要性。在研究的途径方面，“行政研究应当建立在管理的基础上，而不应当建立在法律的基础上。因此，研究的材料应更多地来自美国管理协会，而不是各级法院的判决”[⑦]。那么，何谓“公共行政”呢？怀特认为“公共行政是

① 彭和平、竹立家：《国外公共行政理论精选》，中共中央党校出版社 1997 年版，第 4 页。

② 同上书，第 16 页。

③ 同上书，第 14 页。

④ 同上书，第 1 页。

⑤ ［美］弗兰克·J. 古德诺：《政治与行政》，王元、杨百朋译，华夏出版社 1987 年版，第 47 页。

⑥ 彭和平、竹立家：《国外公共行政理论精选》，中共中央党校出版社 1997 年版，第 44 页。

⑦ 同上。

在完成国家的各个目标过程中对人与物的管理。这一定义强调的是行政的管理方面，而对行政的法律与形式方面极轻视。该定义将政府政务行为与其他任何社会组织，如商业、慈善、宗教或教育等组织的事务行为联系在一起，认为都应以优良的管理作为它们成功的要素”①。怀特对公共行政的定义，一方面突出了公共行政的管理核心特征，另一方面也抹杀了公共行政的“公共性”内涵，将公共行政与一般的管理相等同。后来迪默克如此评价怀特的公共行政之定义：“在怀特的《公共行政导论》中，公共行政的现代观点被定义为‘公共管理’（public management）。科学管理对于企业和政府具有同等的适用性。”②

总体而言，管理之维的公共行政是以科学管理理论为依据。

（1）组织结构上主张采用“非人格化”的“官僚制”，在官僚组织体系中，强调劳动分工，通过劳动分工促使行政人员在完成工作时达到专业化，满足提高行政效率的内在要求。

（2）公共行政的价值取向上，效率被认为是“最高的善”，“效率”一词作为公共行政的主导目标，成了贯穿于浩瀚如海的公共行政文献中的一根红线。

（3）人性假设方面，管理之维中的行政人员已被“非人化”，行政人员只是庞大官僚组织体系中的一个物件和零件，零件只有在整体的机器运转中才能发挥作用，没有任何自主控制权，官僚制的“职位取向”导致了对人的“个案化”处理方式，“官僚制是管理人群的工具。……不可能充分考虑到众多人员的所有方面。……个体成员只需就与官僚组织之目标相关的个人情况向其交流。……在官僚组织的入口层次，应聘者的人格特征被加以‘个案化’处理。只有当某个人证明符合个案要求后，方能进入官僚组织之内。更精确地说，官僚组织的建立从来就不是用来处理或对待人的，它所处理的仅仅是无差异的‘个案’”③。

（4）方法论方面，管理之维的公共行政强调科学化，主张用科学方法来发展行政知识，通过实证分析来建构公共行政的一般性规律，反对行政学是一门艺术之说，“在行政中，存在着某些基本的原则，这些原则具

① 彭和平、竹立家：《国外公共行政理论精选》，中共中央党校出版社 1997 年版，第 45 页。

② Marshall E. Dimock, What is Public Administration, *Public Management*, Vol. 15, No. 9, September, 1933, pp. 259 – 262.

③ ［美］戴维·H. 罗森布鲁姆、罗伯特·S. 克拉夫丘克：《公共行政学：管理、政治和法律的途径》，张成福等校译，中国人民大学出版社 2002 年版，第 21 页。

有普适性，就像那些表征任何科学的原则一样。……就像存在着某些支配着桥梁建造的工程原则一样，存在着某些支配着出于各种目的的人际交往的原则”。①

毋庸置疑，从管理维度研究公共行政，对公共行政摆脱政治学的羁绊，走学科独立之路起着至关重要的作用。然而，由于公共行政的管理之维，过于强调技术理性，将公共行政等同于私人的企业管理，使得公共行政失去了其最重要的品质：公共性。在管理学逐渐发展成熟之后，这种途径的研究已失去了学科分类的意义，因为一旦“公共性”品质失去后，公共行政学研究就没有自身独立的研究对象，也就无法称其为一门独立的学科，公共行政成了管理学的附庸。另外，管理之维的公共行政将行政人员作为机器来对待，抹杀了人本身就是目的的人文关怀，公共行政成了人的“异化”之物。对组织“效率”的过分尊崇，忽视了效率与人的关系，忽视了效率与公平的关系，公共行政变成了纯粹计算“投入”与“产出”比例的效率机器。

二　政治之维的公共行政

公共行政从未脱离政治的视野，即使是在公共行政成为一门独立学科之后。针对管理之维的公共行政之局限，学界总是从政治学的知识谱系中寻找应对之策。由于公共行政与政治的历史渊源悠久，从政治维度梳理公共行政之内涵，可以1887年威尔逊的《行政学研究》一文为界限，大致分为两个阶段：公共行政学科独立之前与独立之后。

（一）公共行政学科独立之前

最早系统研究行政的当属古希腊的亚里士多德，他将行政作为一切政体的要素之一，称为“行政机能”，与“议事机能”“审判机能”并列为政体的三大要素。不过，亚里士多德对行政机能的论述主要集中在执政人员和机构方面，行政机构的内容包括了机构数目、职司与任期三方面。在执政人员方面，首先说明了官员选拔的重要性，“应当承认邦国必须设置若干职官，必须有人执政，但当大家都具有平等而同样的人格时，要是把全邦的权力寄托于任何一个个人，这总是不合乎正义的”②。官员的选拔方式包括选举与抓阄两种，但是，选拔出来的官员并不都是行政人员，“所有这些官吏中（具体包括行政人员、经济人员和一部分从事杂役的人

---

① 颜昌武、马骏：《公共行政学百年争论》，中国人民大学出版社2010年版，第35页。

② ［古希腊］亚里士多德：《政治学》，吴寿彭译，商务印书馆1965年版，第168页。

员——笔者注)，只是那些在一定范围以内具有审议、裁决和指导责任(指挥权力)的职司，才可称为行政人员，在这里，指挥权力尤为重要。这必然是属于执政”[①]。

与亚里士多德将行政定位为“职司”不同，近代的权力分立学说将行政定义为一种权力、一种执行权。在洛克那里，执行权包括了司法权和行政权，是与立法权相对应的。“立法权是指享有权利来指导如何运用国家的力量以保障这个社会及其成员的权力。”[②] 而执行权是“负责执行被制定和继续有效的法律”[③]，并且是与立法权相分立的权力，目的在于确保法律经常而持续的效力。之所以应两权分离，是因为“如果同一批人同时拥有制定和执行法律的权力，这就会给人们的弱点以绝大诱惑，使他们动辄要攫取权力，借以使他们自己免于服从他们所制定的法律，并且在制定和执行法律时，使法律适合于他们自己的私人利益……违反了社会和政府的目的”[④]。洛克虽然总结了立法权与执行权应当分离的理由，但是，在英国的“议会主权”理念统摄下，执行权是从属于立法权的，立法权至高无上，执行权尚未成为制约立法权滥用的一种独立权力。

孟德斯鸠在洛克的基础上，将国家权力分为三种相互分离、相互制衡的权力，分别是立法权、行政权、司法权。行政权包括“媾和或宣战，派遣或接受使节，维护公共安全，防御侵略”[⑤]。与洛克不同，孟德斯鸠的三种权力地位平等，三个部门的职能分离、人员分离，每一个部门只限于行使本部门的职能，不得侵蚀其他部门的职能，“这样一来，每个部门将对其他部门都是一个制约，没有任何一群人能够控制国家的全部机器”[⑥]。达到相互制约的功效，从而保护人民的权利与自由。由于纯粹的分权学说在本质上是依据消极的政治自由观，“它过于关注那种主张自由就是没有约束的自由观，而不是关注那种更为积极的自由观。这种防止政府侵蚀个人自由的关注导致了一些削弱政府的措施，以致政府无法为提供社会和经济生活必需品而活动；而一个个体要能够恰当发挥其才能，这些物品就不可缺少。在20世纪内，无论在美国还是在英国，这种学说在流

① [古希腊]亚里士多德：《政治学》，吴寿彭译，商务印书馆1965年版，第221页。
② [英]洛克：《政府论》(下篇)，叶启芳、瞿菊农译，商务印书馆1964年版，第89页。
③ 同上书，第90页。
④ 同上书，第89页。
⑤ [法]孟德斯鸠：《论法的精神》，张雁深译，商务印书馆1961年版，第155页。
⑥ [英]M. J. C. 维尔：《宪政与分权》，苏力译，生活·读书·新知三联书店1997年版，第12—13页。

行程度上的衰落是与承认政府方面需要‘集体’活动紧密联系的，后者要求政府机器所有组成部分的活动都有一个相互协调的纲领”①。

（二）公共行政学科独立之后

纯粹的三权分立学说，随着人们从消极自由观转向积极自由观，在“夜警察国家”走向“行政国家”之后，已明显不适合时代的要求了，国家的权力或职能之间的合作代替了对抗，在国家宏观的权力架构搭建完毕之后，国家每个职能的内部协调更加需要研究。正是基于此考虑，威尔逊才推出了“政治—行政”二分法，希望通过抛开政治因素的不确定性，致力于纯粹的行政系统内部管理研究，创立一门“行政科学”，提高国家政策执行的效率，满足人们的积极自由。管理之维的公共行政研究做到了这一点，至少在美国的“新政”之前，公共行政作为一门带有强烈管理技术主义色彩的学科创立了。

但是，美国的“新政”对公共行政的管理主义路径提出了挑战，建立在“政治—行政”二分法基础上的公共行政，真的可以走纯粹的技术路线吗？行政可以完全排除政治的干扰吗？与“新政”之前的政治环境不同，“新政”欢迎学者深入政府内部而不是将学者拒之门外，美国政府需要为政府全面干预社会生活提供其合法性的理论证明。在此时代背景下，基于管理之维公共行政的“公共性”缺失之不足，美国的公共行政学界要求重新思考“政治—行政”二分法的正当性，并指出公共行政的研究必须从政治与行政的关系中解读公共行政的内涵。

从政治途径研究公共行政的主要学者包括沃尔多、阿普尔比、文森特·奥斯特罗姆等。沃尔多认为公共行政的价值选择最终应当归结为行政人员的政治偏好。阿普尔比则主张公共行政只不过是一种政治过程。还有学者认为“公共行政是处于复杂的政治系统之中，至少在民主系统之中，行政一直都是臣属于其他的政治行动者。假如我们只重视行政的基层，我们可能会疏忽了各机构之间的互动，以及公共的官僚体制本身各要素间复杂的制度性政治活动”②。

乔治·弗雷德里克森认为，“影响公共行政的首要因素，也是最重要的因素，乃是政治”③。与管理之维的公共行政不同，政治途径研究公共

① ［英］M. J. C. 维尔：《宪政与分权》，苏力译，生活·读书·新知三联书店 1997 年版，第 13—14 页。

② 吴琼恩：《行政学》，三民书局 2008 年版，第 23 页。

③ ［美］乔治·弗雷德里克森：《公共行政的精神》，张成福等译，中国人民大学出版社 2003 年版，第 48 页。

行政的前提是主张“政治”与“行政”不可分。在此基础上，政治之维的公共行政包括以下几个方面。

（1）价值取向方面，强调代表性、政治回应力、为民负责、社会公平等，效率并非公共行政的核心价值。“长期以来，此问题（何谓公共行政——笔者注）的经典答案一直都是有效地、经济地、协调地管理上述各种服务。……公共行政的理论几乎总是更好（更有效率、更经济）的管理。新公共行政给公共行政的经典目标和理论基础添加了社会公平。……社会公平是一个包括一系列价值偏好、组织设计偏好以及管理风格偏好的短语。社会公平强调政府服务的平等，强调公共管理者决策和项目执行的责任，强调公共管理的变革，强调对公民需求而非公共组织需求的回应”[①]，之所以公共行政应当追求公众利益的代表性以及责任性，是因为公共行政说到底乃一政治理论问题，“对公共行政的任何考察都应该始于政治学。很显然，政治学是母学科”[②]。民主政治要求公共行政的机构与官员必须向民选官员负责，从而向人民负责。

（2）组织结构方面，政治之维的公共行政认为管理取向的官僚制组织，“对不同的需求的反应会日益变得毫无区别；对预订为受益者的人所引起的成本会越来越高；无法根据需求分配供给；无法采取行动阻止一种用途阻碍其他用途，使公益物品受侵蚀；日益变得易于犯错，不可控制，公共行动剧烈地偏离于有关公共目的和目标的言辞；最后导致补救性的行动是恶化而不是缓解问题”。[③] 替代性的行政组织应当关注规范性价值，因为在多元主义政治观点之下，行政组织也是一个政治问题，必须代表和反映社会各阶层、团体的利益与价值追求。因此，与控制型的、强调整齐划一的官僚制组织不同，政治之维的行政组织结构应当是多元取代单一，组织中的行政人员也应当代表多元利益的社会民众，而非强调“价值中立”的专业人士。

（3）人性假设方面，管理途径的公共行政将行政人员视为“非人格化”的人，对行政组织外部的行政相对人作为需符合官僚体制标准的个案来处理，人没有自主性与特殊性。政治途径的公共行政在人性假设上，认为行政人员也是追求个人私利的自主性的人，只不过这些人在身份上属

① ［美］乔治·弗雷德里克森：《新公共行政》，丁煌、方兴译，中国人民大学出版社 2011 年版，第 4 页。

② 同上书，第 10 页。

③ ［美］文森特·奥斯特罗姆：《美国公共行政思想危机》，毛寿龙译，上海三联书店 1999 年版，第 71 页。

于某一特定利益团体，团体利益代表了个人利益，个人利益需通过团体利益才能实现。

（4）方法论方面，管理途径的公共行政寻求一门“行政科学”，更多地采用实证研究方法，以便在经验材料基础上得出公共行政的一般规律。然而，政治途径的公共行政因为强调了政府的代表性与回应性，这些边界比较模糊和总是处在变化之中的规范性价值，是与科学方法相悖的，政府的决策是对还是错，还需依赖于民众的价值判断。因此，政治途径的公共行政主张民意调查、沟通技巧、听证会、集体讨论与辩论、大众舆论等方法的运用，比纯粹的实证分析方法更合适。

管理之维的公共行政因过于强调行政组织内部的技术理性，所以缺乏“公共性”。政治之维对“政治—行政”二分法的质疑，并且主张应当从政治与行政不可分的视野来研究公共行政，凸显了公共行政的“公共性”特质，与人民主权原则相契合，值得肯定。但是，其也有值得商榷的地方，表现在多元主义的政治本质是一种“少数人的民主”，西方国家的公共政策“只照顾大公司的利益，因而牺牲了数百万的工人、小农、小型工业者、消费者、低收入者、市区贫民户、年老穷困者和乡下穷困者的共同利益。多元利益团体实际上成为有力的利益团体才能有效地表达其利益，因而失去经济平等和社会平等的实质民主的请求，多元主义政治只是程序上的民主而已”①。另外，由于政治之维的公共行政要求政府追求回应力、代表性及责任性，其行政组织必然会因为代表的利益不同而出现机构安排的多元化以及机构之间的重叠，组织冲突便成为行政组织之间难以解决的问题，导致政府无法管理，以及机构设置的浪费与无效率。

三　哲学之维的公共行政

纵观公共行政学百年来的发展历程，大致来说，20 世纪 70 年代之前是理性主义与管理主义占据公共行政研究的主导地位，20 世纪 70 年代之后，随着管理主义公共行政的弊端凸显，学界开始注重从行政伦理视角对公共行政作规范性研究，这就是一种政治之维的公共行政，强调政治与行政的不可分性。然而，就其实质而言，管理途径与政治途径的公共行政都是“管理主义”的一体两面，仅是对公共行政的“公共性”强调之程度与范围有所不同而已。不过，由于二者在价值定位、组织结构及程序方面的差异性，很难将二者之间的分歧消弭在统一的公共行政范畴之中。哲学

---

① 吴琼恩：《行政学》，三民书局 2008 年版，第 25 页。

作为人类的最高智慧，为人类思考与解决自身的问题提供了世界观和方法论，鉴于管理与政治途径研究公共行政的不足之处，有学者试图从哲学视角研究公共行政，希望运用哲学的范畴、方法探寻公共行政的本质问题，构建公共行政学科的基础理论，指导公共行政实践。

何谓“公共行政”？何颖认为，管理与政治之维的公共行政，都是从操作层面来理解与规范公共行政的，哲学维度的公共行政概念应当从“人的生存状态”层面来界定，它具有概括性、解释性及指导性，主张“从哲学的维度所理解的行政是人类文明发展到一定阶段，以政府组织为物质承担者，为达到预期目标所进行的自我完善与控制、治理的社会实践活动过程”①。颜佳华认为，行政活动是行政哲学的逻辑起点，行政活动的本质是“统治阶级通过社会公共权力的执行系统管理社会的过程”②。吴元其、王辉主张“从哲学角度理解的行政，就是人类文明发展到一定阶段，社会自身为解决利益冲突，维护公共利益，通过特定的主体，以系统的制度安排和政策运作来调节人们的利益关系，规范人们的公共行为，以更好地处理主观与客观的关系”③。芮国强、乔耀章从行政的价值角度认为公共行政就是“行公”“行正”，行政亦即“公正”。“行政的本质是公共权力的运用或执行，即行政作为对公共事务的管理活动实际上是政府所掌握的公共权力的运用、展开或执行，其目的是为了维护、实现、增进和公平地分配公共利益。”④ 分析以上学者们的定义可知，“活动”是公共行政的哲学本质，活动的目的是实现公共利益，手段是运用公共权力，主体是政府。

哲学是研究人与世界关系的学问。从哲学视角来看，行政主—客体的矛盾是行政活动的基本矛盾，因为公共行政是人的实践活动，实践活动就是在一定的价值理念指导下，如何解决实践主—客体之间的矛盾的活动。因此，哲学之维的公共行政是指行政主体以提升社会共同体成员的整体福祉为目的，运用公共权威处理公共事务的治理活动。其中，行政主体是履行公共治理职能的公共组织，包括政府及其他社会组织；行政客体是公共事务；连接行政主—客体的中介是处理公共事务的行政活动。从主—客体

---

① 何颖：《行政哲学研究》，学习出版社 2011 年版，第 2 页。

② 颜佳华：《行政哲学研究》，湘潭大学出版社 2009 年版，第 112 页。

③ 吴元其、王辉：《行政哲学：来龙去脉与建构路径》，《中国行政管理》2004 年第 6 期，第 40 页。

④ 芮国强、乔耀章：《行政哲学基本问题探索与对话》，吉林人民出版社 2006 年版，第 83 页。

关系维度与私人行政相比较，公共行政具有的独特性如下。

（1）公共行政的主体是公共组织，私人行政的主体是私人组织。公共组织在组织设立、职能配置以及运行程序等方面受到国家法律、法规的严格约束，“无法律则无行政”就是公共组织受法律法规规约的真实写照；私人组织的设立、内部人事管理以及运行程序等，只要不违背国家法律、法规的强制性规定即可，具有较强的自主性。

（2）公共行政的客体是公共事务，私人行政的客体是私人事务。区别公共事务与私人事务的核心要素是利益的属性：公共事务主要涉及的是公共利益，私人事务则是指私人利益。“所谓利益‘涉及人在相关问题中的利害’。因此私有公司的利益只有利于公司中领取工资、分享利润的雇员和雇主，‘相反，一个公共事业是为公共利益服务的（为所有社会成员提供……服务……）’”①

（3）连接行政主—客体的中介是行政活动，公共行政活动除了公共利益的价值取向与私人行政活动相区别外，还在绩效、标准、监督等方面有差异。私人行政的绩效主要由市场来检验，公共行政却没有明确的绩效检验标准，因为理论上服从法律是公共行政最后的绩效衡量，但是，法律的模糊性总是很难起到衡量的作用。效率是私人行政的核心标准，公共行政既要追求效率也要维护公平，而效率与公平往往是相冲突的。公共行政既要受到本系统的上级行政机关监督，还要受到系统外部的立法机关、司法机关、社会团体及公众的监督，监督的广度与强度远比私人行政更甚。

（4）公共行政活动的终极目的在于提升共同体成员的整体福祉，尽管共同体成员的个人福祉提升蕴含在整体福祉提升过程中，但是，公共行政的“公共性”本质以及社会本位之价值取向决定了，公共行政活动必须以共同体成员整体福祉为依归。私人行政则是以个体成员的福祉为目的，这是由私人行政的私人性以及个人本位的价值取向决定的。

第二节　人性的内涵及其构成要素

自人类诞生以来，在改造物质世界的同时也改造了人的自身，人的自

① ［美］尼古拉斯·亨利：《公共行政学》（第7版），项龙译，华夏出版社2002年版，第35页。

我意识在改造世界的过程中得以发展。人是什么？从何处来？又将往何处去？人怎么样活着才算幸福，才算符合人性？诸如此类的自我设问贯穿了人类整个历史，引领着人类走向无限的未来。其中，对“人性”的解读是上述诸多设问的核心问题，因为只有解答了人性是什么，才能明确人是什么，才能界定人的生存价值以及如何生存等关涉人生意义的大问题，此为哲学层面上研究人性之意义。

一　人性的内涵

1. 西方的人性观：认识论维度

在西方人性思想发展的历史长河中，思想家们对人性的诠释丰富多彩、观点各异。西方哲学大多从认识论的角度阐述人性问题，主要侧重和强调的是宇宙的生成和人的智慧研究。总体上而言，“人性自然论”“人性神性说”及“人性理性说”是西方人性思想发展、演变的主流线索。所谓“人性自然论”，是指将人视为自然的产物，人的本性就是指自然属性，认识了自然就认识了人自己的本性。“人性神性说”则把人作为上帝和神的产物，神性的存在决定人性的存在，以神性代替人性。“人性理性说”认为人的本质就是人的自然本性，因此，只要达成主观与客观的统一，就可以获得幸福。

（1）人性自然论

“人性自然论”生成于古希腊罗马时代，认为人的本原是某种自然物质，把人看成是自然的产物，皆由某种物质产生和构成。米利都学派是最早的代表，例如，泰勒斯认为“万物不仅生于水，而且复归于水”[①]。阿那克西曼德则把“无限”当作构成万物的元素，这是一种“无穷无尽充满于空间的活泼的质料”[②]。作为毕达哥拉斯学派的创始人，毕达哥拉斯把“数”作为万物的本原，认为“它是比水和气更普遍的东西，它先于万物，产生万物，构成世界，是万事万物的本质”[③]，“从数目产生出点；从点……产生出四种元素：水、火、土、空气”[④]。世间万物和人都是由“数”产生的，人性亦是如此。与毕达哥拉斯不同的是，赫拉克利特主张火是构成有机体根本的基质，人和万物的诞生皆是由于火，人的灵魂是

---

① ［美］梯利：《西方哲学史》，葛力译，商务印书馆 1995 年版，第 13 页。

② 同上书，第 13 页。

③ 彭克宏主编：《社会科学大词典》，中国国际广播出版社 1989 年版，第 38 页。

④ 北京大学哲学系外国哲学史教研室编：《古希腊罗马哲学》，生活·读书·新知三联书店 1957 年版，第 34 页。

“火和水的混合物，火是高贵的而水是卑贱的”[①]。由于火的变化才产生了世间万物，他把事物变化的规律称为“逻各斯”，人必须按照自然的指引，遵循“逻各斯”的支配，最终认识自己的本性，成为具有德性的人。可见，在人性思想产生之初的古希腊罗马时代，哲学家们大多从本体论和认识论的角度，积极探讨了人性的来源和本质，将水、数、火等作为人和万物的本原，认为认识了这些自然物质就认识了人的本原，认识了人的本性。这种“人性自然论”肯定了人的自然属性，为以后的人性学说奠定了思想基础。

（2）人性神性说

在中世纪，宗教神学占据社会思潮的主导地位，哲学家认为上帝和神是至高无上、无所不能的，不仅创造了人和万物，而且也决定了人性的存在，这就是“人性神性说”的核心思想。作为中世纪基督教的“圣人”和“教父”，奥古斯丁认为上帝是全善、全能和全智的，人和万物被制造，就是为了证明这一点。既然神是完美无缺、万能至善的，那么由神所创造的人和万物也理应是善的化身，至于人间所存在的恶的现象，都是上帝安排的，“上帝本来可以从事物的格局中去掉邪恶，但是，他宁愿用它充当为善而服务的手段”[②]。也就是说，上帝是全能的善的根源，人之所以作恶，是由于自己背叛了上帝的旨意，受到自己下流意志的驱使。被称为“第二奥古斯丁”的安瑟伦，继承和发展了奥古斯丁的思想，一生都致力于证明上帝是必然存在的，认为上帝既存在于心中，也存在于现实，是最完满和最完善的化身，人作为上帝所创造的最高贵者，一出生就有罪，因为亚当的堕落使全人类有罪，因此，要想得到幸福，必须向上帝赎罪。“天使博士”托马斯·阿奎纳主张神性高于人性，认为上帝是纯粹的现实性或活力，世间万物都是上帝在虚无中创造出来的，世界依靠上帝而存在。人类的灵魂也是由上帝所创造，人是灵魂和肉体的结合，由于人的灵魂是一种纯粹的形式，所以人除了具有人性以外，还具有神性。这就意味着在社会生活中，人除了具有世俗的德性之外，还拥有神学的德性。同时，人的幸福有两种：一是尘世间今生的幸福，二是天国的幸福。要想达到天堂的幸福，必须凭借神学的德性，而这种神学的德性，只有在人死后才能实现，“人们要想求得神性德性，就必须接受上帝的启迪，去靠对上

① ［英］罗素：《西方哲学史》，程舒伟、吴秦风译，中国商业出版社2009年版，第23页。

② ［美］梯利：《西方哲学史》，葛力译，商务印书馆1995年版，第165页。

帝‘信仰、希望和爱’与上帝沟通，分享上帝的至善和永恒的幸福”①。欧洲中世纪这种以神性代替人性、抬高神权地位、否定人性的唯心主义思维，抹掉了人的生物属性，为文艺复兴时期的人文主义运动提供了战斗任务。

（3）人性理性说

“人性理性说”是文艺复兴时期及近代欧洲的主流思想，以人性否定神性，主张人是自然的中心，应当尊重人的价值，人应当随着自身的本性（理性）和意向，认识自然，利用自然，最终获得幸福的人生。作为“新时代的最初一位诗人”但丁，主张人性即理性，倡导人的尊严，认为人比神更高贵，个人的尊严和价值取决于理性和美德，而非神意。因此，个人只要按照自己理性的要求，就能获得神圣的幸福。他在《神曲》中指出，“人在现实生活中和斗争中应遵循理性指导，克服懒惰，否则人将默默无闻地度过一生”②。近代二元论哲学家笛卡尔，将人看作精神和物质的结合，即“心灵”和“形体”。笛卡尔认为，人的本性在于人的思想或理性，“我”之所以存在的关键，是因为“我”有思想和理性，人和动物之所以不同，是因为“人有灵魂，它蕴藏在松果腺内。在这里灵魂与‘生命精气’发生接触，通过这种接触，灵魂和肉体之间起相互作用。……灵魂能改变生命精气的运动方向，因而间接地能够改变肉体其他各部分的运动方向”③。

18 世纪法国唯物主义哲学家狄德罗，从资产阶级人性论出发，认为人是具有理性的动物，自由、平等是人的天赋权利，支配人们行动的是自然法，即“永恒的理性”，理性是人和动物的最根本区别，“如果我舍弃了理性，我就再没有导引者了：我将盲目地接受一种第二性的原则，并且假定那正成问题的东西”④。因此，狄德罗认为，追求幸福是人人都具有的德性，违反人的理性的暴力统治是不合理的，也是不能巩固的。同样地，德国古典哲学的奠基人康德，认为人作为现实的感性存在，在受到自然支配的同时，还拥有理性，而且只有理性才是人的本性，“理性在道德领域表现为实践理性，由实践理性所规定的道德律，对人来说是至高无上的，是‘绝对命令’，即无条件的行为准则”⑤。具体表现为，在社会实践

① 张海仁：《西方伦理学家辞典》，中国广播电视出版社 1992 年版，第 91 页。
② 孙鼎国、李中华：《人学大辞典》，河北人民出版社 1995 年版，第 148 页。
③ ［英］罗素：《西方哲学史》（下卷），马元德译，商务印书馆 1976 年版，第 83—84 页。
④ 江天骥等译：《狄德罗哲学选集》，商务印书馆 1983 年版，第 36 页。
⑤ 宋希仁：《伦理学大辞典》，吉林人民出版社 1989 年版，第 938 页。

中，人作为理性的存在，必须从善良意志出发，追求德性和幸福的统一。可见，肯定人，肯定人性，肯定人的本性（理性），一直是“人性理性说”的核心，这也是欧洲近代哲学思想的主流，更是历史的伟大进步。

2. 我国的人性观：价值论维度

与西方哲学不同，中国哲学家主要从价值论的角度，对人性的探讨侧重于对人生问题的思考，由此引发了人性是“善”还是“恶”的争论。诸如人性善、人性恶、人性有善有恶、人性无善无恶等。自先秦伊始，经过了一个漫长的发展历程，这些关于人性问题的观点和理论逐渐发展完善，最终形成了一个比较完整的体系，值得指出的是，从整体而言，后世有关人性的观点大多是对先秦观点的拓展与延伸。

（1）人性善

孟子，名轲，字子舆，是战国时期儒家学派的代表，发展了孔子的人性思想，成为我国历史上第一个系统阐述“人性善”的人。孟子与告子关于人性问题的探讨和对话，最能反映出孟子人性善论的观点，这也是人与禽兽相异的本质特征。所谓人性善，就是人与生俱来的仁、义、礼、智这“四端”。孟子说：

“人皆有不忍人之心。……所以谓人皆有不忍人之心者，今人乍见孺子将入于井，皆有怵惕恻隐之心，非所以内交于孺子之父母也，非所以要誉于乡党朋友也，非恶其声而然也。由是观之，无恻隐之心，非人也；无羞恶之心，非人也；无辞让之心，非人也；无是非之心，非人也。恻隐之心，仁之端也；羞恶之心，义之端也；辞让之心，礼之端也；是非之心，智之端也。人之有是四端也，犹其有四体也。”（《公孙丑上》）

“恻隐之心，人皆有之；羞恶之心，人皆有之；恭敬之心，人皆有之；是非之心，人皆有之。恻隐之心，仁也；羞恶之心，义也；恭敬之心，礼也；是非之心，智也。仁义礼智，非由外铄我也，我固有之也，弗思耳矣。”（《告子上》）

由于人性之善是天赋的，因此，只要按照人之本性去做，人就可以成为善人。因为仁、义、礼、智这“四端”是每个人天生就具有的，如果人人都要求自己、追求自我，经过后天的培养和教化，不断把“四端”扩而充之，就会成为君子和圣人，所谓“人皆可以为尧舜”，就是这个道理。至于有些人并非善良，不能归因于他的本性，而是因为他在后天的生活与实践中没有注意培养和扩充善性，因此就会有恶的存在。在人性本善、仁义为先的伦理道德基础上，孟子的政治主张是统治者应当实行“仁政”而非“暴政”，仁政可治民保天下，暴政的结局必然是身弑国亡失天下。孟子的人性善观点属于先验的唯心主义，不可验证。但是，在逻辑上不是自恰的，因为，一方面他认为人的四个“善端”是固有的，而非“外铄”，另一方面又主张后天扩充善心、培养善性，这种内外的关系又当如何自圆其说，孟子并没有提供答案。

（2）人性恶

荀子作为先秦时期的儒学大师，在人性论问题上与孟子对立，提出了著名的“人性恶”论。他认为人类社会和自然界是相分离的，各有自己的职分和规律，自然界是独立于人的客观存在，明确提出“明于天人之分”的观点，体现了他的唯物主义自然观。因此，在人性问题上，荀子认为人性仅指人的自然本能，而非后天学习获得的社会属性，他的著名观点即是“人性之恶。其善者伪也”。

“性者，本始材朴也；伪者，文理隆盛也。无性则伪之无所加，无伪则性不能自美。性伪合，然后成圣人之名，一天下之功于是就也。”（《礼论》）

“人之性恶，其善者伪也。今人之性，生而有好利焉，顺是，故争夺生而辞让亡焉；生而有疾恶焉，顺是，故残贼生而忠信亡焉；生而有耳目之欲，有好声色焉，顺是，故淫乱生而礼义文理亡焉。然则从人之性，顺人之情，必出于争夺，合于犯分乱理而归于暴。故必将有师法之化，礼义之道，然后出于辞让，合于文理，而归于治。用此观之，然用人之性恶明矣，其善者伪也。”（《性恶》）

在荀子看来，性恶是人生而有之的本能欲望，“好利”“疾恶”“耳目之欲”“好声色”等是人天生就有的，无须后天习得。而忠信、讲礼义文理等善行，必须要有“师法之化，礼义之道”，是“化性起伪”的结果。至于孟子的“非外铄我也”的人性之善，是因为他不懂得“性”和“伪”的关系，人的性应当是“天之就、不可学、不可事”“可学而能”“可事而成”者，不是人之性，是“化性起伪”。其实，荀子和孟子的论争殊途同归，是人性的一体两面。因为孟子主心，强调“善端”的基础作用，而荀子主伪，突出社会环境对人性的塑造效果，二人都看到了人性都可为善的可能性，只不过在如何为善的途径方面分道扬镳了。与孟子一样，为了引导、控制人的欲望，荀子提出了“礼治”的政治主张，认为以“礼”养欲，可节制人的欲求，节欲可合道，即符合君道、治道。

（3）人性有善有恶

战国初期人世硕是我国历史上最早提出“人性有善有恶”观点的人。

据后世学者王充的描述：

“周人世硕，以为人性有善有恶，举人之善性，养而致之则善长；性恶，养而致之则恶长。如此，则性各有阳阴，善恶在所养焉。故世子作《养书》一篇。”（《论衡·本性》）

可见，善与恶是人生来就有的自然属性，现实中人性善恶的形成完全依赖于后天的教育培养，后天养善则长善，养恶则长恶，养善在于增加人的阳气，养恶在于增加阴气。

世硕的观点对先秦时代的人性学说作出了贡献，后世有些学者继承和发展了他的观点，如汉代的扬雄提出的“人性善恶混论”，就是借鉴了世硕的观点，从而作为我国古代人性研究的代表性观点之一流传于世。扬雄认为：

“人之性也善恶混，修其善则为善人，修其恶则为恶人。气也者，所以适善恶之马也与?”（《法言·修身》）

扬雄的“性善恶混论”来源于他的宇宙观，他认为人作为天地万物之一，和宇宙一样都是一种叫“玄”的物质性实体创造出来的。所谓“玄”是指一种原始的物质元气，它的特征是“不见其形”，但能够发出阴阳二气来，阴阳二气刚柔相接、循环反复，在生死交替中孕育万物。人也是在阴阳二气的交替结合过程中产生，阳为善、阴为恶，所以由阴阳结合而成的人也就具有了善恶混的人性。善恶即正邪，人能否行善去恶、扶正去邪，关键在于“学”与“修”：

“学者，所以修性也。视、听、言、貌、思，性所有也。学则正，否则邪。”（《法言·学行》）

“修身”的关键在于“治心”，因为心为神明，主宰着身，而治心的标准就是儒家的仁、义、礼、智、信，按照这些标准去存心、治心、修身、修性，人终会成为圣人，社会终会实现圣王之道。

宋代的司马光推崇扬雄的观点，亦主张“人性善恶混论”，认为人性秉承天命，兼有善恶，修养性之善为善人，修养性之恶则为恶人。他说：

“孟子以为人性善，其不善者，外物诱之也；荀子以为人性恶，其善者，圣人教之也。是皆得其偏而遗其大体也。夫性者，人之所于天以生者也，善于恶必兼而有之。是故虽圣人不能无恶，虽愚人不能无善，其所受多少之间则殊矣。善至多而恶至少，则为圣人；恶至多而善至少，则为愚人；善恶相半，则为中人。……扬子以谓人之性善恶混，混者善恶杂处于身中之谓也，顾人择而修之何如耳！修其善则为善人，修其恶则为恶人。”（《温国文正司马公文集》卷七十二《善恶混辨》）

（4）人性无善恶

战国中期思想家告子主张“人性无善恶论”。在告子看来，人性是人天生就有的资质，善和恶都是人后来在社会中习得的，人性既不是善，亦不是恶，即“生之谓性”。同时，人的天性如白羽，由于外界环境的熏染而变化颜色，也就是说，人性之善和恶乃后天教化而成。告子还以流水的特性来证明人性无善恶的主张，他说：

“性犹湍水也，决诸东方则东流，决诸西方则西流。人性之无分于善不善也，犹水之无分于东西也。”（《孟子·告子上》）

北宋文学家苏轼认为人性争论起源于孟子的人性善，与其相对，荀子提出人性恶的观点，扬雄继之，又主张人性有善有恶论。对于这种争论，苏轼认为是“不求其精”而想“务以为异于人”的结果，所以，先秦时代关于人性的探讨“不能定于一”。在苏轼看来，人性不分善恶，所以也就无须言善恶，区分人性善恶的人，都是一些不了解人性本质的人。苏轼的论证如下：

“夫善恶者，性之所能之，而非性之所能有也。且夫言性者，安以其善恶为哉？虽然，扬雄之论，则固已近之。曰，‘人之性善恶混。修其善则为善人，修其恶则为恶人。’此其所以为异者，唯其不知性之不能以有夫善恶，而以为善恶之皆出乎性也而已。”（《苏轼文集》卷四《扬雄论》）

由此可见，苏轼将人性的本质与人性的效果区分开来，善恶只是人性的效果而不是人性本身，是“性之所能之”，不是“性之所能有”，孟子、荀子与扬雄的观点体现了人性的效果，不是人性本身的性质问题。近代资产阶级改良主义思想家龚自珍效法告子，反对人性善恶的观点，主张人性“无善无不善”，人性善恶是后天形成的。并从“体”和“用”的逻辑体系来阐述其观点，认为“善非固有”“恶非固有”，这是人性不可改变的本体，善或恶只不过是这个本体发生作用时的表现形式。

3. 人性是什么

比较中外的人性观，笔者认为人是完整的人，强调人性的某一方面而忽视其他方面是对人的一种割裂，人也就不成其为人了。因此，所谓人性就是生而有之和后天塑造的人之为人的属性，是构成人之存在的本体性依据、人的对象化活动的本源性力量，具体包括人的自然属性与社会属性。

（1）人的自然属性

衣食住行之欲、男女两性之欲等，这些人的与生俱来之特性就是指自然属性，也称为人的动物属性。人之所以具有自然属性，是因为人是物质自然界分化的产物。“我们连同我们的肉、血和头脑都是属于自然界和存在于自然界之中的”，[①]“所谓人的肉体生活和精神生活同自然界相联系，不外是说自然界同自身相联系，因为人是自然界的一部分”。[②] 所以，人直接地是自然存在物。一方面，人是经过漫长的历程从自然动物进化而来，是地球上迄今为止最高级的生命形式，构成人的生命元素与其他自然物质的元素是一样的，人的生理结构、机能和生命规律服从动物学原理。另一方面，人作为一种自然的、肉体的、感性的、对象性的存在物，是由各种生命器官系统组成的统一的有机整体，人的生命运动就是依靠这些器官系统与外部自然界进行物质的、能量的、信息的交换过程，在交换中，人参与自然界生活、依赖自然、服从自然，在人与自然的对象性关系中，创造属于人的对象和对象世界。正如法国唯物主义者霍尔巴赫所指出的那样，“人是自然的产物，存在于自然之中，服从自然的法则，不能越出自然，哪怕是通过思维，也不能离开自然一步”。[③]

人的自然属性虽然与其他动物的生物属性具有共同之处，都是自然界所赋予的特性。但是人的动物属性一开始即具有人的特征，这是因为构成人的肉体组织之器官与机能，都是属于人的整体性机体的，在人的生命系统中才能发挥其作用，离开了人的整体性活动，这些器官及机能便是纯粹的动物器官与机能。马克思对此有精辟的论述：“吃、喝、生殖等，固然也是真正的人的机能。但是，如果加以抽象，使这些机能脱离人的其他活动领域并成为最后的和唯一的终极目的，那它们就是动物的机能。”[④] 在人的动物属性烙上人的特性之后，“食”不仅仅在于果腹，还在于享受美食，“性”也不是仅仅满足生理需求，还要符合人类社会伦理道德。自然属性除了是人性系统结构的一个层次之外，还是人的一种基本属性，它提供了人的一切规定、一切特性的物质生理基础，是人之为人的物质载体。人本学创始人费尔巴哈将人的本质特性归结为人的理性、意志、心情，同时他也认为人的这些属于精神层面的“绝对本质”，依然依靠人的肉体而存在，是由自然产生的肉体器官的自然属性。他的论证如下：“精神本是与肉体、感官、一般的人一同发展起来的；精神联系于感官、头脑、肉体上的一般器官。难道可以说肉体器官、头脑即脑壳和脑髓是出于自然界，

---

① 《马克思恩格斯选集》（第 3 卷），人民出版社 2012 年版，第 998 页。

② 《马克思恩格斯选集》（第 1 卷），人民出版社 2012 年版，第 56 页。

③ 北京大学哲学系外国哲学史教研室编：《西方哲学原著选读》（下卷），商务印书馆 1982 年版，第 203 页。

④ 《马克思恩格斯选集》（第 1 卷），人民出版社 2012 年版，第 54 页。

而在头脑里面的精神即脑髓的活动却是出于一个与自然界全不同类的东西，出于一个思维实体和幻想实体，出于一个神吗？……脑壳和脑髓是从哪里来的，精神也就是从哪里来的；因为，二者是不可以分开的。”① 突出人的自然属性或动物属性，表明人的自然属性是其他人之为人的特性之物质载体，只不过是揭示了人来源于自然界，是自然的存在物这个一般性的事实而已。无论将人的本质定位如何，都应当依赖人的肉身而存在，没有无肉身的灵魂、理性、思维以及抽象的自我意识，这是实践唯物主义人学必须坚持的基本观点。

另外，需要明确的是人的自然属性是所有人具有的共同属性，个体的人或许境遇不同，但彼此之间的自然属性差别极小。正如马克思指出的那样，“搬运夫和哲学家之间的差别要比家犬和猎犬之间的差别小得多，他们之间的鸿沟是分工掘成的”。② 为此，我国古代的“性三品说”是缺乏理论根据的。西汉时期的董仲舒是中国哲学史上第一个推出人性有三品观点的人。他认为人性是生而有之的资质，这种资质就是人的自然属性，它既不全善，亦不全恶，而是有善有恶。那么，是否所有的人都具有同一的善恶之性呢？董仲舒认为人性有三种：一是圣人之性，不教自善，情欲极少；二是斗筲之性，教也不能善，情欲较多；三是中民之性，可善可恶，有情欲。他说：

“圣人之性不可以名性，斗筲之性又不可以名性，名性者，中民之性。中民之性如茧如卵。卵待覆二十日而后能为雏，茧待缫以涫汤而后能为丝，性待渐于教训而后能为善。善，教训之所然也，非质朴之所能至也。”（《春秋繁露·实性》）

既然人性天生，都是自然界的产物，怎么还有三种不同的人性呢？这种判断的结果无非是把人分成了三六九等，否定了人的平等地位，它是一种维护封建专制主义的人性学说，应当加以摒弃。

（2）人的社会属性

尽管人的自然存在是人之为人的物质载体，它是人的一切感性活动的基础，但是，它还不是人区别于其他动物的根本属性，人之所以成其为人，是因为人是一社会存在物，是因为人的社会属性。

首先，人的社会属性表现为人与人之间共生关系的相互依存性。与人一出生便具有自然属性一样，人一出生就处在特定的社会环境中，在这种

---

① 《费尔巴哈哲学著作选集》（下卷），商务印书馆 1984 年版，第 656 页。

② 《马克思恩格斯选集》（第 1 卷），人民出版社 2012 年版，第 238 页。

社会环境中人与人之间建立了各种社会关系。就是人的各种社会关系维持着人的生存状态，没有一个人可以脱离社会而存在。正如我国古代贤者指出："凡人之性，爪牙不足以自卫，肌肤不足以扞寒暑，筋骨不足以从利辟害，勇敢不足以却猛禁悍，然且犹裁万物，制禽兽，服狡虫，寒暑燥湿弗能害，不唯先有备而以群聚邪？群之可聚也，相与利之也；利之出于群也，君道立也。故君道立则利出于群，而人备可完矣。"[①] 法国的唯物主义者霍尔巴赫认为："社会对于人的幸福是有益的和必需的；人不能独自使自己幸福；一个软弱而又充满各种需要的生物，在任何时刻都需要它自己所不能提供的援助。只有靠它的同类的帮助，它才能抵御命运的打击，才能补偿它不得不尝到的肉体上的苦难。依靠别人的鼓励和支持，人的技巧才得以发挥，人的理性才得以发扬。"[②] 费尔巴哈的人本学主张无论是道德实体还是思维实体，任何孤立的、个别的人都不具备人的本质，人的本质必须包含在团体之中，必须在人与人的统一关系中才能显现出来。马克思正确地看到了人与人之间的相互依存性，认为离开社会的人是不存在的，"人是最名副其实的政治动物，不仅是一种合群的动物，而且是只有在社会中才能独立的动物。孤立的一个人在社会之外进行生产……就像许多个人不在一起生活和彼此交谈而竟有语言发展一样，是不可思议的"[③]。

其次，人的社会属性表现在社会交往性。人的相互依存性决定了人的社会交往性，因为人若能够独立生存就不需要交往，又是相互依存性的展开与实现，因为没有交往就不可能有相互依存性。人类需要交往的根源在于人的物质生命活动本身，没有人与人之间的物质交换过程，人不可能获取保持生命所需要的物质能量，生命形式也就无可维系，"在人类社会中，交往是团结个体的方式，同时也是发展这些个体本身的方式。因此，交往的存在既是社会关系的现实，也是人际关系的现实"。[④]

再次，人的社会性表现在道德性，人的交往性决定了人的道德性，没有交往就没有利益冲突，就不需要道德规范。所谓人的道德性是指人在社会化过程中依据一定的行为规范行事之习性或倾向。人与动物不同，动物领域没有道德可言，它们都是自然选择与本能作用的结果，人由于具有自我意识，在社会交往过程中必须考虑到自己行为的伦理意义，必须对其行

---

① 转引自夏甄陶《人是什么》，商务印书馆 2000 年版，第 121 页。

② 北京大学哲学系外国哲学史教研室编：《西方哲学原著选读》（下卷），商务印书馆 1982 年版，第 230 页。

③ 《马克思恩格斯选集》（第 2 卷），人民出版社 2012 年版，第 684 页。

④ ［苏］安德列耶娃：《社会心理学》，南开大学出版社 1984 年版，第 74 页。

为的善恶进行选择。所以，人的道德性构成了人的社会属性之一。正如荀子言："水火有气而无生，草木有生而无知，禽兽有知而无义，人有气有生有知亦且有义，故最为天下贵也。"（《荀子·王制》）道德的产生源于人类的两方面的需要：一是因为需要协调人与人、人与群体交往之间的利益冲突，道德作为人的行为规范之一，可以实现人的这种需要；二是道德产生于人的自我肯定与自我发展的需要，没有稳定的社会环境，人无法评判自我的生存状况，也就无法自我发展，只有在道德规范下，人的生存环境才能得以稳定，在稳定中人的自我发展需要才得以实现。

最后，人的社会性表现在劳动中的合作性，它是人的社会属性中最深层的含义，是人的全部人性的发源地。劳动中的合作性强调的是人在改造物质世界中的分工协作之属性，没有合作，人类不可能改造物质世界，也就不可能改造自身，人类社会的历史也就不会产生与延续，恩格斯关于人类历史的创造就是一种"合力"结果，证明了人的合作属性对于人类历史的重要性。人类之所以需要合作：一是可以集中所有参与劳动的个人的智力与体力，完成单个人所无法完成的任务；二是可以弥补单个人力量不足的局限性，在合作过程中，参与劳动的个人通过分工合作、取长补短，发挥整体力量；三是合作中也蕴含着竞争，通过竞争机制激发人的内在潜能，可以提高劳动效率。

总之，人性就是指人的本性，它包括人与生俱来的自然属性，也包括后天形成的社会属性，人既不是野兽也不是神仙，人就是人，受各种动物属性的驱动，有可能危害社会，成为社会的破坏性力量，但也有可能通过人的社会属性完成对人的"兽性"之规约，成为建设社会的积极力量，实现人的"神性"一面。换言之，人性就是"兽性"与"神性"的混合体。"人如果没有坚强的生物属性，永远不能建造出人性；如果缺失社会属性，也永远不能变成具人性的生物。"①

二　重生：人性构成要素之一

人性的一般性定义，只是从哲理方面对何谓人性这一亘古难题所作的抽象解读，为具体人性要素构成框定了大致的界线，若要感性并切实地了解人性，须借助于具体的人性要素构成之分类。然而，正如何谓人性一样，人性的结构到底包括哪些要素，自古便无定论，学者的归纳与总结都反映了某一方面的合理性。或许人总是处在进化的旅途之中，人性应当包

① 刘良贵：《人性系统与国家机器的发展》，香港新华人民出版社2010年版，第7页。

括哪些要素也就变成了一个常议常新的问题了，答案总要向未来寻找。笔者认为，从个体人短短生命历程中的经验来看，“重生、求强、逐乐”应当是任何一个有生命的人的基本需求，它们构成了人性的基本要素，其他需求都可以从这三个基本要素得以延展，并在某一阶段或某一方面占据人性的主导地位。

“重生”即人的重视自我生存、保持生命的心理倾向。与其他的需求相比较，“重生”是人的多元需求中最重要的一种需求，它是人之为人的物质基础，也是拓展人性其他要素的生命起点，因为没有生命，也就谈不上人的生存之意义，皮之不存、毛将焉附？所以，荀子言：“人莫贵乎生”（《荀子·强国》）、“人之所欲生甚矣，人之所恶死甚矣”（《荀子·正名》）。认为人类道德日趋堕落的卢梭也主张，“人性的首要法则，是要维护自身的生存”。[①] 人之所以“重生”，是因为人身既非上帝用水和泥土混合而成，也非“钢铁”锻造的机械，而是有血有肉的肉体凡胎，它需要维持基本的生理需要，必须不断与外界保持持续的物质、能量和信息的交换，以达到自身肉体的自我保持、自我稳定以及自我调节的目的，在这三个环节中，人的生命得以延续。因此，在马斯洛的需求层次理论中，生理的需求被视为最基本的需要。

人的肉体凡胎属性，决定了“重生”的需求主要包括以下两个方面：衣食住行之欲、男女两性之欲。正如恩格斯所言，人类历史的第一个前提是人要生存，没有人的生存就不可能创造历史，人要生存就要生活，“但是为了生活，首先就需要吃喝住穿以及其他一些东西”，[②] 由此可得出人类历史上第一个实践活动，就是生产这些能够满足人的生存需要的物质资料的活动，即“生产物质生活本身”。细述之，第一，人有“食”欲，是因为人身作为一种蛋白体的存在方式，是一种耗散结构，需要不断补给热量才能维持人体的新陈代谢功能，而食物是补给人体热量的主要物质来源，所以“食”即人之性。我国民间所谓的“民以食为天”俗语道出了这一朴素道理。第二，人还需要有“衣”，它的基本功能是保暖以便抵御严寒。相对于其他动物具有厚实的皮毛不同，人是一种叫“裸猿”的生物，面对严酷的自然环境，人虽然是一根能思维的芦苇，但他的脆弱性可以达到一口气、一滴水就足以毙其命的程度，没有“衣”来避寒，人是无法战胜寒冬的。尽管人在社会文化的熏陶下，“衣”的功能还增加了审

① ［法］卢梭：《社会契约论》，何兆武译，商务印书馆 1980 年版，第 9 页。

② 《马克思恩格斯选集》（第 1 卷），人民出版社 2012 年版，第 158 页。

美的意义，不过其基本功能还是用于御寒。第三，人要生存，还需要有居住之所，即“住”的需求，它既有“衣”的功能：御寒保暖，还有抵挡外来危险以保全生命的防御功能。在私有制产生之后，房屋属于人的最重要的“恒产”，成为安身立命的标志，在唐代诗人杜甫看来，没有房屋的人士只能称为“寒士”了。第四，由于人天生是一群居动物，自由活动是人的一种内在需求，即人的“行”之欲。它包含两层含义：一是人要获取衣、食、住的生活资料，需要人的主观努力和实际行动去改造自然，而不能像那些生理机能已“特定化”的动物那样，纯粹靠自然的赋予就可获得。二是人还要依赖自由之“行”，塑造自己的社会属性，真正成为人。

在东方文化中，衣食住行之欲与男女两性之欲实为一对孪生姊妹，难分彼此。主张“人性之自然，食、色也”，“饮食男女，人所同欲”（《慎言·问成性篇》），“人为万物之灵，而独无情乎？故男女者，人之大欲也，亦人之真情至性也”（《习斋四存编·存人编》）。西方文化也有类似的论述，认为“在人的一切自然需求中，性欲是仅次于吃喝的最强烈的需求。生育的需求是‘求生’的最高表现。这种需求深深地植根于每一个发育正常的人体之中”。[①] 所谓男女两性之欲，就是指男女两性之间的性情绪、性行为以及由此而生的其他情感体验。它是人的“重生”需求中的重要心理倾向和行为。尽管在人类社会发展历程中，有人讴歌男女两性之欲的崇高伟大，指出它“是除了生命冲动之外，最强大的活动……纯洁的爱若脱离肉体的爱，是无法维持。落到这般境地，人多半以自杀了却一生”。[②] 有人却认为性是原罪、不洁、丑恶的东西，主张禁欲。其实，无论是褒奖还是鞭笞两性之欲，对人而言，男女两性之欲是人的“重生”之基本需求之一，其本原在于保持个体的生命得以延续，在此基础上，也延展了整个人类的生命，使得人作为一个物种存活于世，与其他生命一起，组成地球上绚丽多彩的生命系统。打破谈性色变禁区的弗洛伊德就主张，本质上的性冲动就是生命的冲动，是想让生命不断得到再生的冲动。以人性论享誉世界的休谟也认为，两性之间的爱是由三种情感组成的，“由美貌发生的愉快感觉；肉体上的生殖欲望；浓缩的好感或善意……生殖欲望如果限于某种程度内，显然是一种令人愉快的欲望”，[③]

---

① 转引自祁志祥《人学原理》，商务印书馆 2012 年版，第 22 页。

② 《叔本华文集》，中国言实出版社 1996 年版，第 453 页。

③ ［英］休谟：《人性的断裂》，冯援译，光明日报出版社 1996 年版，第 202 页。

他将生殖之欲作为一种让人愉快的行为来歌颂。马克思、恩格斯在“两种生产”理论中科学地指出，在人类现实的社会生产活动中包括了两种生产活动：物质资料的生产以及人类自身的生产，前者的目的在于维持人的生命，而后者就是通过男女两性之欲实现人种的繁衍，二者的关系是，没有物质资料的生产，人的生命就不可能维持，而没有人自身的生产，物质资料的生产也就不可能发生。正是有了男女两性之欲，才会有稳定的婚姻，家庭在和谐的婚姻之中诞生，它繁衍生息，进行着基本的物质资料生产与人口的生产，构成人类社会最早、最基本、最自然的社会细胞。家庭扩大后组成各种人的群体，群体之上便是国家——人类迄今为止最高级的组织形态，国家的最基本功能就是保护人的生存。这种逻辑推演的前提就是个体之间的男女两性之欲。

三　求强：人性构成要素之二

物竞天择、适者生存的人类进化规律决定了人的“求强”之本性，所谓“求强”，即追求自身强大的内在心理倾向，它是相对于其他个体而言，单个人获得的与其他个体相比的优势，也是一种比较优势。自身强大的表现形式包括身体强壮、智慧超人、地位显赫、名誉高洁、家庭幸福、工作条件优越、子女优秀等各方面，易言之，只要能够显示与其他个体不同，且能够被社会认同的“高人一等”之情境，都可归结为人的“求强”之需求。人一旦衣食无忧之后，在资源有限而需求无限的背景下，通过各种途径、方式、方法获得与他人相比的优势地位，是人的一种内在需求，也是人类发展的动力，若单个人以及由个体组成的社会群体安于现状，不思进取，人类也就不可能发展，正是因为人的“求强”心理，人类才有各种发明创造，从而在改造自然界的过程中，显示了人相对于其他动物而言的优势，人类中心主义在某种程度上就是人的“求强”之结果。

“求强”作为人的一种谋求自身发展的概括性需求，其主要包括以下几个方面的心理倾向：合群性、占有欲、竞争性、嫉妒心。

首先，人的合群之性，是源于强与不强只有在比较之中才能体现出来的心理，在唯一的个体世界中，人都不能成其为人，又何来强与不强之区分呢？只有在“群”中，且资源有限的情况下，这个人获得比那个人更多的资源，才能显示出这个人比那个人更“强”。况且人的成长需要群体的照顾，离开了群体生活，人不是“野兽”就是“神仙”，“求强”也就失去了物质载体。所以，人只有生活于群体中，人才有“求强”的动力和价值，合群性也就成为单个人“求强”的心理基础。

其次，占有即排他性地拥有。人之所以内在地具有占有欲，是因为群体中人的数量增多，而社会资源有限，人的自身强大又需要各种物质资料，所以必须占有这些资料，占有欲从而得以产生。人在幼儿时期，企图独占父母之爱，成家立业之后，梦想占有更多的财富，在财富可以与权力交换，拥有权力可更容易获取财富的情况下，占有权力就是一种“求强”的主要心理倾向，霍布斯就曾认为“永恒的永不停止的不断获取权势的愿望，直到死亡时才休止”。当然，在“重生”的心理干预下，占有更多的异性也是一种“求强”的表现。总之，凡是自己没有的且有助于自身强大的东西，人都想占有，甚至包括其自身都是占有欲支配的对象。明代末年的哲学家李贽就对人的占有欲有过深刻剖析，他认为“夫私者人之心也。人必有私而后其心乃见。若无私则无心矣。如服田者，私有秋之获而后治田必力。居家者，私积仓之获而后治家必力。为学者，私进取之获而后举业之治也必力……此自然之理，必至之符，非可以架空而臆说也”（《德业儒臣后论》，《藏书》卷三十二）。所以美国哲学家杜威断定，“拥有某些东西的需要是人性的固有的因素之一”。①

再次，在资源有限的环境中，要排他性地占有就要竞争。所以，人的竞争性，即为争取社会资源而形成的人与人之间的相互争夺心理与状态。荀子言，“人生而有欲，而欲不得，则不能无求，求而无度量分界，则不能不争”。（《荀子・礼论》）此处的“争”表明了人与人之间的竞争状态。事实上，人的竞争性基因可从生物进化角度得到证明，根据达尔文的研究，地球上的生物都是自然选择的结果，这种自然选择过程就是一种竞争过程，在竞争中，有些物种获得了更多的食物与生存空间，能够适应环境，从而成为强者得以生存，而有些物种在竞争中失败了，不能适应变化了的环境，淘汰成为失败者的必然命运，所以，物竞天择、适者生存就是一个自然选择的结果。物种与物种之间有竞争，同一物种之间也有竞争，只有强者才是最后的胜利者，主宰着他们的世界。在长期的自然选择过程中，人的竞争性就内在地成了人的需求，并一代一代传承下来，变成基因固定下来。在人世间，我们经常看到的是个人与个人、家庭与家庭、国家与国家、阶级与阶级之间的竞争状态。和平竞争有助于人类的进步，而不和平的竞争对人类而言就是一种灾难，所以，各种防止不良竞争的社会制度建立起来了，这一切归根到底就是人的“求强”的“竞争性”的外在表现方式。

---

① ［美］杜威：《人的问题》，付统先等译，上海人民出版社 1965 年版，第 154 页。

最后，是人的嫉妒心。嫉妒，是指“与他人比较，发现自己在才能、名誉、地位或境遇等方面不如别人而产生的一种由羞愧、愤怒、怨恨等组成的复杂情绪状态”[①]。这种情绪状态在叔本华看来是一种自然现象，人人都不可能避免，“一般地说，嫉妒是一种非常合乎人情的品质”。[②] 嫉妒情绪的产生需要有两个要素：距离与比较。其逻辑关系是：在比较中，发现彼此间的差距，就会引起诸如羞愧、愤怒、怨恨等情绪。不过，从本来意义上而言，嫉妒是一种“求强”的心理状态，只有想要发展壮大自己的人才会深深地感受到差距，才会羞愧与愤怒，所以，赫尔穆特·舍克认为：“某种易于产生嫉妒的气质，属于一个人在生物学上和在社会上防身装备，如果没有这种气质，他就会在许多场合下被别的人轻而易举地从身上碾过去。”[③]

四 逐乐：人性构成要素之三

快乐是动物的机体部、感官部和中枢部获得满足后产生的感觉反应。对人而言，快乐包括了享乐、自在、舒服、娱乐等心理感受。在人的生命历程中，生存与发展都是人的内在需求，与生存和发展并存的是人的痛苦与快乐之情绪。但是，其终极目的还是追求快乐，世界上没有一个人是为了痛苦而活着，此即为人的“逐乐”之反证。因此，“快乐看来是两种动物功能即营养和繁殖的根本伴随物”。[④] 我国古代的思想家，从经验主义出发诠释了人的“逐乐”之本性。如管子说：“凡人之情，得所欲则乐，逢所恶则忧，此贵贱之所同也。”（《管子·禁藏》）荀子认为：“若夫目好色，耳好声，口好味，心好利，骨体肤理好愉佚，是皆生于人之情性者也。”（《荀子·性恶》）当代的梁启超对人的“逐乐”心理进行了深刻的解读，他认为他的人生观就是一种以快乐为第一追求的“趣味主义”人生观，是人之为人的根柢。

人的“逐乐”心理需求也是西方哲学发展的一条主要线索。可以说，只要强调人是万物之灵，是人间至贵的生物，都会突出人的“逐乐”需求，即使是宗教神学，也会将人的“逐乐”需求放到主要位置，只不过，

---

① 宋智贤：《心理学大词典》，北京师范大学出版社 1989 年版，第 295 页。

② 《叔本华文集》，中国言实出版社 1996 年版，第 443 页。

③ ［奥地利］赫尔穆特·舍克：《嫉妒与社会》，王祖望、张田英译，社会科学文献出版社 1999 年版，第 4 页。

④ ［德］包尔生：《伦理学体系》，何怀宏、廖申白译，中国社会科学出版社 1988 年版，第 226 页。

宗教神学是将人实现快乐的场所投之于未来的天堂生活而已。古罗马时期的唯物主义哲学家伊壁鸠鲁最早提出，人的幸福与快乐是人的天然的最高之善。人的一切社会活动均是从快乐出发，其最终目的也是得到快乐，人们只要得到幸福与快乐，该行为就具有伦理上的善性，是一种道德行为。虽然快乐都是善，但是并非任何一种快乐都值得追求，因为过度的肉体享乐会损害人的身体健康，从而带来人的痛苦，这就与人追求幸福与快乐这一最高的善背道而驰了，所以，他主张的是一种平静、健康、适度的“逐乐”主义，他说：“就快乐与我们有天生的联系而言，每一种快乐都是善，然而并不是每一种快乐都值得选取；正如每一种痛苦都是恶，却并非每一种痛苦都应当趋避。对于这一切，我们必须加以权衡；考虑到合适和不合适，从而加以判断。……当我们说快乐是一个主要的善时，我们并不是指放荡者的快乐或肉体享受的快乐。我们所谓的快乐，是指身体的无痛苦和灵魂的无纷扰。”[①] 人又当如何保存灵魂的平静与肉体的健康，排除外界的纷扰与痛苦呢？那就是用“理性”来控制自己的行动，使自己的一切行动符合自身的理性，正是因为理性“清除了那些在灵魂中造成最大的纷扰的空洞意见”，[②] 所以人才能得到真正的幸福与快乐。

西方文艺复兴运动将人从中世纪神学中解放出来，把人从天堂重新放回人间，反对宗教神学对人的“逐乐”心理与行为的禁锢，大胆倡导人应当追求尘世间的幸福生活，因为人是有七情六欲的生物，而不是神仙。“我自己是凡人，我只要求凡人的幸福”，这句呐喊便反映了当时人的心声。18世纪法国的唯物主义代表性人物之一爱尔维修认为，人有两种能力，一是“肉体的感受性”，二是“回忆”。前者是指人有接受外界对自身刺激的能力，后者是指人有保持外界对象在人身上造成各种印象的能力。正是因为人有这两种能力，所以爱尔维修从感觉论出发，认为“我们的一切观念都是通过感官而来的”[③]。由于回忆是感觉的延续，所以，说到底都是一种感受。人的感受有苦乐之分，人的选择却是去苦逐乐，“人是能够感觉肉体的快乐和痛苦的，因此他逃避前者，寻求后者。就是这种经常的逃避和寻求，我称之为自爱”[④]。这种自爱的本性具有普遍性，

① 北京大学哲学系外国哲学史教研室编译：《古希腊罗马哲学》，生活·读书·新知三联书店1957年版，第368页。

② 周辅成：《西方伦理学名著选辑》（上卷），商务印书馆1964年版，第105页。

③ 北京大学哲学系外国哲学史教研室编译：《十八世纪法国哲学》，商务印书馆1963年版，第491页。

④ 同上书，第503页。

只要是人都逃不过这个规律的支配，且永恒不变，无论后天的教育如何不同，在任何时代、任何地区，追求快乐的自爱之心都是同一的。正是因为人有这种追求快乐的自爱之心，人们组成家庭进而构建国家才成为可能，国家的本质就是保障人的自爱之心。

继之而来的是功利主义学派的幸福观，他们认为追求幸福是人的固有本性，凡是能带来快乐的，就是幸福的，功利就等于幸福。一个行为是值得赞扬还是批判，关键是看这个行为是增多还是减少了人的幸福。幸福与快乐并不能仅仅满足于肉体的快感，还应该以肉体的快感为手段，追求更高级的幸福快乐。近代人本学创始人费尔巴哈主张，追逐快乐是人的本性，它构成人的一切行为之基础，“逐乐”不仅仅具有天然的合理性，更是人的一种自然权利，不可剥夺。人的生存与发展的第一个责任便是使自己快乐，他说：“所有一切属于生活的东西都属于幸福，因为生活和幸福原来就是一个东西，一切的追求，至少一切健全的追求都是对于幸福的追求。”① 人与有生命的动物一样，“凡是活着的东西……它所希望的，只是健康和幸福”。②

第三节　人性：公共行政生成之基础

在争夺满足人的“重生”“求强”“逐乐”等人性需求的资源过程中，人与人之间存在合作与对抗的关系。减少人与人、人与社会以及人与自然之间因对抗给人类社会带来的负面影响，增强彼此之间的合作关系、提升人类整体福祉是人类必须解决的问题。公共行政作为人类解决公共问题的权威性集体行动，应当回到人性、尊重人性，以人性作为其产生、运行及发展之基础。

一　公共行政是人的实践活动

实践是人的基本存在方式。从人的本质意义而言，人不是政治动物、理性动物或文化动物等，而是实践性动物。正是实践活动，人才真正获得了区别于其他生物的本质规定。“可以根据意识、宗教或随便别的什么来区别人和动物。一当人开始生产自己的生活资料，即迈出由他们的肉体组

① 《费尔巴哈哲学著作选集》（上卷），商务印书馆1984年版，第543页。

② 同上书，第535页。

织做决定的这一步的时候，人本身就把自己和动物区别开来。”[①] “人与众不同的标志，既不是他的形而上学本性也不是他的物理本性，而是人的劳作（work）。正是这种劳作，正是这种人类活动的体系，规定和划定了‘人性’的圆周。语言、神话、宗教、艺术、科学、历史，都是这个圆的组成部分和各个扇面。”[②] 在改造自然、获取满足自身生存需要的生活资料的实践过程中，人与人结成了各种社会关系。所以，人的本质就是各种社会关系的总和。既然人的基本存在方式是实践，那么，实践也是人的实践，是人所特有的对象化活动。是以人为主体、以客观事物为对象的现实活动。与其他动物本能地适应自然不同，人的实践具有自主性，他能够认识客观规律，运用客观规律，将人的主观意识贯串在自身的实践活动中，在改造客观世界的同时创造了属于人的世界。

人类为了改善自身的生存状况借助行政系统而展开集体行动，在改造人与自然、人与社会以及人自身的行动中，人类创造了一个集价值观念、制度及行为于一体的人化世界：公共行政。因此，公共行政的本质就是人的实践活动。

人是公共行政实践的主体。他是公共行政实践活动具有自主性和能动性的因素，肩负着提出行政目的、运用行政工具、改造行政客体，从而实现公共行政职能的任务。作为知、情、意相统一的人，在公共行政的实践中处于核心地位。一方面，人的活动决定了公共行政模式的建构。人类社会的治理经验揭示：公共行政模式大体可分为统治行政、形式意义上的公共行政以及形式与实质相统一的公共行政。统治行政模式中人的活动目的在于维护统治秩序；形式意义上的公共行政突出了技术理性，人，以及人的活动却成为公共行政的工具；形式与实质相统一的公共行政就是服务行政，在服务行政中人处于中心地位，无论是维护阶级统治还是管理社会，都是以服务人、满足人的需要为行动的依归。因此，人的活动性质决定了公共行政模式的属性差异。另一方面，人的活动决定了公共行政实践的效果。公共行政目标能否实现？目标实现的程度如何？都是由单个的人或人的集体来决定。尽管在现代法治国家，职权范围内的行政活动责任由公共组织承担。但是，公共组织的目标实现及其实现效果均是由具体的人来实践和评价，人的行动决定了公共行政实践的效果。

人是公共行政实践客体系统中的核心要素。公共行政客体是进入公共

---

① 《马克思恩格斯文集》（第1卷），人民出版社2009年版，第519页。

② ［德］恩斯特·卡西尔：《人论》，甘阳译，上海译文出版社2003年版，第107页。

行政主体对象性活动领域，并同主体发生功能性关系的客观事物的总和。从系统论视角而言，公共行政实践的客体系统包括公共事务、物资、经费、人员、信息、时间、组织及环境等要素。其中，人员是公共行政实践客体系统中的核心要素。“人在行政活动中，既是行政主体，又是行政客体。相对于行政主体而言，是行政客体；在行政客体诸要素中，相对于社会公共事务、物质设备、经费等，人又是行政主体。在行政客体系统的活动中，人与物的变换关系中，人始终处于主体地位，物是客体。所以，行政客体系统中，人员是其核心要素，起着主导作用。物质设备、经费、信息、时间等要素，只有通过人的作用，如操纵、掌握、运用和管理等活动，才成为行政客体系统中的要素并参与系统运行。这些要素的管理效果以及系统组织活力的大小，都取决于人的积极性、创造性、素质的高低。因此，从根本的意义上而言，行政主体对行政客体的管理，归根到底是对人的管理。”① 作为行政客体的人构成了公共行政实践活动两极中的一极。

人是推进公共行政实践过程的主导力量。实践的基本环节有三：确立目的与行动方案、借助一定的手段将目的和方案作用于客体、检验和评价实践结果。这三个环节的推进都离不开人的作用。同理，公共行政实践过程就是人的本质性力量确证过程。首先，公共行政目的是作为公共行政实践主体的人，在把握主—客观矛盾的基础上，依据客观规律和自身需要而确立的理想目标，它是公共行政实践的初始环节和内控因素，贯串于公共行政实践过程的始终。人之所以能够提出行政目的，就在于人具有批判反思的主观能力。其次，公共行政目的在形式上还处于观念形态，目的本身包含的主—客观矛盾不能在主观范畴内解决。观念形态的公共行政目的真正从理想变成现实，还需借助各种行政手段实施行动方案，实现公共行政目的。公共行政手段就是作为行政活动主体的人为实现行政目的而对行政客体采用的作用方式，它是行政目的在行政客体中实现自身的中介。最后，公共行政目的是否实现及其效果如何，都是人依据自身的需要作出评价，并通过相应的程序机制反馈信息，修正公共行政目的以及采用更合理的行政手段。

二 人的需要：公共行政的合法性基石

“需要是指生命物体为了维持生存和发展，必须与外部世界进行物质、能量、信息交换而产生的一种摄取状态。这种状态，一方面表示了生

---

① 颜佳华：《行政哲学研究》，湘潭大学出版社 2009 年版，第 139 页。

命物体对外部环境的依赖和需求，另一方面也表达了生命物体对周围事物具有作出有选择的反应的能力，以及获取和享用一定对象的生理机能。”[①] 马克思说：“人以其需要的无限性和广泛性区别于其他一切动物。”[②] 随着人类社会实践的发展，人类需要也呈现出越来越复杂的结构。人的需要可以按照不同的标准进行多种不同的分类，按照需要的起源来分，有自然性需要和社会性需要；按照需要的对象来分，有物质需要和精神需要；按照需要的主体来分，有个体需要、群体需要和社会需要；按照需要的性质来分，有生活需要、劳动需要、知识需要、交往需要和休息需要等。

马克思从哲学的高度，提出人的需要可以分为三个层次：生存需要、享受需要和发展需要。人的需要即人的本性，人类的这些需要都是与人性中的“重生”“求强”“逐乐”的需求相对应。首先，生存需要是人的最基础的需要。马克思主义认为，人们要想“创造历史”，必须先能够生存，因此需要适宜的生活环境，衣食住行等基本的生活资料，需要繁衍后代，延续生命，以保证人类社会发展的生生不息。其次，享受需要是提高人类生活质量的需要。享受需要不仅包括物质的，还有精神的、文化的，意指人在满足基本的生存需要之后，通过优化人类的生存条件，实现人的物质需要、精神需要和文化需要的多重满足。人不仅为生存而斗争，也为享受而斗争，享受需要是生存需要的延伸。精神需要和文化需要是以物质需要为基础，同时又是人类更高级的需要。“人是唯一具有科学、哲学、理性，以及艺术精神的动物。”[③] 再次，发展需要是人表现和发展生命力的需要，也类似于马斯洛所说的自我实现的需要，其他一切需要的满足都可以看作为了实现这一终极目的。人不仅是一种享受动物，同时也是一种创造性的动物，人有一种需要，即通过对象化活动实现自我的需要。也就是说，人们希望通过从事自我选择的、创造性的实践活动，来发展自我，实现个人的价值。并且，发展需要不仅是一个个人价值实现的问题，从人类整体发展的观点来看，激励、满足人的发展需要是提升社会素质水平、加速社会管理效率、实现社会发展的最有效的投资。最后，满足人的需要是实现人类主观和客观相统一的活动。需要的实现和满足，会使人产生一种心满意足的心理感受，也就是幸福和快乐。需要是人对于自身生存和发展的客观条件的需求，具有客观必要性，而幸福和快乐是人的一种主观感

① 陈志尚：《人学原理》，北京出版社 2005 年版，第 193 页。

② 《马克思恩格斯全集》（第 49 卷），人民出版社 1982 年版，第 130 页。

③ 袁贵仁：《人的哲学》，工人出版社 1988 年版，第 111 页。

受，是天生的最高的善，人生的幸福和快乐就是在全面满足人的需要中获得的。

人的需要作为人的本性，自始至终同人的活动联系在一起，是人们积极从事各种活动最终的内在动因，而活动本身也是人的一种需要。人的需要虽然是在外部环境相互作用中产生的，但是主要是在有意识、有目的地改造外部对象的实践活动中生成的。公共行政作为人的一种实践活动，其合法性基石正是人的需要。马克斯·韦伯认为，所谓合法性就是处于被统治阶级地位的普通民众认同、服从、尊崇统治阶级上层某种命令的内在动机。一般来说，合法性常用来指政府与法律的权威为民众所认可的程度。普通民众之所以服从统治阶级上层的命令，主要在于他们对统治阶级统治的正当性的内在性认同。

第一，人的需要是公共行政合法性产生的源泉。公共行政是应人的需要而产生的。人是一种社会存在物，是一种合群的动物，只有在社会共生关系中才能存在。人类通过社会交往来满足自身需要，实现个体和社会的共同发展，但是由于社会关系中，个体需要具有差异性，在交往过程中，也就必然存在矛盾和冲突，因而需要一种公共权力，将人与人之间的矛盾和冲突控制在一定的范围之内，公共行政由此产生。公共行政是为了调节人类需要的矛盾和冲突而产生的，公共行政的合法性也与人的需要密切相关。一方面，随着人类社会的进步，人们具有解决所面临的社会公共问题的共同需要，即是指社会成员在生产、生活中的共同需要，以及除政府以外的其他社会团体和市场无法满足和提供的需要，如基础设施、经济发展、国防、文教、卫生、生态环境保护的需要等，这也是公共行政合法性的原因之一。另一方面，公共行政深深植根于人类的生存与生活的合理性需要之中，其目标在于通过公共物品的提供和社会管理，满足人类物质性需要、精神性需要和文化性需要，提高社会生产力，以实现人类社会的整体性发展。

第二，公共行政的合法性依存于人的需要的满足。公共行政是在政府与社会公众之间相互影响、相互作用过程中形成的。当政府实现和满足了公众的合理性需要时，社会公众才会自愿地支持和认同政府系统，信任政治权力、信仰政治价值，产生一种政治认同感，政府的合法性才能得以稳固地持续发展。“政府治理能够取得良好成就和效益，能够有效满足社会民众日益增长的物质利益与精神文化需求，尤其是能够满足社会公众在特定社会环境下要求优先得到满足的特定利益要求。由于追求更好的福利水平和更大的需求满足乃是人类社会发展进步的基本动力，政府治理的绩效性对于政府系统能否继续赢得社会公众的自愿认同、服从和支持，具有十分明显而又直接的影响作用。”① 人在社会中不仅是管理的主体，也是管理的客体，人们理性地让渡权力，由政府对人加以组织和管理。因而，公共行政的权力来源于人民授权，政府的一切行政行为都要符合公民的意愿和利益，政府要将以人为本作为基本价值取向，增强民主性和责任性，其合法性也要以满足人的需要为依存，实现人的善的生活，实现人的自由而全面地发展。

第三，公共行政合法性危机的产生源于无法满足人的需要。“倘若政府对民众的诉求漠然置之，对民众的生存、生活及正当政治权力的需要置之不理，政府与公众之间就会产生隔阂，公众对现有公共行政系统和公共行政秩序产生对抗性情绪，这种政府与公众之间不正常状态如果得不到消解，公共行政的存在就会产生合法性危机，政治危机就有可能发生。”② 也就是说，政府如果无法认识到公共行政最终是为了满足人的需要，偏离了公共行政的公共性，摒弃了公共行政的价值，视公共权力为目的而不是手段，就会造成公共权力的异化，工具理性的膨胀和价值理性的萎缩，政府不断扩张和膨胀。由此，人们的合理性需要无法得到及时有效的满足，人们对政府产生极端不信任感，突发性群体事件高涨，和政府相对抗，甚至形成对政治制度的根本性威胁，从而导致公共行政的存在和运行产生合法性危机。公共行政管理者要合理运用公共权力，协调人际冲突，不仅满足人的生存需要，同时还要尊重和支持人的享受需要和发展需要，创造更多的社会财富，增强公共行政的合法性。

需要是人的行为的动因，因而公共行政要通过满足人的需要，来增强其合法性。马斯洛认为，一种需要一旦得到满足，它就不再成其为需要，也就不能影响一个人的动机，真正影响人的动机、最能支配人的行动的是那种主要的需要，即所谓的“优势需要”。公共行政作为一种管理性的实践活动，要增强公共行政的合法性，就要以公民的公共利益为出发点，把人的需要发展同社会的发展有机联系起来，并随着人们需要的变化而改变管理的方式和方法。

第一，树立服务理念，构建积极政府。公共行政存在的理由和目的就是保障和增进公民的合法权益和公共利益，因此，在公共行政实践活动中，政府应当以“满足公民需要”为目标，这里的需要包括生存需要、

---

① 谢庆魁：《政府学概论》，中国社会科学出版社 2005 年版，第 158 页。

② 李晓强：《公共行政的合法性与人的需要》，《理论学刊》2010 年第 6 期，第 71 页。

享受需要和发展需要，即“生、强、乐”的人性需求。公共行政应当从公民的角度出发，考虑公众的自愿性和可接受程度，形成政府和公民间的良性互动。诸如社会秩序的维护、公共物品的提供、市场环境管理和公共福利分配等，作为被统治阶级的公民实际上没有选择的余地，但是只要政府确实是从实际情况出发，反映公民真实的意愿和需要，对于公民而言，这就是他们自愿的选择和需要的被满足。

第二，提高公众对主流意识形态的认同度。意识形态是“直接地反映社会经济形态和政治制度的思想体系”①，作为国家和个人发展的精神寄托，意识形态可以建立起政府和公众间目标和利益的一致关系。因此，政府要提升自身的说服能力，可以从公民意识形态的培养和形成出发，促进公民意识形态的合法化，实现政府与公民的良性互动。在政治社会化过程中，“每个政治体系都有某些执行政治社会化功能的结构，它们影响政治态度，灌输政治价值观念，把政治功能传授给公民和精英人物”。② 具体而言，尊重人性的因素、考虑人的各项需要、尊重人的心理规律等，都是意识形态由传统走向现代的转换方式，从而提高社会成员的政府认同感和共识意识，增强政府权威的合法性。

第三，积极获取民意资源，提高自身正当性。所谓民意资源，是指从民众的意向、评价和诉求中获取的资源，是政府公共行政的重要资源之一，民意资源获取和满足程度的高低，直接关乎公共行政合法性和正当性的实现程度。同时，除了重视民意之外，还应重视民意的内容，关注民众的呼声和需要，尤其应当重视公民心理层面的需要，从而获取民意中的核心诉求。因此，在公共行政活动中，行政决策应当反映大多数人的需要和利益，通过多种渠道，认真仔细地听取民意，探寻解决问题的最好途径，获得民众的智力支持，使决策更加健全和科学。

总之，政府正当性和合法性的获得，需要把公民的各项需要和利益诉求考虑进各项公共决策中，通过现代文明体制，将公民诉求纳入政府的制度建设框架。另外，公共行政要把个人需要同集体需要、社会需要联系起来，个人需要不应当妨碍集体需要和社会需要的满足，在满足集体需要、社会需要的同时，也要尽量满足个人的正当需要，同时要限制个人的不正当需要。在此基础上，不断扩大和发展个人需要，正确处理个人、集体和

---

① 王德胜：《中国中学教学百科全书》（政治卷），沈阳出版社 1990 年版，第 93 页。

② ［美］阿尔蒙德：《比较政治学：体系、过程和政策》，曹沛霖等译，上海译文出版社 1987 年版，第 91 页。

社会需要三者之间的关系，处理好短期需要和长远需要、局部需要和全局需要的关系，从而巩固政权基础，增强公共行政的合法性。

三　调适人性：公共行政运行的基本逻辑

个体人的“生、强、乐”以及它们所囊括的人性要素构成了单个的“完整人”。然而，“人性并不是一系列稳固、确定、自相一致的特征，而是一些经常发生冲突的基本倾向”。[①] 比如，人的自利性受利他性的限制；占有欲受制于人的竞争性以及合群性，“勇敢与野心，如果没有慈善加以调节，只会造成一个暴君和大盗”。[②] 正是相互影响、相互依存并相互制约的人性要素之间的冲突与平衡，才写就了一个有血有肉、理性与激情、高尚与卑微并存的“人”。同理，由个体人所组成的人的群体，也有群体人性，“生、强、乐”的人性需求形塑了群体的人文风格。在现代国家的主权范围内，各社会团体为满足自身的“生、强、乐”需求，在资源有限的社会环境中，势必与其他社会团体展开竞争，争夺能够满足自身团体“生、强、乐”需求的各种资源，“人类的任何团体都有某种共同的生活，它非常可能带有一种集体的自私性，会长期阻止另外的团体发展”。[③] 在有限资源的争夺中，群体人性的冲突和矛盾产生了。比如，各利益团体参政议政权的争夺、种族之间平等发展权的斗争、良好环境共享权的对抗等社会问题，就是这种群体人性中的“生、强、乐”等需求之冲突的例证。因此，在资源有限而人的欲望无限条件下，人性冲突普遍存在于个体人和人的群体之间。

公共行政作为分配社会性价值的权威活动，是集目的性与能动性于一体的社会实践活动。公共行政的能动性体现了人的主动性和创造性，具体行政活动所作用的客体均打上了人的主观意识烙印。公共行政的目的性表现在行政活动的展开上都是为了实现人的目的，都是为了满足人的需要。由于人性冲突是人类社会的普遍现象，解决人性冲突无论对个体人的生存与发展，还是对人的群体的独立与自由而言均有无可替代的价值。因此，凝结了人类能动性与目的性的公共行政，在满足人的需要的目的支配下，

---

① ［美］E. 博登海默：《法理学：法哲学与法律方法》，邓正来译，中国政法大学出版社1999年版，第4页。

② ［英］休谟：《人性论》（下册），关文远译，商务印书馆1980年版，第647页。

③ ［英］L. T. 霍布豪斯：《形而上学的国家论》，汪淑钧译，商务印书馆1997年版，第44页。

调适人性、平衡人性的冲突[①]构成了公共行政的运行逻辑。

1. 公共行政主体是调适人性的产物

主体是任何实践活动得以展开的前提，从职权—责任角度而言，公共行政活动的主体包括国家以及履行公共治理职能的社会组织。在国家占据主导地位的当今社会，国家成为最重要的公共行政主体，因为国家拥有影响人类生存与发展的最重要的自然、社会资源。作为公共行政主体的国家构成了公共行政运行的前提条件。

国家是如何产生的？在马克思主义诞生之前，古典的资产阶级思想家主要从个体人性冲突揭示国家产生的秘密。一方面，主张人性恶的思想家认为，自私、狡诈、无情与贪婪就是人的本性，为了保存自己，必须争夺有限资源，就必须无情地打击他人。人与人的关系就是一种狼与狼的关系，是一种“战争关系”。在这种尔虞我诈的战争关系中，人人自危，无法过上安宁的生活，人是悲惨的。为了改变这种悲惨的战争状态，需要一个权威组织利用强制力来维护社会正义，满足人的自我保护之本性。建立权威组织的具体途径是“社会契约”。“如果要建立这样一种能抵御外来侵略和制止相互侵害的共同权力，以便保障大家能通过自己的辛劳和土地的丰产为生并生活得很满意，那就只有一条道路：把大家所有的权力和力量托付给某一个人或一个能通过多数的意见把大家的意志化为一个意志的多人组成的集体。”[②] 在霍布斯看来，这种“集体”就是政治国家，是解决人性冲突、调适人性的产物。另一方面，主张人性善的思想家认为人在自然状态下，互相友爱、平等而自由，任何人都没有凌驾于他人之上的特权。然而，拥有财产是人的自利之心的表现，是人的一种天赋之权。在这种平等而自由的状态下，人的财产却时常处在威胁之下。“虽然他在自然状态中享有那种权利，但这种享有是很不稳定的，有不断受别人侵犯的威胁。既然人们都像他一样有王者的气派，人人同他都是平等的，而大部分人又并不严格遵守公道和正义，他在这种状态中对财产的享有就很不安全、很不稳妥。这就使他愿意放弃一种尽管自由却是充满着恐惧和经常危险的状况；因而他并非毫无理由地设法和甘愿同已经或有意联合起来的其他人们一起加入社会，以互相保护他们的生命、特权和地产，即我根据一

① 人性的平衡包括个人自身的人性平衡、个人与个人之间、个人与群体之间、群体与群体之间的人性平衡。由于公共行政所指涉的是“公共事务”，因此，公共行政运行逻辑中所探讨的人性调适问题是指后者，即调适个人与个人、个人与群体以及群体与群体之间的人性冲突问题。

② ［英］霍布斯：《利维坦》，黎思复、黎廷弼译，商务印书馆 1985 年版，第 131 页。

般的名称称之为财产的东西。”[①] 因此，人们加入社会的目的就在于保护自己的财产。国家作为人们之间通过社会契约建构的创造物，其功能是为了保护私人财产，是调适自利人性的产物。

由于西方古典资产阶级思想家是以唯心主义历史观为指导，他们有关国家起源的论述是不科学的。真正科学揭示国家起源的是马克思主义。他们以唯物史观为基础，从经济基础出发论证了国家的产生。认为国家是阶级矛盾不可调和的产物，“国家绝不是从外部强加于社会的一种力量。国家也不像黑格尔所断言的是‘伦理观念的现实’、‘理性的形象和现实’。确切地说，国家是社会在一定发展阶段上的产物；国家是承认：这个社会陷入了不可解决的自我矛盾，分裂为不可调和的对立面而又无力摆脱这些对立面。而为了使这些对立面，这些经济利益互相冲突的阶级，不致在无谓的斗争中把自己和社会消灭，就需要有一种表面上凌驾于社会之上的力量，这种力量应当缓和冲突，把冲突保持在‘秩序’的范围以内；这种从社会中产生但又自居于社会之上并且日益同社会相异化的力量，就是国家”[②]。从人性视角而言，阶级冲突的实质就在于人性的冲突，只不过是群体人性的冲突。在阶级社会中，这种群体人性的冲突具体转换为阶级的冲突。其核心表现为阶级的群体在生产资料占有中的人性冲突。因此，从人性冲突角度而言，马克思主义所论证的国家起源，也可解读为调适人性的产物。

2. 公共行政客体是“人”的事务

客体是实践活动指向的对象，为主体实践活动指引行动的方向，并承接主体的目的性需求。任何实践活动都离不开主体和客体这两大要素。公共行政作为人的实践活动，必须明确行政客体，才能有序运作公共行政活动。从形式意义上而言，公共行政的“公共性”决定了行政主体实践活动所指向的对象是公共事务，“所谓公共事务，是指为了满足社会全体或大多数成员需要，体现他们的共同利益，让他们共同受益的那类事务”。[③]按照不同的标准，可对公共事务作不同的划分，以主体为标准，公共事务包括国家公共事务、政府公共事务以及社会公共事务；以内容为标准，公共事务可划分为政治、经济、文化、环境、卫生、安全等公共事务；以国家主权为标准，公共事务包括国际公共事务、国内公共事务。从实质意义

---

① ［英］洛克：《政府论》（下篇），叶启芳、瞿菊农译，商务印书馆 1964 年版，第 77 页。

② 《马克思恩格斯选集》（第 4 卷），人民出版社 2012 年版，第 186—187 页。

③ 周义程：《公共利益、公共事务和公共事业的概念界说》，《南京社会科学》2007 年第 1 期，第 80 页。

上而言，公共事务都是“人”的事务，是反映人性本质、表现人性冲突以及满足人性需要的事务。因为无论国家、政府还是社会，都是人的集合体，因人而生、为人服务，它们所处理的事务大致包括人与人之间、人与社会之间、人与自然之间的事务，尽管这些事务的具体内容有所差异，就人性需要的整体性、系统性而言，这些具有特殊性的事务，在功能上，都是人在获取生产生活资料、满足人的“生、强、乐”等需求的实践活动中产生的公共事务。

具体而言，公共行政活动大体可划分为“干预行政”与“给付行政”两大类。干预行政是指干预公民权利，限制其自由或财产，或课以公民某种负担的行政活动。给付行政是指为公民提供服务、给予利益的行政活动。干预行政的功能在于维护社会秩序，给付行政则是保障弱势群体的生存权。从人性视角来看，维护社会秩序的事务——干预行政的客体——是一种人性冲突的公共事务，是人与人之间、人与人的群体之间在争夺满足“生、强、乐”等需求资源方面的人性冲突事件。因这种人性冲突逾越了私人领域，进入公共领域，若不规范治理，则直接影响到公共利益，威胁社会整体的生存与发展。试以“偷盗”为例，某人盗窃他人的私人财产、集体财产或国有财产，虽能满足他的占有欲。然而，对被盗者的占有欲则是一种侵犯，形成了个体人性、个体人性与群体人性之间在财产占有方面的冲突状态，并溢出了私人范围，成了公共事务。公共行政主体运用公共权威，惩处“偷盗”行为，恢复财产秩序，并进而重新满足私人以及人的群体对财产的占有欲，这是一种典型的调适人的“占有欲”方面的公共事务。与干预行政不同，保障弱势群体生存权的给付行政，背后的人性基础是人的“生”之欲，也是人的自然属性之反映。公共行政主体通过公共服务的提供、物质利益的给予、灾害的救助等具体行政活动，帮助社会弱势群体渡过难关，维持其作为人的最基本的生活需求。这种社会救助的公共事务——给付行政的客体，也是调适“社会强者”与“社会弱者”在人的“生”之欲方面的公共事务。

3. 公共行政关系的实质是利益关系

人类在市场交易活动中形成的关系为经济关系，在公共权力配置过程中形成的关系为政治关系，经济关系、政治关系集中表现了经济活动以及政治活动的运行状态。公共行政主体与客体在公共治理实践中所形成的行政关系则是公共行政运行的表征。行政目的、途径、方式方法以及责任等公共行政活动的主要内容，都是在行政关系中获得自身的特殊性。譬如，人治行政与法治行政、管制行政与服务行政、垄断行政与民主行政、物化行政与人本行政等行政模式的分殊，就是因为行政主—客体在行政实践活动中所形塑的行政关系不同。人治行政强调行政主体的意志至上，法治行政则是法律至上；管制行政以控制为目的，服务行政则是强调公共服务；垄断行政的行政关系是封闭的，排除了行政客体的参与，公众参与则是民主行政关系的主要特质；物化行政关系中人是工具，人本行政则凸显了人是目的的价值关怀。因此，行政关系构成了公共行政运行系统的核心要素。

行政关系是行政主体在履行公共治理职能、行使公共权力过程中与行政客体发生的社会关系。以属性划分，行政关系包括行政管理关系与行政监督关系；以内容划分，行政关系有授益行政关系和课责行政关系；以客体区分，行政关系包括外部行政关系与内部行政关系。这些不同的行政关系，其实质是一种利益关系，人是行政关系中的利益主体。尽管作为行政主体的公共组织也有共同的组织利益，但是，组织由人构成，最终都可还原为人的利益。行政关系的实质之所以是利益关系，是因为利益是人从事社会活动的原动力和归宿，正是在利益的驱动下，人类改造自然界获取生产生活资料，结成各种社会关系。“凡是有某种关系存在的地方，这种关系都是为我而存在的”①；“每一既定社会的经济关系首先表现为利益”。② 行政关系只不过是人类在行政实践活动中所结成的社会关系，利益的实质并没有改变。进一步而言，利益是人性诉求的外在表现，是满足人性需求的资源总和。人类改造自然与社会、形成各种社会关系的目的就在于满足自身的需求。而人的需要就是人的本性，他的欲望对象“是他的需要的对象；是表现和确证他的本质力量所不可缺少的、重要的对象”③。在公共行政实践中，人类为了满足人性需求形成的利益关系，总体上是一种对立统一的关系，对立统一构成了利益关系运动的形式。利益关系的统一性是指不同主体间利益的依存性与同一性，对立性是指不同主体间利益的离异性与排斥性。这种对立统一利益关系的运动形式，建立在人性的差异性与共同性基础之上，人性的差异性使得人类在追求自身利益的时候容易忽视了他人的利益，利益关系是一种对立关系；人性的共同性则又将人类拉回到共同价值的追求，使得利益关系的统一有了可能。正是基于公共行政实践中利益关系的对立统一性，公共行政运行的功能就是依据公共权威，

① 《马克思恩格斯选集》（第1卷），人民出版社2012年版，第161页。
② 《马克思恩格斯选集》（第3卷），人民出版社2012年版，第258页。
③ 《马克思恩格斯全集》（第42卷），人民出版社1979年版，第167—168页。

增进、维护和实现公共利益；并在私人利益与公共利益相冲突时，平衡私益与公益的冲突。在保护共同利益、平衡利益冲突过程中，公共行政履行着社会治理职能，维护社会秩序、增进人类自由。总之，人性诉求所表现出来的利益关系，依据公共治理规则，通过行政主—客体的实践活动形成了行政关系，并构成行政关系的实质内容。

4. 人性诉求支配着公共行政过程

行政过程是指遵循事物演化规律，具体行政活动展开的次序、步骤的总称。作为系统治理公共问题的公共行政，行政过程构成了公共行政运行的实体内容，行政目的的实现、行政方式方法的采用以及行政责任的承担，都是随着行政过程的展开而获得本质规定性。狭义的行政过程主要包括行政决策、行政执行及行政监督三个阶段。这三个阶段的演进虽有各自的主要议题，主要议题不同也赋予了各阶段的不同特性。但是，从人性维度而言，行政过程就是人性诉求表达、人性需求实现的过程，人性问题支配行政过程的演进，前述三个阶段概莫能外。

详述之，行政决策的主要议题是制定具有普适性的公共政策，公共政策制定过程的实质就是利益配置过程，利益配置是否公正、是否体现了绝大多数人的利益，全赖政策议题的提出以及议题决定程序。而议题的提出与决定程序，就是利益相关者的人性博弈过程——利益相关者的人性诉求表达与妥协过程。在人性的分解与合一、对抗和平衡中，以人性的共有成分为依据，相互容忍达成有利于绝大多数人利益的公共政策。其人性根源就在于“人自有一种与生俱来的能力，它能够使个人在自我之外构设自己，并意识到合作及联合努力的必要。这就是理性的能力。没有这种能力，人就将在非理性的、自私自利和抑或受本能支配的大漩涡中茫然失措，进而在人与人之间导致各种各样的充满敌意的对抗和抵牾。理性乃是社会化和尊重他人行为的源泉”①。公共政策仅是一种静态、应然的利益“契约”，这份“契约”真正实现满足人性需求的功能，还需行政执行活动。行政执行就是将公共政策固化的人的利益诉求，转化为利益相关者能够实际享有的利益。然而，行政执行的主体也是公共政策的利益相关者，若公共政策不能实现其利益诉求，难免在执行中“递增”或“递减”被执行政策的效用，从而出现选择性的公共政策执行问题。因为“利益追

---

① ［美］E. 博登海默：《法理学：法哲学与法律方法》，邓正来译，中国政法大学出版社1999年版，第3页。

求是包括政策执行行为在内的一切人类行为的基本动因"①。因此，行政执行主体的利益诉求直接决定了公共政策执行的实效。公共政策的制定与执行是否切实体现了绝大多数人的人性诉求？若没有实现该目标，又当如何通过制度设计迫使行政主体达成该目标？这就需要行政监督。行政监督的制度设计就是因为人性的不完美，人的自利性、占有欲、嫉妒心等人性要素，总是倾向于滥用权力，利用公共权力谋取私人利益，取得相对于他人的比较优势，进而满足自己的人性需求。如此反复，使得社会正义无法实现，行政主体的公信力在权力滥用中损失殆尽。通过行政监督，保证公共政策、政策执行应然的利益诉求之实现，或者矫正被扭曲的利益诉求，就是行政监督合法性的基础。因此，从行政决策、行政执行到行政监督的行政过程之展开，既要考虑人性的个体性，又要依靠人性的共有成分，通过强化制度理性，拓展利益相关者参与公共政策的制定、执行以及监督的途径与程序，增强利益相关者的公共话语权，抑恶扬善、求同存异，在人性冲突与调适中实现公共行政目标。

四　人性和谐：公共行政发展的终极关怀

和谐属于关系范畴，表示事物存在的协调、均衡以及功能优化的状态。一方面，人性和谐是指人性各要素之间的协调、均衡以及功能优化状态，任何一个要素若过度膨胀，就将打破人性各要素之间的均衡，人性就会失衡。比如，若过于强调人的"生"之欲，则"强"和"乐"的功能便会削弱，人将处于行尸走肉的生存状态，脱离了人之为人的社会本质属性。若"强"与"乐"的人性要素压制了"生"之欲，则泯灭了人的生物属性，人就成为不食人间烟火的"神仙"，人也将不再成其为人。只有"生、强、乐"等人性要素相互协调，达至均衡状态，个体才能成为理性与感性、灵与肉、自然属性与社会属性相统一的"完整人"。因此，人性各要素之间的和谐属于个人的身心统一之范畴。

另一方面，人性和谐意指人与自然、人与社会、人与人、人与组织之间的协调、均衡以及功能优化状态。此种和谐状态属于人和客观外在相统一的范畴。首先，人与自然的和谐意味着人与自然相互平等，自然不是人类的主宰，人类也不是自然的主人，二者相互依存、相互影响，在互相尊重的交互关系中建构人与自然的均衡状态。这是因为人来自自然，是自然

① 丁煌：《政策制定的科学性与政策执行的有效性》，《南京社会科学》2002 年第 1 期，第 42 页。

界长期进化的结果，自然界是人类的“无机身体”。只有在均衡的条件下，人与自然才有各自存在的意义。“被抽象地孤立地理解的、被固定为与人分离的自然界，对人说来也是无。”[1] 其次，人与社会的和谐是指人和社会互为手段与目的，二者互为表里、彼此不可分割。社会是由单个的人所组成，是人的群体，社会系统中的其他物质要素由人所创造，并为人的生存、发展而服务，在此意义上，社会是实现人的目的的手段。同理，人一出生就打上了社会烙印，是社会的文化产物。“亚里士多德知道，人需要这种文化的补充，人并非独立自足，而是在本质上就是一个社会存在物。处在群体之外的无论谁，都不是人，他‘或者是动物，或者是神’。……人只有在担负着传统的、他自己同类的群体中成长，才能完全成为一个人。”[2] 人只有在社会中才能获得自身的本质规定性。因此，人也是社会发展的手段。人与社会互为手段和目的的辩证关系，意味着人与社会的和谐就是指人的发展与社会发展和谐统一的状态。再次，人与人的和谐是指相互存在的个体之间平等互助，携手共进，在互相尊重对方人格尊严的前提下，共同发展。由于社会是由单个的人所组成，人与社会的和谐归根结底还在于人与人的和谐。最后，人与组织的和谐是指人作为组织中最重要的构成要素，应当成为组织的能动性力量，而不是组织的奴仆。组织应当充分尊重成员的创造性，而不是将成员视为组织实现自身目的的“工具”。同时，成员也应当遵守组织的规章制度，将组织的价值追求内化为自己的价值观，积极努力地实现组织目标。组织与组织成员在和谐关系中，共同实现各自的价值。

唯物辩证法认为世界的普遍联系必然导致事物的运动、变化和发展。“运动”是物质的根本属性，“变化”主要标志着运动的多样性，“发展”概括了事物上升的、前进的运动或变化，反映着事物由一种质态向另一种质态的飞跃。“行政发展”是指行政主体依据变化的社会情势，运用科学方法改进旧有的行政体系和运行状态，提高行政效能，从而使行政体系、结构与功能跃向更高级形态的行政活动过程。行政发展具有以下特征：一是进步性。因为发展本身就意味着新事物对旧事物的扬弃，代表了事物上升、前进的方向。二是整体性。行政发展是对旧有的行政体系以及运行状态的整体改进，而不是就行政体系的某一方面做修正，从而实现从一个质态向另一个质态的飞跃，具有整体性。三是多样性。发展是事物由低级向

---

① 《马克思恩格斯全集》（第 42 卷），人民出版社 1979 年版，第 178 页。

② ［德］兰德曼：《哲学人类学》，阎嘉译，贵州人民出版社 1988 年版，第 248 页。

高级、由无序向有序、由简单到复杂的运动，整体呈上升趋势。然而，不同的社会情势影响、制约着行政发展的途径、方式方法与模式，社会情势不同，行政发展的模式也就存在差异，行政发展具有多样性。四是目的性。行政发展的目的在于提高行政效能，满足本国政治、经济与社会发展的需要。

“发展是社会，或至少是那些有权代表社会的人们自觉努力的结果。”[①] 因而，行政发展的实质是人的发展，人性和谐构成了行政发展的终极关怀。

首先，人性和谐是行政发展的动力源泉。尽管行政组织的自我扩张性、行政系统外部环境的变化是促使行政发展的内外动因，然而，真正推进行政发展的动力源泉是人，因为发展的实质是人的发展。“必须牢牢记住，个人的发展、个人的自由，是所有发展形式的主要动力之一。这种个人的发展和自由能够在每个人所赞成的和在各种活动中感受到的各种价值范围内充分地实现他们的潜力。”[②] 人的发展中心就是人性和谐：人自身的身心和谐，人与自然、人与人、人与社会，以及人与组织的和谐。行政主体中的人利用自己的理性能力，在人性和谐的目的支配下，充分发挥主观能动性，改革制约人性和谐发展的行政制度和管理行为，推进行政发展，实现人性和谐的内在需求。

其次，人性和谐是行政发展的实质目的。行政主体扬弃旧有的行政体系与运行状态，形式目的在于提高行政效能，推进国家的政治、经济与社会发展，在进步中使公共行政走向更高级的质态。然而，行政效能的提升仅是实现人性和谐这一实质目的的外在表现，人性和谐与行政效能的关系属于本质与形式、现象和内容的关系。因为效能是否真正提升并非由投入与产出的比例来判断，若不利于人性和谐，破坏了人与自然、人与人及人自身的身心和谐，即使凭借投入与产出的比例判断，认为行政效能提升了，这种行政效能对人而言将是一种无效的效能，真正的行政效能一定是有利于人性和谐的效能，一定是能够维护人与人的平等友爱、在青山绿水中人们过着诗意生活的效能。后现代理论对现代性理论的解构，对人类中心主义的反思，对行政物化、行政技术理性的批判等，都是因为机械性行政效能至上的价值判断破坏了人性和谐这一实质目的。

---

① 伊斯梅尔·萨布里·阿卜杜拉在联合国组织的关于“现代性和个性”的巴黎会议上的发言，载《国际社会科学杂志》中文版1990年第1期，第139页。

② ［法］弗朗索瓦·佩鲁：《新发展观》，张宁、丰子义译，华夏出版社1987年版，第175页。

最后，人性和谐决定了行政发展的内容。发展的本原意义就在于新事物否定了旧事物中消极的、过时的、腐朽的东西，却吸收了旧事物中积极的、仍然适合新社会情势的东西。因此，新事物总比旧事物处于更高层级阶段。行政发展的内容主要包括行政制度体系、行政主体结构、行政主体行为以及行政程序等，这些内容的取舍以及改进的方向，都应当以是否能够促进人性和谐为评价标准，若有助于人性和谐则保留，若是阻碍人性和谐的要素则应当舍弃。公共行政的范式变迁就吻合了此规律：传统公共行政因为视人为工具，人与组织是对立的；由于强调技术理性，组织成员之间缺乏友爱，人与人之间是对立的；机械效率至上的价值观导致了人与自然的对立。从新公共行政到新公共服务的范式建构，就是建立在批评传统公共行政机械人性观基础之上的。新公共行政以及新公共服务范式突出了人与组织、人与人、人与自然之间的和谐问题，在价值观、组织结构、行为方法等方面与传统公共行政分道扬镳。

第二章　公共行政的人性假设之研判

在公共行政实践的进程中，先后出现了“政治人”“经济人”“社会人”“自我实现人”“复杂人”“文化人”等多种人性假设，由此学界也建构了不同的公共行政范式。其中，“经济人”“政治人”假设作为公共行政的人性预设占据主流地位，也构成了相关公共行政范式的哲学基础。认为目的自利、行为理性以及政治即交易的“经济人”“政治人”，就是履行公共治理职能的行政人员的“全景图像”。但是，由于“经济人”假设在追逐私利、个人本位、契约行为以及“政治人”假设在利益取向、团体本位、政治活动等方面，与公共行政的“定向”“定位”以及“定性”等“大问题”存在冲突，不宜成为公共行政的哲学基础。

第一节　几种主要的人性假设及其评价

在西方公共行政理论的演化过程中，学者们认识到人性对建构公共行政理论的重要性，从自身所处时代背景出发，对公共行政中的人性问题进行了有益探索，并提出了几种具有深远影响的人性假设。在公共行政成为一个独立学科之前，“政治人”是人类社会管理的第一个人性假设。公共行政成为独立学科之后，多元的人性假设随之出现，比较重要的人性观包括“经济人”“社会人”“自我实现人”“复杂人”及“文化人”等[①]。这些人性假设对公共行政理论建构与实践活动推进均有其积极意义，但也存在不足之处。

---

① “政治人”“经济人”是公共行政论域中最具影响的两种人性假设，其相关内容在本章的第二、三节重点阐述，本节仅对“社会人”“自我实现人”“复杂人”“文化人”这四种人性假设的观点作简要介绍与评价。

一 观点介绍

西方公共行政理论发展的过程中，除了“政治人”“经济人”之外，还包括了“社会人”“自我实现人”“复杂人”及“文化人”等人性假设，这些人性假设对公共行政理论范式的建构起着基础性作用。

1. “社会人”人性观

以“经济人”假设为基础的科学管理理论，将人视为机器的一个附属物，认为通过物质刺激即可提高生产率。然而，在具体的管理实践中，单纯的物质刺激随着人们物质水平的提高，却无法进一步调动人的积极性。相反，严苛的控制系统以及高强度工作激化了劳资双方的矛盾，导致生产效率的降低。面对这种情况，20 世纪初，实际管理工作者开始反思见物不见人的“经济人”假设和科学管理理论，他们认为，“管理或许能找到标准的技艺和方法，但是它不能指望完善的标准和雇员们没有感情的行为。管理者必须面对‘完整的人’而不仅仅是他们的技艺和能力。因为雇员希望被作为人看待，组织起码要认识到雇员的需要、想法和愿望”。[①]

针对“经济人”假设的片面性，美国社会心理学家梅奥通过“霍桑试验”提出了“社会人”的人性观。其主要内容包括：“社交需要是人类行为的基本激励因素，而人际关系则是形成人们身份感的基本因素；从工业革命中延续过来的机械化，其结果是使工作丧失了许多内在的意义，这些丧失的意义现在必须从工作中的社交关系里寻找回来；跟管理部门所采用的奖酬和控制的反应比起来，职工们会更易于对同级同事们所组成的群体的社交因素做出反应；职工们对管理部门的反应能达到什么程度，当视主管者对下级的归属需要、被人接受的需要以及身份感的需要能满足到什么程度而定。”[②] 简单而言，人际关系理论中的“社会人”假设，突出了对人的社会心理需要的满足，认为除了物质刺激之外，对人的尊重包括满足职工的友谊、归宿感、安全感、自尊等更能调动职工的积极性，提高工作效率。

以“社会人”人性假设为基础的管理理论主张：一是职工是“社会人”，是复杂社会系统中的成员；二是减少组织冲突的方法包括让职工参

---

① ［美］阿尔特曼等：《管理科学与行为科学》（上），北京航空航天大学出版社 1990 年版，第 17 页。

② ［美］爱德加·薛恩：《组织心理学》，余凯成等译，经济管理出版社 1987 年版，第 76 页。

与管理、改善信息沟通和承认人的尊严，“如果管理者把雇员当作人来看待，承认他们对于归属的需要，倾听和尽可能注意到他们的抱怨，通过吸收他们参与对工作条件和其他事情的决策，使他们得到自尊和尊重的满足，那么，士气一定能够得到改善，工人们将在提高劳动生产率上与管理者合作”①；三是管理者的角色应当转变，他们不再是任务的下达者与控制者，应当是工人们的支持者，是为工人改善工作条件并提供方便的人；四是实施集体奖励制度而不仅是个人奖励，以便培养职工的集体感，增强组织内部的凝聚力；五是管理中应当重视非正式组织的功能，非正式组织以情感的维系作为行为逻辑，而正式组织运作遵守成本—效率逻辑，如果组织运行忽视了情感逻辑，就会产生劳资纠纷，影响劳动生产率，成本—效率逻辑也就无法实现。同时，非正式组织通过对其成员行为的规范以及要求的约束，也可起到限定个人行动的社会控制机构的作用。

2. “自我实现人”人性观

梅奥的“社会人”人性假设推进了西方国家的“人际关系运动”，促使管理者更加注重职工们的社交需要，该运动确实提高了职工们的积极性和士气，但是，是否能够真正提高劳动生产率却无法确定。不过，许多学者对梅奥关于工作越来越失去意义的基本判断持肯定态度，这些学者包括麦格雷戈、阿尔吉里斯和马斯洛等，他们认为正是由于职工们所从事的工作无法充分发挥自身的潜能，所以，他们对待工作无动于衷，缺乏进一步提升工作效率的动力。针对这一判断，提高劳动生产率的目标要求管理者应当从关注满足职工们的社交需求，转向工作本身对人的意义。由此，人性假设也从“理性经济人”“社会人”过渡到了“自我实现人”，马斯洛的需求层次理论以及麦格雷戈的“Y”理论，都对“自我实现人”进行了系统诠释。

马斯洛的“自我实现人”是个模糊概念，大致可描述为“充分利用和开发天资、能力、潜能等等。这样的人似乎在竭尽所能，使自己趋于完美”。② 麦格雷戈所阐述的“Y”理论认为：“a. 人的动机可归结为由多种动机组成的一个层次系统。从最基本的出发，它们是（1）基本生理需要；（2）生存、安全上的需要；（3）情感、归属的需要；（4）自我满足

① ［美］阿尔特曼等：《管理科学与行为科学》（上），北京航空航天大学出版社 1990 年版，第 20—21 页。

② ［美］马斯洛：《动机与人格》，许金声等译，华夏出版社 1987 年版，第 176 页。

与受人尊重的需要；（5）自我实现的需要，这指的是人所具有力求最大限度地利用自己的才能与资源的需要。当人们的最基本的需要（对食物、饮水、住所）得到满足时，他们就会转而致力于较高层次需要的满足。即使那些我们可能认为‘低能’的人，在他们的其他需要或多或少已获得满足之后，也会在自己的工作中寻求意义和任务完成的满足感。b. 个人总是追求在工作中变得成熟起来，他们通过行使一定的自主权，采用了长远的观点来看问题，培养自己专长和能力，并以较大的灵活性去适应环境等成熟的表现，来使自己能真正变得成熟。c. 人主要还是由自己来激励和控制自己的；外部施加的刺激物与控制很可能对人变成一种威胁，并把人降低到较不成熟的状态去。d. 自我实现和使组织的绩效更富成果，这两方面并没有什么生而与俱的矛盾。如果能给予适当的机会，职工们是会自愿地把他们的个人目标和组织的目标结合为一体的。”①

“自我实现人”人性假设对管理理论的革新集中在：一是管理者在角色方面应当从控制者向有意义工作的提供者转变。单纯地用权对职员的激励作用已越来越小，应该从工作对职员是否真正有意义入手，关注人的需要，尊重职员的人格尊严和内在的价值追求，为职员创造合适的工作环境、提供适宜的工作条件，使工作对职员具有切实意义。二是对职员的激励方式应当从外部激励转向内部激励。即将“经济人”的物质激励、“社会人”的人际关系激励这些外部激励方式，修正为通过职员在所从事的工作中能够获得知识、提升技能、发挥自身潜能等内在的激励方式，满足职员的自我实现需求，以此来调动职员的工作积极性。三是建立参与和咨询式管理机制下放管理权力。因为“第一，这个做法可以鼓励人们把自己的创造力用到有利于达到组织目标的地方；第二，在考虑关系到人们的某些决定时，给他们一定的发言权；第三，给他们充分的机会，去争取满足他们的社交需求和自尊需求”②。

3. “复杂人”人性观

无论“经济人”“社会人”还是“自我实现人”，在美国学者薛恩看来都有一定的合理性，都在一定程度上反映了人性的本质特征。但是，这些人性假设都存在不足之处，那就是过于简单化和一般化。在反思并综合前三种人性假设内涵的基础上，薛恩提出了“复杂人”人性观。此人性

① ［美］爱德加·薛恩：《组织心理学》，余凯成等译，经济管理出版社 1987 年版，第 84 页。

② 竺乾威：《公共行政理论》，复旦大学出版社 2012 年版，第 193 页。

观的提出符合当时的时代特征，即自20世纪60年代以来，科学研究进入了系统论时代，对整体的考虑优先于对部分的考量。以系统论为视角分析人性问题，必然得出人性不是片面、简单、孤立的，而是一个整体。

薛恩对“复杂人”人性观的解读主要有以下几个方面。他认为“人类的需要是分成许多类的，并且会随着人的发展阶段和整个生活处境而变化；由于需要与动机彼此作用并组合成复杂的动机模式、价值观与目标，所以人们必须决定自己要在什么样的层次上去理解人的激励；职工们可以通过他们在组织中的经历，学得新的动机。这就意味着一个人在某一特定的职业生涯中或生活阶段上的总的动机模式和目标，乃是他的原始需要与他的组织经历之间一连串复杂交往作用的结果；每个人在不同的组织中或是同一组织中不同的下属部门，可能会表现出不同的需要来；人们是可以在许多不同类型的动机的基础上，成为组织中生产率很高的一员，全心全意地参与到组织中去；职工们能够对多种互不相同的管理策略做出反应，这要取决于他们自己的动机和能力，也决定于工作任务的性质”①。

以“复杂人”为人性假设的权变管理理论强调：第一，没有放之四海而皆准的普适性管理方式，任何管理活动都要根据环境条件、管理对象、组织目标的变化采取适当的管理方法。第二，由于人的需求的多样性以及人的需求与组织目标的交互作用性，管理者应当依据人的需求、外部环境、技术的变化而运用不同的管理方式实现组织目标。

4. “文化人”人性观

针对“理性人”假设，德国哲学家卡西尔最早提出了“文化人”的人性观，他认为“人不再生活在一个单纯的物理宇宙之中，而是生活在一个符号宇宙之中。……他是如此地使自己被包围在语言的形式、艺术的想象、神话的符号以及宗教的仪式之中，以致除非凭借这些人为媒介物的中介，他就不可能看见或认识任何东西”②。因此，“应当把人定义为符号的动物”③，这是因为“理性”一词相对于丰富多样的人类文化形式而言，是多么地不充分，而所有的文化形式都是符号形式。另一位德国哲学家兰德曼在其著作《哲学人类学》一书中，也主张人是一种文化的存在。“我们是文化的创造者，但接着，由于文化的反作用，我们也为文化所创造。……除了人生来就具有的自然特质之外，只有研究人的客观精

---

① ［美］爱德加·薛恩：《组织心理学》，余凯成等译，经济管理出版社1987年版，第116—117页。

② ［德］卡西尔：《人论》，甘阳译，上海译文出版社2003年版，第41页。

③ 同上书，第42页。

神的根源和文化的条件作用，才能完全理解人……每个人类个体要想成为人类个体，只有作为超个体的文化中介的参与者，这种超个体的文化中介超越了个体而对整个群体来说是共同的。唯有超个体的文化中介的支持，才能使个体直立行走；只有在它包围着的氛围中，人才能呼吸。它在人之中所起的指导作用，像血管系统一样，构成了人的整体的一部分。……如果没有人去充实理想，文化将不存在；但是，没有文化，人也就什么都不是。”①

20 世纪 80 年代，美国学者威廉·大内率先将人的文化属性与管理结合在一起，提出了“文化人”的人性假设。这是因为人类社会已经进入了知识经济的时代，为了适应这一时代需求，必须对人性进行更加全面深入的探讨，以便迎接知识经济对人类管理模式变迁提出的新挑战。“文化人”人性观的主要内容是：一方面，人是一种文化的存在，他既是文化的创造者又被文化所形塑，作为思想、情感以及价值观的集合体，人的一切行为和感知都取决于自身的价值观，而价值观的形成演化在深层次上受到自身所处文化环境的影响。另一方面，拥有相同文化背景的人群就会拥有共同的心理与行为模式，相反，心理与行为模式的差异说到底都是因为文化背景的不同。就管理而言，能否提高组织生产率、实现组织目标的关键在于能否形成共同的价值观与行为规范。

“文化人”人性观对管理理论的贡献在于：一是从人的文化属性方面创新了传统管理理念，人是文化的产物而不是单纯地逐利避害的“经济人”，组织管理应当以人为中心，尊重人、关心人、信任人。二是改进管理技术，发挥组织自身的文化价值，充分利用非经济手段对职员进行管理，使组织管理从技术控制转向系统的文化管理。三是改善管理环境、塑造和培育先进的组织文化，在共同的文化氛围中，将职员个人的工作目标、行为准则与组织目标、行为准则有机结合起来，提升组织效率。

二 简要评价

西方公共行政学界对人性的研究主要采用实证方法，即在特定环境中对特定对象进行观察实验并得出特定的人性观。学者秉持特定的人性观提出相应的公共行政理论观点、指导和改进相应的公共行政实践，进而提升公共行政效率。这些研究虽对进一步构建公共行政理论体系、推进公共行政实践具有积极意义。但是，由于实证研究方法自身的局限性，对人性的

① ［德］兰德曼：《哲学人类学》，阎嘉译，贵州人民出版社 1988 年版，第 245—247 页。

考察没有从多维度、多层次进行全面系统的研究，所得出的结论难免以偏概全，存在一定的局限性。

“社会人”的人性观改变了“经济人”假设将人单纯视为追求物质利益的片面看法，认为除了物质利益之外，人还有心理、情感、友谊等其他非物质利益的需求，管理者只有满足职员的这些需求，才能实现组织目标。所以，相对于“经济人”假设而言，“社会人”人性观更全面，毕竟人是自然属性与社会属性的统一体。“社会人”人性观的提出，在管理理论方面，它第一次明确地主张是人的心理因素而不是物质利益决定了人的社会行为，“从而变换了管理学研究的范式，实现了管理思想演化过程中的第一次重大转向”①。在管理实践方面，也促使行政管理开始关注人的心理需求，变以任务为中心的管理为以人为中心的管理，以此为基础，进而改进单一的物质激励方式，倡导参与式管理方法，释放了组织活力，进一步提高了职员的工作效率。然而，“社会人”人性观过于强调非正式组织对职员心理的影响、过于突出人的心理、情感等非理性因素对提升职员工作效率的作用，反而忽视了正式组织以及物质利益对人的激励作用，从而走向了另一个极端。正如有学者指出，“不把经济刺激放在重要位置上的模式，对于大多数人来说，是不完全的模式”②。另外，“社会人”人性观缺乏辩证思维，只强调组织环境及人际关系等外部因素对职员心理的决定性影响，事实上，人不仅仅是组织环境的产物，人也可以改变组织环境，“社会人”假设忽视了人的客观实践性。

“自我实现人”人性观与“社会人”假设相同之处在于：注重人的情感、心理等因素对提高工作效率的作用，不同之处是“社会人”强调通过人际关系和谐这一外部因素来激励职员们的士气，而“自我实现人”突出工作本身对职员们的价值与意义，这属于一种内部激励方式。“自我实现人”人性假设在公共行政理论发展演变中，进一步推动了现代“以人为中心”的管理运动，力图通过充分挖掘职员们的内在潜能、发挥他们的积极性与创造性，既可使得职员们在工作中实现自我价值，又能提高组织效率。因此，“自我实现人”人性假设有其合理性。但是，也有其不足之处：一是过于理想化。“自我实现人”把人视为天生勤奋而且喜欢工作，这与事实不相契合，现实生活中还是有些人不喜欢工作，只要有可

---

① 尹卫东：《哲学视野中的西方管理思想流变》，苏州大学博士学位论文，2002 年，第 84 页。

② 乔东：《管理思想哲学基础反思》，清华大学博士学位论文，2005 年，第 47 页。

能，他们就会逃避工作。二是缺乏普适性。“目前还不清楚，究竟是否所有的人都期望他们的工作环境能向他们提供挑战和意义，也不清楚是否有些工人，主要是出生于社会中经济社会地位较低阶层的人，工作并不是置于首位的‘生活的主要乐趣’。”[①] 换言之，对高级管理人员而言，追求挑战性与有意义的工作可能是自我实现的需要。但是，对一般的职员而言，干一天活拿一天的工资可能就是他的全部追求，至于工作的意义和挑战则并不关心。三是片面化。“自我实现人”认为人人自律自控，都具有责任心，所以不需要监控。然而，管理实践中没有强制和惩罚措施，组织目标是无法充分实现的。

“复杂人”人性观是在综合了“经济人”“社会人”及“自我实现人”的合理因素基础上建立起来的，认为人在不同组织和不同部门中有不同的动机，而且每个人都有不同的需求和能力，每个人根据自己的动机、能力及工作性质对不同的管理方式作出不同的反应。以“复杂人”为哲学基础的权变管理理论，强调行政管理应该因人、因时、因事而异，没有放之四海而皆准的统一管理模式。因此，“复杂人”人性观在一定程度上具有辩证决定论的倾向，从而摆脱了机械决定论的泥沼。“复杂人”人性假设“给管理者提供了一个较好的坐标，这也是对管理思想的一个较重要的发展”[②]，在实践中也丰富和发展了管理模式。然而，尽管“复杂人”人性观看到了人性的多样性和变化性，但其过于强调人性的特殊性而忽视了人性的普遍共性，片面地突出人与人之间的差异并将这些差异极端化、绝对化，割裂了人性的普遍性与特殊性之间的辩证关系。由此“必然导致公共行政管理理论的特殊性与不确定性，使公共行政管理理论变成了管理无定论，甚至产生忽视、否定公共行政理论的倾向”[③]。

“文化人”人性假设是公共行政理论发展过程中新近提出的人性观，此观点看到了人的文化性这一特点，涉及人的本性深处。由于“文化”自身的系统性与综合性，应该说“文化人”人性观是对单一属性人性假设的超越。在公共行政实践中，以“文化人”为人性基础的管理模式强调以人为本，注重对人的物质需求与精神需求的满足，创新管理技术，努力营造人性化的组织文化，这对提高组织效率具有积极作用。不过，“文化人”人性观也有一些问题。首先，“文化人”所否定的是“理性人”

---

① ［美］爱德加·薛恩：《组织心理学》，余凯成等译，经济管理出版社 1987 年版，第 87 页。

② 郭咸纲：《西方管理思想史》，经济管理出版社 2004 年版，第 183 页。

③ 何颖：《行政哲学研究》，学习出版社 2011 年版，第 141 页。

“政治人”的人性假设，这也是一种形而上学的研究理路，从一个极端走向了另一个极端，具有片面性。其次，“文化人”人性观认为人的价值观等文化因素是决定人的行为的最重要因素，这无疑是正确的。但是，由此推导出组织的根本任务是塑造良好的组织文化则有失偏颇，因为组织文化的塑造与培育相对于组织目标而言，仅仅是手段而非目的，组织目标的实现才是任何组织生存与发展的根本任务。最后，由于西方公共行政理论深受理性主义影响，“文化人”人性观具有工具理性主义的特点，“仍然还是从客体、对象的角度去认识人，没有在主体的意义上把人理解为文化的塑造者，忽略了人的主体地位，贬低人的能动性和创造性。……伴随着人的实践活动的不断发展，这样的文化势必会走向与人对立的反面”①。

第二节 公共行政论域中的“经济人”“政治人”解读

自从人类形成社会以来，解决公共问题始终是全体社会成员首先遇到的问题。因此，作为一种集体行动，公共行政自始存在并将无限延续。“政治人”作为人类从自然界分化出来、对自身本质思考所获得的第一个认识，构成了公共管理第一个表现形式——政治管理——的人性假设。②随着学科分类知识的系统化，公共行政成为一个独立学科，“经济人”占据公共行政人性假设中的主导地位。梳理“经济人”“政治人”假设的历史演进，并对二者的共同属性进行比较，是判断“经济人”“政治人”能否成为公共行政哲学基础的重要前提要件。

一 “经济人”假设的历史嬗变：行政学科史维度

公共行政学作为一个独立的学科，形成于20世纪初的资本主义国家，经过上百年的发展、演变，逐步完善。其间人性假设的不同深深影响着公共行政范式的发展变化。各公共行政范式以特定的人性假设为基点，运用不同的方法和制度解决公共行政中的人性冲突问题，试图构建具有统一哲

① 何颖：《行政哲学研究》，学习出版社2011年版，第144页。

② 学者黎红雷从“政治人”“经济人”“文化人”三种人性假设出发，将人类社会的管理之道归纳为：古代社会的“政治管理”、现代社会的“经济管理”、知识社会的“文化管理”三种途径。参见黎红雷《人性假设与人类社会的管理之道》，《中国社会科学》2001年第2期，第66—73页。

学基础的公共行政学理论体系。“经济人”假设是公共行政论域中的重要人性假设，是一种关于人的普遍行为准则和目标追求的人性预设。公共行政领域的“经济人”假设，是指在社会生活中，人类行为活动目标是追逐物质利益的最大化，人是自利而理性的。

1. 行政范式中的“经济人”假设

传统公共行政学主要沿用人性本恶的人性预设，从趋利避害维度而言，“经济人”人性假设与传统公共行政的人性本恶具有内在统一性，传统公共行政的内核依然是以“经济人”为人性假设的。在公共行政论域中，公共行政人员被寄予厚望去达成公共利益的目标，但有时个人利益会与公共利益形成冲突，由于个人是自利的，公共行政人员往往会选择能够使自身利益最大化的行为，因此，对私利的追逐势必会妨碍公共利益的实现。于是，传统公共行政学在官僚体制的设计上，认为应对人的自利本性加以限制和约束，以权力制约权力，以制度来控制权力，利用严格的等级制度规制、约束公共行政人员的行为，促使公共行政人员的行为能够达成公共利益这一目标。

传统公共行政描绘的蓝图是，“行政部门处于政治领导的正式控制之下，建立在官僚制的严格的等级制模式的基础之上，由常任的、中立的和无个性特征的官员任职，只受公共利益的激励，不偏不倚地为任何执政党服务，不是制定政策，而是仅仅执行政治官员作出的政策”①。以泰勒为代表的科学管理学派以 X 理论为人性判定，推动了传统公共行政学的形成和发展。X 理论假定人一般生来厌恶工作，只要有可能就想逃避工作；由于厌恶是人类本性，因此必须对大多数人动用惩罚措施进行强迫、控制、指挥和威胁，以鞭策他们努力去实现组织目标；人一般愿意受人指挥，希望逃避责任，相对而言没有什么进取心，把安全感看得重于一切。② 由于这是人的本性，因此必须对人实行严格的控制，以使人们服从于组织层级，关注组织的需要，努力实现组织的目标。泰勒主张实行“广泛而严密的控制”，强调工人的任务观念，实行计件工资制将生产力与薪资联结，以达到最科学的、最有效的激励，并对没有达成目标的人予以惩罚，以此来抑制人本性中的懒惰、厌恶和逃避工作。并且，依据人愿意受他人指挥，重视安全感的特性，进行科学的工作设计，假定各种工作

① ［澳］欧文·E. 休斯：《公共管理导论》，彭和平等译，中国人民大学出版社 2007 年版，第 20 页。

② ［美］丹尼尔·雷恩：《管理思想的演变》，孔令济等译，中国社会科学出版社 1997 年版，第 480 页。

可以就其每一成分予以简化、标准化和专业化，教导和激励工作人员高效率地执行。再有，韦伯的官僚制理论是以自利为人性假定构建的一种公共行政模式，确立了传统公共行政的范式。韦伯认为，官僚系统就好像一台大型机械，人只是机械上的齿轮和螺丝钉，行政是一种以规则为基础的非人格化的专门化的职业。韦伯根据理性—法律型权威的思想，确定了现代官僚制体系的六项原则。（1）固定和法定的管辖范围的原则；（2）公职等级制和权力等级化原则；（3）现代公职管理建立在保留书面文件的基础上；（4）公职管理通常以全面而熟悉的训练为先决条件；（5）当公职得到充分发展时，官方活动要求官员完全发挥其工作能力；（6）公职管理应遵循一般性规定，这些规定或多或少是稳定的、全面的，并且是可以学习的。[①] 理想官僚制是一种去人性化的模式，依赖明确的法令规章客观地运作，强调形式主义，运用高度的纪律化来摆脱人的不确定因素的干扰，从而成功地完成行政任务，实现公共利益之目标。

20 世纪 60 年代以后，人类社会的发展情势发生了剧烈变革，无论是理论界还是实践部门，深感在技术理性支配下的传统公共行政模式已不能很好地发挥作用，效率低下，服务贫乏，无法忠实体现人们的需要。20 世纪 80 年代中期以来，许多国家公共部门进行了深刻的改革，传统公共行政模式逐渐走向衰落，取而代之的是以经济学假设、理论和方法为基础的新公共管理。

第二次世界大战后，公共选择学派最先将“经济人”假设引入公共行政领域。以詹姆斯·M. 布坎南为代表的经济学家，运用经济学的研究方法，来分析社会公共治理问题，提出了公共选择理论这一“政治的经济理论”。公共选择理论的基本观点是，政治家和官僚都是受个人自利动机支配的、追求个人利益或效用最大化的“经济人”。首先，公共选择学派的基本假定是以完全理性为基础的，人们为追求自己的利益而采取更理性的手段，按照成本收益权衡比较这一决策模式，收集必要的信息，对备选方案认真计算、反复权衡，以找到最优方案付诸实施。当个人由经济领域进入政治领域，转变为政治过程中的投票者、纳税人、受益者、政治家或官员时，他们既不会变得高尚一点，也不会变得卑劣一点，同样会按照成本—收益原则追求自身利益或效用的最大化。正如布坎南所言：“如果把参与市场关系的个人当作是效用最大化者，那么，当个人在非市场内行

① ［澳］欧文·休斯：《公共管理导论》，彭和平等译，中国人民大学出版社 2007 年版，第 24—25 页。

事时，似乎没有理由假定个人的动机发生了变化。至少存在一个有力的假定，即当人由市场中的买者或卖者转变为政治过程中的投票人、纳税人、受益人、政治家或官员时，他的品行不会发生变化。”① 作为选民个体，通过投票来表达自己对政治候选人和公共政策的偏好，以期获得能给自己带来最大利益需求的政治家或公共政策；作为政治家和官员个体，则通过制定和执行政策，满足选民不断扩展的利益需求，来争取选票，以实现自己对权力、尊严、名誉、地位等的欲望。其次，“经济人”假设内含的激励兼容观念在公共行政领域的运用导致了公共行政模式的转变：由侧重规制的传统公共行政模式走向鼓励竞争、市场驱动的新公共管理模式。公共利益的实现途径不是消极地抑制官僚的自利特性，而是在承认官僚个人利益的前提下，设计一种好的制度，激励和引导官僚积极提高公共服务效率和质量，实现公共利益之目标。在新公共管理运动中，市场治理模式得到了广泛的认可，该模式主张通过“看不见的手”，即形成以市场为基础的激励机制，解决个人利益和公共利益的协调问题，依靠市场信号来发现和改正错误。新公共管理运动通过这种以市场为基础的强化外在控制的制度设计，在满足官僚追求个人利益的基础上，有效率地激励官僚提供公共服务，实现公共目标，力图实现官僚个人利益和社会公共利益的共赢。

“经济人”假设作为公共行政论域中的一个重要人性预设，其哲学伦理根源是功利主义。功利主义，又称效用主义或功用主义，是指能够最大化追求最大多数人最大幸福的行为和政策即被认为是正确的。回溯历史，古希腊哲学家德谟克里特首先提出了具有功利主义色彩的幸福论。伊壁鸠鲁继承并发展了德谟克里特的这种观点，认为人类追求幸福生活的开始和最终目的在于追求快乐，一切取舍都从快乐出发，快乐才是最高的善。但是，古希腊肯定人的欲望和追求幸福的功利主义思想，并没有在中世纪的欧洲得到迅速传播和发展，反而宗教神学的禁欲主义蔓延欧洲长达千年。中世纪之后，培根在知识就是美德的基础上提出了“全体福利说”，为后来的功利主义原则，即“最大多数人的最大幸福”的提出做了理论上的启蒙。不同于培根，霍布斯强调的是事物自身的善，认为人类具有利己的本性，在诞生之时就处于一种人人自爱、自相残杀的自然状态中，不可能本能地过一种道德的生活。洛克在霍布斯之后，提出了“普遍幸福论”，认为普遍的幸福是最大的善，追求真正的幸福是一种必然性，是一切自由

① ［美］詹姆斯·M. 布坎南：《自由、市场和国家》，吴良健等译，北京经济学院出版社1988年版，第38页。

的基础，也是人类一切欲望所趋向的。把这种理论上升为功利主义原则的是哈奇逊，他明确提出了功利主义原则——最大多数人的最大幸福，并主张采用偏于公善与仁德的计算方法，来计算行为的道德性。但是，休谟作为哈奇逊之后的功利主义者，却认为行为善的唯一标准并不有助于普遍幸福和公共利益。休谟之后，亚当·斯密提出了理性利己思想，认为人类行为活动的目标是最大化追求自身利益，同时，人是理性的，在“看不见的手”指挥下，人的自利行为会增进社会公共福利。除了这些古希腊和英国的思想家之外，法国的爱尔维修、霍尔巴赫也对功利主义政治思想的发展，做出了一定的贡献。

“最大多数人的最大幸福”一直是功利主义者的最高理想。“经济人”假设作为现代经济学的核心假设、公共行政论域中的重要人性假设，其概念——一个抽象的个体利益最大化者，是源于功利主义哲学，是功利主义的内缩和形式主义的僵化导致的产物。一方面，“经济人”假设是功利主义理论者的沿袭。“经济人”认为人是自利的，趋乐避苦、趋利避害是人的本性。并且，人是理性的，可以根据预期行为的效果，运用详细而精确的方法进行效用计算，从而可以选择使效用最大化的行为和方案。另外，个人利益与公共利益是和谐的，在良好的法律和制度下，个人追求自身利益和效用的行为会增进社会公共利益。这些“经济人”理论的特征都是源于功利主义理论。另一方面，“经济人”假设实现了对功利主义理论的蜕变。功利主义的主张本质上是把整个社会的普遍幸福视为根本目的，“最好的行为是实现最大多数人的最大幸福的行为，同样，最坏的行为是引起最大多数人的最大不幸的行为”①，关注的是整个社会的福利，强调的是行为给所有人造成的结果，而个体利益的追逐仅仅是达成普遍幸福的途径和手段。然而，“经济人”理论把人看成是自利性的个体，人类行为活动的目的是最大化追求自身利益，强调的是个人利益，人的自利性是社会进步的动力，是一切经济行为的原始动机，一切经济现象则是这些行为的后果。

2. “经济人”假设对行政范式建构的影响

“经济人”假设是官僚制和市场治理模式的人性基石，在一定层面上揭示了人类行为的原始动机，促进了公共行政学科的发展。但是，由于“经济人”假设认为人是理性自利的，一切行为活动都是为了实现自身利益的最大化，忽视了公共部门中人的利他动机，本身就是一种“对人性

① ［美］梯利：《伦理学导论》，何意译，广西师范大学出版社2002年版，第107—108页。

偏颇的认识”，在此基础上构建的公共行政学理论体系，也不可避免地存在一定的局限性。

第一，传统公共行政中的理性官僚制度，是对人性的一种贬抑，发展得越完全，就越去人性化，反而造就了一种消极的控制模式，官僚制也被视为“无效率”的同义词。公共行政人员由于官僚体制无法满足自身的需要，就会自愿或不自愿地依赖于组织，被理性官僚体制支配，变成运转的官僚机器上的一个小小齿轮或螺丝钉，缺乏动力而不思进取，从而导致官僚体制的低效率。并且，由于专业化和层级节制，官僚在社会上会形成特殊的阶级，摆脱外界的监督，不仅不能为民服务，而且容易滋生贪污腐败和滥用权力等不良现象。另外，重视规则和程序，往往也会导致官僚体制的僵化，公共行政人员缺乏活力，为了自身的利益或是规避责任，固执地遵循规则和程序，消极地变过程为目的，偏离原本的目标，导致目标错置。

第二，新公共管理中的市场治理模式，承认了人性中的自利动机，主张运用市场驱动激励公共行政人员实现公共利益，但是这种人性认识仍然是片面的。经济利益是人的最基本的需要，是人类行为最基本的动因，然而激发公共行政人员实现公共利益具有多种因素，自利性只是人性的一个方面。并且，市场治理模式寄希望于用市场激励来弥补政府失败，但是公共部门和私营部门存在显著的差异性，由此引发了一系列政治的合法性、有效性、责任性等问题。

二 “政治人”假设的话语演进：行政哲学视角

“政治人”假设的话语，自亚里士多德以降，始终是萦绕人类社会治理的人性假设之一。鉴于时代特色以及学者们各自看待政治活动的不同，形成了不同的“政治人”人性观。

1. 人天生是政治动物：亚里士多德

在为城邦的自然本性作辩护的意义上，古希腊哲学家亚里士多德最早提出了人天生就是政治动物的命题。他认为，“由此可以明白城邦出于自然的演化，而人类自然是趋向于城邦生活的动物（人类在本性上，也正是一个政治动物）。凡人由于本性或由于偶然而不归属于任何城邦的，他如果不是一个鄙夫，那就是一位超人”①。亚氏关于“政治人”的假设，是人类关于自身本质性规定的第一个认识，早于其他的人性假设。一方

① ［古希腊］亚里士多德：《政治学》，吴寿彭译，商务印书馆1965年版，第7页。

面，“政治人”具有合群性、群居性的特性，是一种社会性动物。人是政治动物的含义首先在于，像其他动物一样，人无论何时何地都会聚合为大于家庭的群体，即使是不需要相互帮助的时候也力求群居。因为“人类生来就有合群的性情”①，所以后世的人们感谢与敬仰那些设想和缔造城邦这类政治团体的先辈。另一方面，“政治人”是拥有协调利益的“政治能力”的动物。依靠政治能力，人可以建构在结构和功能上远远高于其他群居性动物构筑的团体，这也是人区别于其他动物的主要标志。人的政治能力体现在人拥有语言和理性：其他动物运用发声的机能以表达悲欢，人类则凭借语言说明并传达事物的利害关系；利用理性判断事物的善恶以及是否合乎人言人殊的正义观念。

基于“政治人”的人性假设，亚里士多德在政府治理方面为后世开启了理论先河。

政府或国家作为公共治理的行为主体是人性自然演化的结果。亚氏认为人类天生具有合群性，必须过共同的社会生活，所以男女基于生理的自然需要成为配偶并组成单个的家庭，家庭包含了主奴、夫妇及父子三种支配与被支配关系。随着人口的增加，为了适应更多更广的生活需要，由若干家庭联合组成村坊，村坊是比家庭更高一级的社会组织形式。但是，村坊并非完全自给自足的，由多个村坊组合成一个“城邦”，“社会就进化到高级而完备的境界，在这种社会团体以内，人类的生活可以获得完全的自给自足”②。人类为何需要“城邦”？是因为只有在城邦中人类才能过上幸福的生活，这是由于城邦在本性上高于个体的人，“城邦（虽在发生程序上后于个人和家庭），在本性上则先于个人和家庭”③。在城邦中人们才能满足自身的需要，才能充分发挥自己的天赋潜能与才智。一个脱离城邦的人，不是野兽就是神灵，唯独不是由灵魂和肉体组成的人。

法治是国家治理的基本政治原则。与柏拉图相比，亚里士多德更加追求现实政治的善，在人治与法治问题上，亚氏凸显了法治的优越性，主张法治优于人治。这是因为“要使事物合乎正义（公平），须有毫无偏私的权衡；法律恰恰正是这样一个中道的权衡”④。法律合乎正义而无偏私的原因在于，一是法律是多数人意志的反映，体现多数人的智慧，多数人的智慧总比少数人或一个人的智慧更可靠。二是法律消除了人的情欲影响，

① ［古希腊］亚里士多德：《政治学》，吴寿彭译，商务印书馆1965年版，第9页。

② 同上书，第7页。

③ 同上书，第8页。

④ 同上书，第169页。

而“常人既不能完全消除兽欲，虽最好的人们（贤良）也未免有热忱，这就往往在执政的时候引起偏向”①。亚里士多德所提倡的法治包括三项要素，“第一，它是为了公众的利益或普遍的利益而实行的统治，以区别于为某一个阶级的利益或个人的利益的宗派统治或专横统治。第二，它是守法的统治，即统治的实施须根据普遍的法规而不是根据专断的命令，而且也含有这样一个比较不那么明确的观念，即统治不应轻视法律所确认的惯例和常规。第三，法治意味着对自愿的臣民的统治，以区别于仅仅靠武力支持的专制统治”②。亚氏认为法治绝非国家治理的权宜之计，而是城邦政治中人们获得有道德和文明生活的一个不可缺少的条件。

混合政体是国家治理最好的权力结构安排。一方面，“凡能包含较多要素的总是较完善的政体；所以那些混合多种政体的思想应该是比较切合于事理”③。具体做法是将平民政体与寡头制混合，集中两者的优点而避免其不足之处。混合政体的社会基础是由那些既非极富又非极穷的人所构成的中产阶级，这个阶级本性“中庸”，既不是穷到道德堕落又不是富到拉帮结派，他们能够公正执法从而承担起政府治理的责任。另一方面，任何一种政体都有三种混合的制度要素：议事、行政、司法。议事部门行使国家的最高权力，包括宣战与媾和、缔结条约、审查行政长官的账目、制定法律等。行政部门向议事部门负责，行政长官由推选或抽签产生，任职期限长短不一，行政权力大小不同。亚里士多德的混合政体主张及其任一政体中的三大要素设计，为近现代国家治理中的权力分立与制衡提供了胚种。

2. 君主无道德：马基雅维里

近代西方政治哲学奠基人之一的马基雅维里，放弃了亚里士多德关于“人天生是政治动物”的一般性判断，从自身的经验出发，提出了人性本恶的“政治人”人性观。认为人的本性为恶且自私，比如臣民想得到保护，君主则想获得权力。无论何时何地保住已有的并取得更多的权力和财富是人的本性。然而，权力与财富总是有限的，人又贪得无厌，若任凭人性无节制地发展，必定会造成一个相互争夺残杀的局面，为了防止这种局面的出现，人们选出领袖并服从他的领导，制定法律、确定刑罚，国家由此产生了。在民族国家中，统治者取得并保持统治权是其终结目的，为了

---

① ［古希腊］亚里士多德：《政治学》，吴寿彭译，商务印书馆 1965 年版，第 169 页。

② ［美］乔治·霍兰·萨拜因：《政治学说史》（上册），盛葵阳、崔妙因译，商务印书馆 1986 年版，第 127 页。

③ ［古希腊］亚里士多德：《政治学》，吴寿彭译，商务印书馆 1965 年版，第 66—67 页。

达到这个目的，君主可不择手段，包括背信弃义、谋杀以及其他残酷的手段。君主无道德即是马基雅维里认为的“政治人”。“他的行为使他遭到谴责，但行为的结果会使他得到原谅，这就很好。……由于人们处事的方式同他应该采取的方式大相径庭，因此一个人没有采取他本来应该采取的普通方式，他会发现自己走上了毁灭的而不是安全的道路。……所以，一个君主想要维护自己的地位必须学会不使自己总是善良为怀，而是按必要性可能提出的要求有时善有时不善。……他也不必拘泥于他人对卑鄙手段的批评，不用卑鄙手段也许他就难以保存他的国家。因为从全面来衡量，有些事情看来是美德，一旦你遵循之，会使你毁灭，而另一些事情显然是坏事，但效法之后却使你得到安全和幸福。”① 在如何驾驭群臣以维护自己的权力方面，作为“政治人”的君主则应当是宁愿让人畏惧而非让人爱戴。“究竟是被人爱戴比被人畏惧好一些呢？抑或是被人畏惧比被人爱戴好一些呢？……如果一个人对两者必须有所取舍，那么，被人畏惧比受人爱戴是安全得多的。因为关于人类，一般的可以这样说：他们是忘恩负义、容易变心的，是伪装者、冒牌货，是逃避危难，追逐利益的。当你对他们有好处的时候，他们是整个儿属于你的。……可是到了这种需要即将来临的时候，他们就背弃你了。因此，君主如果完全信赖人们的说话而缺乏其他准备的话，他就要灭亡。……而且人们冒犯一个自己爱戴的人比冒犯一个自己畏惧的人较少顾忌，因为爱戴是靠恩义这条纽带维系的；然而由于人性是恶劣的，在任何时候，只要对自己有利，人们便把这条纽带一刀两断了。可是畏惧，则由于害怕受到绝不会放弃的惩罚而保持着。……我的结论是：人们爱戴君主，是基于他们自己的意志，而感到畏惧则是基于君主的意志，因此一位明智的君主应当立足在自己的意志之上，而不是立足在他人的意志之上。”② 在专制政体成为西欧普遍的政体的时代背景下，马基雅维里从普遍的利己主义观念中，得出了人性本恶的“政治人”人性假设，相对于亚里士多德的“人天生是政治动物”的理念型命题，更切合了时代背景，也更接近了“政治人”的经验实际。

3. 政治动物的社会性本质：马克思

亚里士多德提出的“人天生是政治动物”的命题，其实质是指人的群居性、合群性的社会属性。因此，马克思认为“确切地说，亚里士多德

① 转引自［美］乔治·霍兰·萨拜因《政治学说史》（下册），盛葵阳、崔妙因译，商务印书馆 1986 年版，第 401 页。

② ［意］尼科洛·马基雅维里：《君主论》，潘汉典译，商务印书馆 2010 年版，第 80—82 页。

德所下的定义是：人天生是城市的市民”[①]。尽管自亚里士多德以来，许多思想家都在一定程度上论述了人的社会属性，比如伏尔泰认为人的群居的社会性是人的本能；霍尔巴赫从人的软弱性方面得出人必须坚持社会生活才能生存；爱尔维修主张人的社会性就是以法律为纽带形成的人们之间的联系，是肉体的感受性的直接结果；费尔巴哈认为出于自然需要而组成的团体性即是人的社会性。这些思想家虽然看到了动物的合群性与人的社会性之间的不同之处，但是，关于人的社会性问题，这些思想家存在以下根本缺陷：“第一，不了解动物的群居性如何质变为人的社会性；第二，没有看到人的社会性的最根本的根据是生产劳动；第三，因而没有指出人的社会性的最根本的内容——人所承担的社会职能和由此所体现的不同的经济关系、其他社会关系及其对人的规定和制约，因而没有指出这一社会性对其他社会性的决定作用……”[②]

马克思指出人“即使不像亚里士多德所说的那样，天生是政治动物，无论如何也天生是社会动物”[③]。“人是最名副其实的政治动物，不仅是一种合群的动物，而且是只有在社会中才能独立的动物。孤立的一个人在社会之外进行生产——这是罕见的事。”[④] 马克思在人类历史上第一次从人的实践活动，尤其是人的生产活动中得出了人的社会性本质，包括从事政治活动的所有人在内，马克思认为在现实性上人的本质就是一切社会关系的总和。这是因为，首先，人要生存就必须从自然界寻找生活资料来满足自身肉体的需要，人的第一个存在就是他的肉体需要的存在，它体现着人的一切活动的必然性。其次，为了满足人的需要，人们必须从事改造外部世界的实践活动，既是为了获得满足自身需要的生产、生活资料，也是为了表现自己作为人的一种内在本质力量的生产活动。与其他动物的本能活动相比较，人的实践活动是自由自觉的，这是人与动物的根本区别。最后，人的实践活动从来就不是孤立的，必须借助一定的社会形式与社会关系，一旦离开一定的社会关系，人便无法生存更不能从事任何实践活动。只要人们进行改造外部世界以便获得生产与生活资料的实践活动，则必然产生与此相适应的社会关系。因此，对人的本质的理解必须从一定的社会关系出发，人的本质就其现实性而言是一切社会关系的总和。鉴于此，作为个体的人，无论从事何种实践活动，其本质属性

① 参见《马克思恩格斯选集》（第2卷），人民出版社2012年版，第207页的脚注。

② 孙鼎国：《世界人学史》（第4卷），河北人民出版社2003年版，第331页。

③ 《马克思恩格斯选集》（第2卷），人民出版社2012年版，第207页。

④ 同上书，第684页。

是人的社会性。人的社会性包括了一般意义上的合作性、群居性，更主要的是指人的实践性。人在实践中彰显自身的独立存在，在实践活动产生的各种社会关系中体现。

4. 权力最大化：拉斯韦尔

拉斯韦尔是政治心理学的创始人，他主张个体及其行为是政治科学的核心概念，政治行为总是个体的行为，对群体政治行为的理解必须首先理解个体行为。虽然自马基雅维里开始，“权力”成为政治研究的重心。但是，拉斯韦尔在权力的基础上更加注重政治心理问题，以区别于传统的政治学研究。他认为活跃于政治中的个体，在对自身或他人的不同预期基础上会提出不同的价值需求。价值可分为两种：福利价值、服从价值。福利价值是维系个体进行正常生理活动的必要条件，具体包括健康、财富、技能、启蒙等。服从价值“是由那些（在他人和自身的行为中）人们需要考虑的价值所构成”①，权力、尊重、公正、情感等构成了服从价值。对个体的政治活动而言，权力是最重要的服从价值。以个体的价值需求为目标，在权力场域中，“政治人就是寻求实现与其所有价值相关的权力最大化的个体，他预期用权力来决定权力，把对他人的认同作为提升权力地位和潜力的手段”②。

“政治人”在本质上就是追求权力最大化的人。“政治人”之所以追求权力最大化，在拉斯韦尔看来，是源于人的追逐权力的基本政治人格，正是对权力的占有欲牵引着人们参与各项政治活动。从更深层次剖析政治人的权力心理，则是因为人人都有自卑感，获得权力是为了追求卓越的心理需要以便克服人的自卑感，是对自己丧失的一种补偿，“我们对干权力追寻者的关键假设是，他之所以追求权力，是将其作为针对剥夺的一种补偿手段。通过改变自我的特性或者自我在其中运作的环境，权力被人们期望用来克服对自我（the self）的低下评价”③。何谓权力？“权力指参与决策过程：G 如果参与到影响 H 在价值 K 相关政策中的决策过程时，G 就对H 拥有关于价值 K 的权力。”④ 与社会过程是社会中所有重要价值进

① ［美］哈罗德·D. 拉斯韦尔、亚伯拉罕·卡普兰：《权力与社会：一项政治研究的框架》，王菲易译，上海人民出版社 2012 年版，第 65 页。

② 同上书，第 85 页。

③ ［美］哈罗德·D. 拉斯韦尔：《权力与人格》，胡勇译，中央编译出版社 2013 年版，第 29 页。

④ ［美］哈罗德·D. 拉斯韦尔、亚伯拉罕·卡普兰：《权力与社会：一项政治研究的框架》，王菲易译，上海人民出版社 2012 年版，第 83 页。

程的总和相比，政治过程就是权力的形成、分配与运用的过程。拉斯韦尔对“政治人”追逐权力的本质性特征的认定，契合了公共行政的核心问题——如何有效运用公共权力解决公共问题。事实上，从行政过程维度来看，任何行政活动的展开与演进，都是公共权力作用的过程，只不过在某一阶段公共权力的作用对象与重心有所侧重，致使某一阶段行政活动的特点有所区别。

5. 小结

人类对“政治人”人性假设的认识，经过了一个从抽象到具体、从一般到特殊、从自然性到社会性的转变过程。例如，亚里士多德认为人天生是政治动物的命题，突出了人的合群性的自然属性；马克思在批判亚里士多德的人性观基础上，科学地提出了政治人的社会性本质。两位思想巨匠都是从人性的一般意义上论述“政治人”人性的。与此不同，马基雅维里、拉斯韦尔等理论家则具体地从权力问题阐述政治人的本质，在某种程度上揭示了政治人的真实品性。总体而言，对政治人人性的认识是人类对政治活动的本质认识深化的结果。随着政治实践的变化以及人类思想观念的变迁，对“政治人”人性的认识将会更加科学合理。

三 “经济人”“政治人”的本质与表征

自古典经济学伊始，“经济人”的本质是追求物质利益最大化的人一直占据学界的主流地位。[①] 然而，什么是“政治人”？学界并未达成共识。学界对“政治人”的界定，大致从两个维度着手：政治哲学与政治实践。政治哲学维度突出个体的人在政治实践中的某一特质，比如将政治人的本质界定为“追求权力最大化”[②]、“整体利益至上”[③]、“权力工具理性与价

① 公共行政学界对“经济人”的定义，与经济学中的定义基本相同，比如，董建新认为“经济人就是在既定的约束条件下经济活动主体使自己收益最大化的行为动机”。倪秋菊、倪星认为“经济人就是理性的、自利的、寻求自身利益最大化的人”。刘瑞等人认为“所谓经济人假设，是指从事社会经济活动的当事人都以理性方式追求自身利益（或效用）最大化。利己性和理性（或有限理性）是经济人行为的两个基本特征，其中利己性是经济人的灵魂”。张康之认为“所谓经济人假设就是，一个人，无论他处于什么地位，其人的本性都是一样的，都以追求个人利益、使个人的满足程度极大化为最基本的动机”。

② 刘志伟：《论政治人理性——从“经济人理性”比较分析的角度》，中国社会科学出版社 2005 年版，第 56 页。

③ 李拥军：《当代中国法律中的“政治人”影像》，《华东政法大学学报》2011 年第 5 期，第 3 页。

值理性的有机统一”①、“追求公共利益最大化”② 等。政治实践维度强调个体的人在特定环境中从事社会活动的政治属性，③ 这些政治属性具体包括政治参与、政治意识、政治信仰、政治选择、政治情感以及政治态度等。虽然政治哲学与政治实践两大维度各自的侧重点不同，但在关于“政治人”所指涉的对象方面大体相同，均认为“政治人”有广义和狭义之分，广义上的“政治人”是指所有从事政治活动的人，既包括掌握并运用政治权力履行公共治理的国家公职人员，也包括参与政治决策、表达利益诉求、处于一定政治关系中的普通民众。狭义的“政治人”仅指前者。

从政治哲学维度，结合人的逐利本性以及从事实现自身利益的社会活动的政治属性，笔者主张的“政治人”是指追求公共权力最大化的人，在范围上特指掌握并运用公共权力的国家公职人员。这是因为权力构成了政治活动的核心，所有参与政治活动的个体或组织，其目的在于获得并维护所掌握的公共权力。正如美国学者罗伯特·达尔所言，“自亚里士多德时代以来，就有一种被广泛分享的观念，即政治与政治关系总会以某种方式涉及权威、统治、影响力或权力”④。人类历史上，政治关系以及政治活动无不是围绕公共权力的获得与运行而展开，是否拥有公共权力是确证“政治人”的客观标识。

1. 表征之一：目的自利

“经济人”“政治人”只是分别从人的经济性、政治性维度，概括抽象出人在某一领域从事特定活动的特定的、具体的人性或者人性的某一方面。但是，“经济人”“政治人”首先是人，是人的一种现实存在，无论其在何种领域从事何种活动，人的类属性规定了个体人的自身的特殊属性。从人的天性而言，只要是人无不自利，因此，人性自利是“经济人”“政治人”共同的本质属性。以“经济人”“政治人”假设为人性基础的公共行政理论，主张“目的自利”构成了行政人员从事公务行为的动力源泉。在公共行政领域中，从事行政活动的人与在市场领域中从事交易行

① 汪波：《“政治理性人”的基本逻辑——政治学基本人性假设的新思路》，《海南大学学报》（人文社会科学版）2008 年第 1 期，第 12 页。

② 李才明：《腐败与反腐败：“经济人”与“政治人”的博弈》，《湖南医科大学学报》（社会科学版）2006 年第 1 期，第 45 页。

③ 王浦劬认为“政治人”是指处于一定的政治体系和政治关系之中，具有一定政治意识的人。王春虹指出“政治人”是指处于一定的政治体系和政治关系之中的具有一定的政治意识和政治属性的政治行为主体。

④ ［美］罗伯特·A. 达尔、布鲁斯·斯泰恩布里克纳：《现代政治分析》（第 6 版），吴勇译，中国人民大学出版社 2012 年版，第 30 页。

为的人一样，其行为的出发点和目的就是最大化地实现自己的利益。比如，行政人员对职务升迁的钟情、信息传递中的自身利益添加、薪酬的丰厚、权力的扩大、财政预算的最大化、部门利益化以及权力寻租等行为，都是公共行政领域中的“经济人”“政治人”行为目的自利性之表现。趋利避害是“经济人”“政治人”行为目的自利性的集中概括。

(1) 西方关于目的自利的人性观

人类行为“目的自利”的思想源远流长。在亚当·斯密系统阐述“经济人”假设之前，西方近代文艺复兴时期的思想家，就从人的自然属性角度论证了人性自利的天然性。他们为了反对中世纪神学对人性的禁锢，大胆讴歌了人类追求尘世幸福的正当性，认为神学要求人们放弃物质利益与感官幸福的做法是荒唐的，因为这种做法完全违背了人之为人的天性，人类天生应当是为自己而存在。“我们为他人生活已经够了，让我们至少在这余生中为自己生活吧，让我们的思虑和注意力返回我们自己，以及我们的安乐吧。”[①] 承上启下的霍布斯在人性问题上，主张人性本恶，他从感觉论角度论证了人的本性就是趋利避害，趋利避害是自利人性的一种表征。霍布斯认为造成人与人争斗的三种因素：竞争、猜疑与荣誉，说到底就是因为人性自利，无论是为了求利的竞争、求安全的猜疑，还是为了出人头地的荣誉，其原始的行为动机都是自利，从而满足人的趋利避害之本性。洛克在人性自利方面继承了霍布斯的观点，认为人是一种“含灵之物”，“含灵之物”的本性就是追求自身的幸福。但是，洛克与霍布斯不同的是，他主张应当把自利与利他、眼前利益与长远利益、私人利益与社会利益相结合，这是一种合理的利己主义，是资产阶级利己学说的最高形式。实现前述三种结合的条件是：人应当由理性来调节自己的欲望。洛克的继承者爱尔维修，从唯物主义感觉论出发，论证了人性自利的观点，进一步补充和发展了合理的利己主义学说，在他看来，由于人的肉体具有感受性，外部的刺激通过人的感官系统就会产生快乐或痛苦两种感觉，人的生理机能决定了人经常会逃避痛苦、寻求快乐，这就是人的“自爱”本性。“自爱”本性是人的肉体感受性的直接后果，人人具有且与人身不可分离，具有永久性、不可改变性之特征。在人的所有情感中，“自爱”情感处于最核心地位，它决定了人的所有欲望和感情，是人从事社会行为的出发点，“使我们整个儿成为我们的，是对我们自己的爱。人

---

① 北京大学西语系资料组编：《从文艺复兴到19世纪资产阶级文学艺术家有关人道主义人性论言论选辑》，商务印书馆1971年版，第163页。

们为什么这样贪图名誉地位呢？这是因为人们爱自己，因为人们要求自己幸福，因而要求享受幸福的权力。对于获得幸福的力量和手段的爱，在人身上必然与自爱相联系。人人都愿意发号施令，是因为人人都愿意扩大自己的幸福，愿意他的同胞都为此工作”[①]。亚当·斯密的好友英国人休谟是近代西方系统阐述人性论的学者，他认为人性是普遍存在且永恒不变的，想要研究古希腊和古罗马人的感情、日常生活是怎样的，则只要研究法国人与英国人的行为就可以了，因为人性亘古不变。人性自私是这种普遍人性的主要方面，“我们承认人们有某种程度的自私；因为我们知道，自私是和人性不可分离的，并且是我们的组织和结构中所固有的”[②]。所以，人对外界的看法与行为，总是从自身利益角度来考虑，至于关心亲朋好友的做法，说到底是自爱的延伸。“人们对于距离很远的东西和完全不增进自己特殊利益的东西，很少会热心地爱好；同样我们也很少遇到有人在别人反对他们的利益时，能够原谅别人。”[③] 需要明辨的是，休谟的不变人性观点是对西方资产阶级人性观的抽象，自私自利的人性之实质反映了西方资产阶级的阶级属性。因此，马克思认为，在资本占据主导地位的社会关系中，资本“使人和人之间除了赤裸裸的利害关系，除了冷酷无情的‘现金交易’，就再没有任何别的联系了。它把宗教虔诚、骑士热忱、小市民伤感这些情感的神圣发作，淹没在利己主义打算的冰水之中”[④]。总体而言，前古典“经济人”假设中的人性自利之观点，有利于人们反对封建神学贬低人、压抑人性的观念与行为，是一种解放人、尊重人的进步学说。但是，它也是以抽象人性论为基础，从单纯的人的感性欲望来论证人的自利属性之合理性，存在理论上的片面性以及阶级的局限性。

系统阐述人性自利的是古典经济学创始人亚当·斯密，认为人类从事经济活动的根本动力就是追求私利，经济活动中以谋求私利为目的的人就是“经济人”，人性自利成为古典经济学分析人类社会经济行为的出发点。随着经济学的概念、方法以及研究范畴向其他学科的扩展，“经济人”也成了人类从事其他社会活动的一般人性假设，认为人类之所以从事社会活动，都是为了满足私利，也就是说“目的自利”。“不论是谁，

---

① 北京大学哲学系外国哲学史教研室编译：《十八世纪法国哲学》，商务印书馆 1963 年版，第 503 页。

② ［英］休谟：《人性论》（下册），关文运译，商务印书馆 2010 年版，第 625 页。

③ 同上书，第 625 页。

④ 《马克思恩格斯选集》（第 1 卷），人民出版社 2012 年版，第 403 页。

如果他要与旁人做买卖，他首先就要这样提议。请给我以我所要的东西吧，同时，你也可以获得你所要的东西：这句话是交易的通义。我们所需要的相互帮忙，大部分是按照这个方法取得的。我们每天所需的食料和饮料，不是出自屠户、酿酒家或烙面师的恩惠，而是出于他们自利的打算。我们不说唤起他们利他心的话，而说唤起他们利己心的话。我们不说自己需要，而说对他们有利。"[①] 亚当·斯密以自利的"经济人"假设为基点，分析了人类在"自利"动机的推动下如何创造社会财富。比如，社会分工的发展是源于追求自身利益的"经济人"，需要通过交换的方式才能实现自己的利益目标，分工乃是因为交换。商品交换双方之所以能够出现互利合作的行为，是因为人人都想实现自己的利益。在自由竞争的环境下，人人都是追求自身利益最大化的人。通过"看不见的手"，目的自利的"经济人"在实现自身利益的同时，也可以实现整体的社会利益。不过，需要注意的是亚当·斯密关于人性自利的判断，仅仅是从人的本性而言，并不能烙上人类社会的道德评价。人性自利并不等于人的自私。"毫无疑问，每个人生来首先和主要关心自己；而且，因为他比任何其他人都更适合关心自己，所以他如果这样做的话是恰当和正确的。"[②] 亚当·斯密从人的本性角度，认为人性自利就是一种"自爱"情感，自爱是一种美德。针对将人性自利等同于自私的观点，有学者公允地辩解，认为将亚当·斯密的人性自利等于自私的观点，实在是对他的一种误解，"十分明白的是……自利并不意味着自私。它的意思只是说个人的利益是一个人最密切关心的事。它们当然可能只是他个人的幸福，但也同样可能包含了家庭情爱、社会义务、朋友友谊，甚至还包含在他看来具有中心意义的更为广泛的活动"[③]。

（2）我国关于目的自利的人性观

我国战国末期的思想家韩非子，对人性自利之属性作了详细的论证。他认为人人都有欲利之心，追求"名"和"利"是人的本性使然。人与人之间的关系就是一种利害关系。第一，父母与子女的关系是一种利害关系。"父母之于子也，产男则相贺，产女而杀之。此俱出父之怀衽，然男

---

① ［英］亚当·斯密：《国富论》（上卷），郭大力、王亚男译，商务印书馆1972年版，第14页。

② ［英］亚当·斯密：《道德情操论》，蒋自强等译，商务印书馆1997年版，第101—102页。

③ ［英］L. 罗宾斯：《过去和现在的政治经济学》，陈尚霖、王春育译，商务印书馆1997年版，第37—38页。

子受贺，女子杀之者，虑其后便，计之长利也。故父母之于子也，犹用计算之心以相待也，而况无父子之泽乎？”[①] 第二，夫与妻的关系是利害关系。“卫人有夫妻祷者，而祝曰：‘使我无故，得百束布。’其夫曰：‘何少也？’对曰：‘益是，子将也买妾’！”[②] 第三，君与臣的关系是利害关系。“君以计畜臣，臣以计事君，君臣之交，计也。害身而利国，臣弗为也；富（言）国而利臣，君不行（为）也。臣之情，害身无利；君之情，害国无亲。君臣也者，以计合者也。”[③] 第四，君与民的关系是利害关系。“君上之于民也，有难，则用其死；安平，则尽其力。亲以厚爱，关子于安利，而不听；君以无爱利，求民之死力，而令行。明主知之，故不养恩爱之心，而增威严之势。”[④] 第五，雇工与雇主的关系也是利害关系。“夫卖庸而播耕者，主人费家而美食，调布而求易钱者，非爱庸客也。曰：如是，耕者且深，耨者熟耘也。庸客致力而疾耘耕者，尽巧而正畦陌畤者，非爱主人也，曰：如是，羹且美，钱布且易云也。”[⑤] 韩非子在细数人与人的关系为利害关系之后，最终总结为：这是因为人的自利之性所致。人没有羽毛可以避寒，人也不是神仙，可以不食人间烟火，相反，人“以肠胃为根本，不食则不能活”，故此，人的衣食住行之需求决定了人的“欲利之心”。

（3）经济与政治活动的原动力：目的自利

“经济人”“政治人”为何以“自利”作为从事经济活动与政治活动的原动力呢？从需要与满足需要的资源关系而言，是因为自利性反映了人的需要无穷、而满足需要的资源有限之间的矛盾。人自诞生以来，就是一个高级的生命有机体形式，具有形态各异却又是人之为人不可或缺的需要，这些需要的内容变化多端、客观存在，不以人的意志为转移。这些需要的满足必须依赖于社会物质条件与精神条件的进步与发展。社会物质、精神条件的进步与发展，则离不开资源的充足性。然而，相对于人类无限的需要，自然与社会资源总是有限的，资源的有限性与人的需要的无限性就成为人类繁衍生息的永恒矛盾。这对矛盾便成了塑造人性的社会因素。人为了保持生命、求得发展、满足快乐，必须适应这对矛盾，必须正视满足需要的资源有限性之现实。所以，在人类源远流长的进化历程中，关心

① 《韩非子·六反》。
② 《韩非子·内储说下》。
③ 《韩非子·饰邪》。
④ 《韩非子·六反》。
⑤ 《韩非子·外储说左上》。

自身利益、忽视他人利益，关心自己家人朋友利益、忽视他人家庭朋友利益便成了人性的构成要素之一。从人性本身而言，人性自利是因为人人都有自爱之心，自爱就是爱自己胜于爱别人。自爱之心的基本表现是“重生”，“重生”即是保全自己的生命的欲望，生命之所以值得保全，是因为生命本身的快乐就是人的最根本、最重要的快乐。在生命的长期进化中，人的感受系统对外界的刺激形成了两种感觉：痛苦与快乐，快乐是人所欲求的，而痛苦则是人欲避免的，趋乐而避苦成就了生命本身的意义。“在人类的躯体中，感觉快乐和痛苦的能力是天生的；它是人类本性的组成部分，是这一种类存在的一部分。对此他无法选择，决定他快乐和痛苦的躯体感觉的标准是既定的。这种标准是什么？那就是他的生命。人类躯体中的快乐和痛苦机制是有机体生命的自然引导者，这对于所有具备意识功能的有机体生命都是一样的。躯体的快乐感觉是一种信号，标志有机体的行为进程是正常的。而躯体的痛苦感觉则是一种警告信号，意味着有机体的行为进程是错误的，有某种东西正在损害其适当的功能，必须做出矫正。”① 所以，人的求生欲望在人的感受系统中得以实现：追逐对保持生命有意义的事物、避免损害生命的事物。这种趋乐而避害的本能促使人的所有外部行为，总是为了自己的利益，“目的自利”就是为了保持生命本身。

2. 表征之二：行为理性

与其他动物相比人具有理性，这是人之为人的主要表征之一。在社会实践过程中，利用人的理性改造自然以获取满足自身生存发展需要的物质资料，创设并实施社会制度以构建符合自身需要的社会秩序。“经济人”与“政治人”都是理性人，能够在经济活动与政治活动中运用理性力量调节、控制自身行为，以便实现经济政治活动之目的。

（1）人是理性动物

人是理性动物，这是自古希腊以来西方哲学对人的一种基本判断。苏格拉底就认为人是灵与肉的统一体，人的灵魂中的“理性”可以控制肉体的冲动，实现一种“善”的生活。柏拉图主张人是由肉体和灵魂构成的，灵魂分为三个组成部分：情感、意志与理性。其中，灵魂中的“理性”部分处于核心地位，具有控制人的肉体与灵魂的其他部分，可以使人成为有美德的人的作用。在柏拉图看来，理性的基本职能是“发号施令。一个人的理性统率灵魂的其他冲动，知道怎样对整个的内部组织和它

---

① ［美］爱因·兰德：《新个体主义伦理观》，秦裕译，上海三联书店 1993 年版，第 8—9 页。

的每一部分有利，他就聪明。生气勃勃的部分（意志）的本分，是做理性的臣民和同盟者；音乐和体育可以使意志和理性这两种要素结合起来。当它们受到训练和教育以后，它们会控制欲望。理性进行思考，意志为理性奋战，服从它的指挥，并勇敢地完成它的指示。无论经历痛苦或快乐，当生气勃勃的部分坚决执行理性的教诲，知道什么要加以警惕，什么不要畏惧时，一个人是勇敢的。当意志和欲望同理性融洽，接受它的领导时，他是有节制的。节制或克己就是控制某种快乐和欲望。当这三种内部的因素彼此和谐，各司其专职时，一个人是正直的。一个人具有这样的心地，就能遵循正直和诚实的轨道前进。当他聪明、勇敢和克制时，当他使他的灵魂和谐时，他就具有合乎伦理的态度”①。

亚里士多德秉承柏拉图的思想，指出人与动物的区别就在于人有理性，向往过上有理性的生活，并且认为人生的至高目的就是“操修理性而运用思想”。中世纪的宗教神学更是将人的“理性”推崇到至高无上的地位，而人的肉体与感性由于负有“原罪”，遭到无情的鞭笞。西方文艺复兴运动以后，强调应当从人的理性与感性的和谐关系来探讨如何成为一个完整的人，人的行为受理性与感性的支配，不能单纯地从理性来解读人，反之亦然。不过，在哲学发展的历程中，自“本体论”向“认识论”转向后，经验主义哲学更多地强调人的感性经验在认识事物中的作用，理性主义哲学则突出了人的理性在认识世界中的作用。认为人的理性就是人的本性，比如斯宾诺莎就主张“人是一个理性存在物，理性是人的本性”②。康德强调：“人指既具有动物性又具有理性的动物。”总之，在西方哲学看来，人要追求知识，实现人的自我控制与进步，理性起着至关重要的作用，这也是人区别于其他生命体的标志，人若没有理性，人将过上如丛林中的野兽般的生活。

然而，何谓“理性”呢？可从三个方面解读。一是从本体论角度来看，理性是与物质性相对的实体，这种实体具有非凡的特质。在柏拉图看来，这种实体可称为“理念或模式”。它们是自在自为的，是万物原始、永恒和超越的原型，独立于事物而存在且永存不息。世间万物品相很多，但某一类事物只有一个理念。由于世间万物种类繁多，某一个事物都有一个理念，所以，理念也就有很多。理念虽多但并非无秩序，在所有的理念

---

① ［美］梯利著，伍德增补：《西方哲学史》，葛力译，商务印书馆 1995 年版，第 72—73 页。

② ［荷］斯宾诺莎：《伦理学》，贺麟译，商务印书馆 1981 年版，第 171 页。

之中，“善”的理念处于最高地位，是其他理念的源泉。在“善”的理念之下，各种理念按逻辑顺序排列，构成了一个有机的整体，这个整体即是宇宙，因此，柏拉图所主张的理性是一种精神实体，也是一种宇宙理性。

二是从认识论角度来看，人的理性是指超越于其他动物之上的，对事物进行概念、判断、推理等思维形式和思维活动的能力。文艺复兴后，理性逐渐与上帝脱钩，开始与科学实验、观察等人的主体性经验联系在一起，作为“客观理性”的宇宙理性渐渐被排除在人的经验之外。尤其是在近代理性主义哲学诞生后，认识论中的主观理性成为人的理性之全部，将理性看作人的一种认识事物、明辨是非的能力，人的理性是一切知识的出发点与确定性标准，笛卡尔的“我思故我在”便是这种理性的代表性观点，它将人的主体性地位确立下来，使西方从蒙昧的基督教时代走向了科学理性的时代。后来的康德系统阐述了人的主观理性问题，他“从根本上把理性定义为制定法则的能力。即人的制定法则并且整理思想和与此相应的行为的能力”①。认为人类的一切活动之根源和依据就是人的理性，即一种自主的、绝对的、无条件的纯粹理性，作为统率理论理性与实践理性的纯粹理性，是作为先验主体的一种先天性认识能力。纯粹理性既为自然立法，也为人类自身立法，它是最高的立法者与最高的裁判者。

三是从价值论角度来看，认为理性是一种值得追求的价值生活，是一种价值理性，它与认识论层面的工具理性相对。马克斯·韦伯从人类的社会行为分类着手，区分了工具理性与价值理性问题，认为那种利用手段、技术追求功利目的的行为是一种目的合乎理性的行为，即工具理性行为，这与认识论层面的理性相吻合。而价值合理性行为是指“通过有意识地对一个特定的举止的——伦理的、美学的、宗教的或作任何其他阐释的——无条件的固有价值的纯粹信仰，不管是否取得成就”② 的一种行为。这种区分将“价值”判断引入理性研究的范畴，从逻辑上全面改变了将主观理性仅归结为科学理性的做法，使得对理性的解读变得非神秘化了，价值论层面的理性也就可概括为，人的鉴别善恶、区分好坏美丑以及生活与行为是否有意义的能力，即判断行为目的或结果是否有意义的能力。

（2）“经济人”的行为理性

“经济人”的行为理性，是从认识论角度定位的，强调的是工具理

---

① ［英］H. P. 里克曼：《理性的探险》，姚休等译，商务印书馆 1996 年版，第 126 页。

② ［德］马克斯·韦伯：《经济与社会》（上卷），林荣远译，商务印书馆 1997 年版，第 56 页。

性，突出了“经济人”的“精明计算能力”，以便实现其“自利”之目的。事实上，在公共选择学派看来，“经济人”就是“理性人”，理性人总是会采取有效的行为，实现最小的投入生产最大的产出之目标，其特征可总结如下：“（1）当他面临一系列可选择方案时，他总是能够作出一个决定；（2）他根据他的偏好顺序按这样一种方式来排列所有可选择的方案，使得每一方案或者优于其他方案，或者与其他方案无差异，或者劣于其他方案；（3）他的偏好顺序是传递的；（4）他总是选择在他的偏好顺序中位置最高的可选方案；（5）每当他面临同一选择时他总是作出同一决定。”① 可见，在相同条件下选择最优的方案充分体现了“经济人”的精明计算能力，在此意义上，“经济人”的行为理性可具体化为一种“追求自身物质利益最大化”的行为能力。对生产商而言，在既定的投入与生产技术水平条件下，利益最大化表现为利润最大化或生产成本最小化，对消费者而言，则是指购买的商品效用最大化，就是一种典型的“利益最大化”模型。

换言之，“经济人”的行为理性是建立在“成本—收益”的计算能力之上的，以此为决策的逻辑起点，希冀在经济生活的现实中，实现“物质利益最大化”的目标。首先，“经济人”的“利益最大化”是指个体利益的最大化。在个体利益与群体利益正相关时，理性的“经济人”并不排除实现群体利益的最大化。但是，其最终目的还是在实现群体利益最大化的过程中实现自身利益的最大化。在个体利益与群体利益相冲突时，“经济人”的行为理性必然是以实现自身利益最大化为行动的内在动力，尤其在物质财富尚不充裕的阶段。所以，有学者总结道：“看起来，个人主义的处世原则，是人类必经的不可避免的一个阶段。它是生产力有一定发展，人们有可能摆脱人身依赖，可又没有达到无须争夺就能满足需要的阶段。……问题很简单，如果生产力不发展，生活贫困，人们为起码的生存条件而拼搏，即使在社会主义条件下，一切陈旧的东西，包括个人主义都照样会滋长蔓延甚至恶化。所以在进行教育的同时，必须大力发展生产力。”② 尽管“经济人”的自利并不等于个人主义，但是，在追求自身利益最大化方面有其相通之处。其次，“经济人”的“利益最大化”主要是指物质利益最大化。虽然对此观点的批判从未间断，认为这种判断是非现

① ［美］安东尼·唐斯：《民主的经济理论》，姚洋等译，上海世纪出版集团2005年版，第5页。

② 陈先达：《漫步遐思》，北京师范大学出版社2013年版，第254—255页。

实的，因为“经济人”除了追求物质利益之外，还会追求诸如荣誉、闲暇、工作成就感等非物质利益，从现实角度而言，这种批判有一定道理。但是，从人的多元需求而言，物质利益是人生存的基础，是满足人的其他需要之基础。所以，“经济人”追求物质利益最大化依然是其行为理性的核心。传统公共行政的理论体系就是以此为基础建构的，比如，科学管理之父泰勒就认为，“职工们基本上都是受经济性刺激物的激励的，不管是什么事，只要能向他们提供最大的经济收益，他们就会去干”。所以，主张以物质性激励（包括奖励与处罚）来消除“磨洋工”的现象，提高生产效率。最后，“经济人”的“利益最大化”是指绝对利益与相对利益的最大化。前者是指在既定的、不变的要素投入条件下，实现收益最大化。后者是在收益假定为既定的、不变的情况下，实现投入要素的最小化。

（3）“政治人”的行为理性

政治生活相对于经济生活的复杂性决定了，“政治人”的行为理性远高于“经济人”的行为理性，“政治人”的行为理性是工具理性与价值理性的统一。与“经济人”一样，政治行为的工具理性主要表现为从事政治行为是为了实现“自利”之目的，都是为了获得某种利益满足自身的生理与心理需要。“人们奋斗所争取的一切，都同他们的利益有关。”[①] 利益源于人的需要，是人的社会化的需要，因此，实现利益就是满足人的社会化的需要。一方面，就政治人的私人属性而言，人的需要总体上可分为物质需要和精神需要，人的生命机能的存续离不开外界物质的供应，以物的使用价值来满足人的需要就是物质需要；人又是万物之灵，是理性与非理性的结合体，还有不同于物质需要的精神需要，人的精神需要表现为对情感、友谊以及其他心理状态的满足。依据马斯洛的需要理论来划分，生理的需要可归为物质需要范畴，追求物质利益最大化的经济人的行为理性，主要是指借助经济活动生产各种交换物来满足人的生理需要。归属与爱的需要、尊重的需要以及自我实现的需要，应属于人的精神需要，追求公共权力最大化的政治人的政治行为，在工具理性方面，既表现为对物质利益的追求，以满足作为生命个体的人的需要，又表现为政治人获取公共权力赢得自尊满足他们的精神需要。

另一方面，“政治乃是用公共的强制力对于众人之事的治理”[②]。因

① 《马克思恩格斯全集》（第1卷），人民出版社1956年版，第82页。

② 吴恩裕：《政治学问题研究》，商务印书馆1948年版，第71页。

此，政治行为天然地具有公共性。政治行为的社会公共属性，决定了政治行为的工具理性还在于实现国家利益，在手段与目的的关系链中，国家利益是目的，政治行为是手段，政治人运用公共权力必须以实现国家利益为宗旨，具体表现为构建并维护统治秩序，实现公平正义，保障人的基本权利等。这是因为任何公共权力均起源于解决公共问题的需要，恩格斯正确地指出，"一开始就存在着一定的共同利益，维护这种利益的工作，虽然是在全社会的监督之下，却不能不由个别成员来担当：如解决争端；制止个别人越权；监督用水，特别是在炎热的地方；最后，在非常原始的状态下执行宗教职能。这样的职位，在任何时候的原始公社中，例如在最古老的德意志的马尔克公社中，甚至在今天的印度，还可以看到。这些职位被赋予了某种全权，这是国家权力的萌芽"[①]。政治权力的公共性要求政治人的行为必须维护国家利益。不过，在满足自身私人需要与维护国家利益这两方面，前者是核心的工具理性，后者是次级的工具理性。

除了工具理性之外，"政治人"的行为还具有价值理性。申言之，政治人开展政治活动并不仅仅是为了满足自身的物质与精神需要，或者是为了实现国家利益，政治人从事政治活动的本身就是目的，就是有价值和意义的，"人的生活并不仅仅是为了快乐，我们还需要完善、发展自己的天性，而就此而言，参与公共事务、分享政治权力具有无可替代的价值"[②]。此为政治行为的价值理性。亚里士多德在论证城邦生活优越于家庭生活时指出，维持生计和繁衍子孙的家庭生活是出于满足身体和自然的需求，受必然性支配。家庭生活的私人性不仅是被隐藏的，而且与黑暗和羞耻相连。只有在城邦中从事政治活动，人才能走出野蛮状态进入自由的领域，自由的人摆脱了宿命的安排，从辛苦的劳作中解放出来，在富有创造的语言和行动中实现了人之为人的意义，找到了人在世界中的位置。"在公共领域内的行动赋予行动者以身份，行动者的卓越表现和英雄事迹在旁观者讲述的故事中永世流传。"[③] 作为追求公共权力最大化的政治人，其政治行为的核心就在于夺得、巩固并尽可能地扩大公共权力，权力构成了政治行为的核心内容。正如英国哲学家罗素所言，"在人类无限的欲望中，居

---

① 《马克思恩格斯选集》（第3卷），人民出版社1995年版，第218页。

② ［法］邦雅曼·贡斯当：《古代人的自由与现代人的自由：贡斯当政治论文选》，阎克文、刘满贵译，商务印书馆1999年版，第45页。

③ 涂文娟：《政治及其公共性：阿伦特政治伦理研究》，中国社会科学出版社2009年版，第28页。

首位的是权力欲和荣誉欲”[①]。获得公共权力对政治人的政治行为而言，就是一种价值。

“政治人”的行为理性之所以是工具理性和价值理性的统一，是因为公共权力既是一种工具也是一种价值。从公共权力的工具与价值属性演化为政治行为的工具与价值理性，其实践逻辑大致分为两个阶段。“在从需求到利益的第一阶段，政治权力具有价值理性，由于在社会实际生活中，物质需求与精神需求的实现不是自发和自动的过程，在社会资源稀缺的前提条件下，权力所特有的需求满足与资源分配的功能，诱使社会主体进入政治场域成为政治人，通过制度化或非制度化政治途径来追求、夺取、掌握政治权力，这一过程赋予了权力价值理性。在从利益到行为的第二阶段，权力由价值理性转化为工具理性，因为一旦政治主体获取了政治权力，权力就不再成为终极目标，政治理性人终极目标是在政治场域中通过权力的运用和行使，来实现特定行动者所偏好的利益分配。”[②]

3. 表征之三：政治即交易

在公共选择学派的论域中，政治系统中的“政治人”与经济系统中的“经济人”合二为一，都是“理性人”。无论经济活动还是政治活动，“理性经济人”“理性政治人”都要进行成本收益核算，以实现自身利益的最大化，自利性构成了经济人与政治人从事经济与政治活动的根本动机。

公共选择学派认为，交易是经济学的基本命题，政治是经济的自然延伸，所以，政治就是一种交易。“只要把价值的来源定位于个人，且在人们之间不存在差别，那么就可以把全部政治事务仅仅看作一个复杂的涉及多人的交易或契约系统。个人必须被认为是聚集在一起探求某些问题并最终达成协议，以建立对大家都相互有利的集体组织或安排。”[③] 因此，人类社会有两个市场：经济市场与政治市场。经济市场中的交易主体是消费者与厂商，政治市场中的交易主体包括选民、纳税人、投票人、企业、政治家、立法者、政府官僚及其他活动者。交易的客体分两种：经济市场中的交易客体是私人物品，政治市场中的交易客体是公共物品，这些公共物品包括协定、契约、规章与条例等，它们构成了整个国家的宪政秩序。经

① ［英］伯特兰·罗素：《权力论》，靳建国译，东方出版社 1988 年版，第 3 页。

② 汪波：《政治学基本人性假设的再探讨：论“政治理性人”的基本逻辑》，《浙江社会科学》2007 年第 6 期，第 58 页。

③ ［澳］布伦南、［美］布坎南：《宪政经济学》，冯克利等译，中国社会科学出版社 2004 年版，第 29 页。

济市场中交易主体获取私人物品所支付的对价是货币，政治市场则是通过支付民主选票作为换取公共物品的对价。在政治交易过程中，交易主体都有各自不同的利益偏好，都在进行着成本—收益的核算，通过建立契约关系，每个参与的交易主体在利益与偏好的交换过程中满足自己的偏好，实现自己的利益诉求。“在政治领域，在最一般的层次上，人们之间‘交易’的结果是一组达成协议的规则，而不是得到明确界定的归属于分立的个人的物品。在初步脱离霍布斯式无政府状态的最简单、最基本的层面上，个人之间也许会达成一项协议，尊重他们之外的个人的财产和人身。在这样的交易中，每个参与者都从秩序中获益，从而减少了把资源用于防范的需要。作为交换，每个参与者都如契约性协议中所规定的那样，放弃自己对他人的财产和人身进行剥夺的行动自由。”①

以政策操作过程为例，皮考克认为，在初级政策市场上，政治家把政策卖给选民，选民则为政治家支付选票。在政策供给市场上，官员提供不同的行政手段，实现国家政策目标，政治家则为行政官员提供预算。在政策执行市场上，行政官员向选民提供公共物品，选民则为政府缴纳税收。在每一个市场交换过程中，参与交易的双方主体都满足了自己的偏好：政治家的当选与连任、行政官员的预算最大化、选民对自身有利的公共政策追求等等。尽管政治也是一种交易，但与经济市场相比较，除了交易的客体以及支付的对价不同之外，还有两方面差异，一是主体不同。参与经济市场交易的主体一般是单个主体，交易的发生主要是在单个的个人之间、厂商之间，以及个人与厂商之间。政治市场的交易主体主要是集团或政党，选民个人则是通过集体行动来实现个人之间无法实现的目标。二是交易性质不同。经济市场的交易关系是自愿、平等且等价有偿的，而政治市场的交易关系具有一定程度的非自愿性、不平等性和强制性，少数服从多数是政治交易的一般规则。

公共选择学派的“政治即交易”是建立在“经济人”假设以及“方法论的个人主义”两个基础之上的。以“经济人”假设为基础，公共选择学派认为，参与政治活动的主体也是“经济人”，都是具有利己之心、理性地追求自身利益最大化的人。假如人在经济市场中被认为是效用最大化的人，那么参与政治市场的活动主体也是一样地追求自身利益最大化。没有理由认为当同一个人从经济市场中的买者或卖者，转变为政治市场中

① ［澳］布伦南、［美］布坎南：《宪政经济学》，冯克利等译，中国社会科学出版社 2004 年版，第 29 页。

的投票者、政治家或行政官员之后，就从一个利己之人蜕变为利他之人。成本—收益的核算依然是他们行动的基本出发点，奥尔森在论证个人为何参与集体行动时就认为，“非市场集团中的个体必须考虑两个不同问题，一个问题是，他从提供一定量的集体物品而得到的总收益是否超过他为提供那一定量的物品付出的成本。另一个问题是，如果他愿意供给集体物品的话，那又该提供多少，答案当然取决于边际成本和边际收益之间的关系，而非总成本和总收益之间的关系”[①]。因此，利益是激励政治活动主体采取公共选择行动的核心推动力。比如，政治家们之所以愿意供给公共政策，是因为通过换取选民的选票得以当选或连任，最终获得权力、地位、名誉等，虽然在政治家的效用函数中并不排除通过提供公共政策、实现公共利益这样的高尚动机，但是，这个变量不是他们目标函数中的首要变量。选民愿意走进投票室并且投下他神圣的一票，是因为希望能够代表自己利益的候选人当选，从而在这些代表人执政期间通过公共政策，最大化地实现自己的利益。当然，若参与投票的成本过高且不能实现自己的利益时，选民就会放弃投票，此为选民的“政治冷漠”，这也体现了“经济人”的理性特征。

另外，“政治即交易”也是建立在“方法论的个人主义”基础之上的。方法论的个人主义认为个人而非集体是分析所有社会现象与行为的基础，集体是由个人组成的，个人只有为了实现自己的利益才会采取集体行动。公共选择学派采用“个人主义的方法论”作为分析政治市场的工具，首先，认为所有的政治决策都是个人的决策，个人是公共选择的基本单位。公共选择虽然是以一种集体决策的形式展现出来，但是，实质是集体中个人决策之结果。“只有个人才作出选择和行动，集体本身不选择也不行动，把集体当作进行选择而提出分析是不符合通行的科学准则的，社会总体仅仅被看作个人作出选择和采取行动的结果。”[②] 其次，拒绝承认国家是一个抽象的、有机的实体。“这种关于集体（国家是有机体——笔者注）的分析方法或理论，无论是作为对实际的集体单位的一些性质的实证解释，还是作为一种规范的政治哲学，都有某种用处。然而，这个概念本质上是与西方哲学传统背道而驰的，在该传统中，人类个体是首要的哲学实体。而且，既然我们打算建构一种与近现代西方民主有关的集体选择

① ［美］奥尔森：《集体行动的逻辑》，上海人民出版社 1995 年版，第 24 页。

② ［美］布坎南：《宪法经济学》，《公共论丛》（2），生活·读书·新知三联书店 1996 年版，第 338—339 页。

理论，那么在一开始就得拒绝对集体作任何有机体的解释。”[①] 所以，布坎南认为国家无非是个人实现自身利益而相互作用所形成的制度复合体，其作用在于作为一项经济生活的内在因素，保障个人利益交换过程的有序进行。最后，个人是社会与国家的价值源泉，是评判一切行为的出发点。“个人是唯一的意识单位，一切价值评估都是以此为起点。”[②] 社会与国家的价值说到底是对个人的价值，国家的合法性就存在于能够满足个人的需要，“个人按照他们对各种前景的评估，通过一项得到一致同意的协议，组建一个集体或政体，由它履行特定的职能，这首先包括提供保护性的或最小国家的服务，其次是提供真正由集体消费的服务”[③]。按照一致性原则，人人地位平等，不存在道德上的贵贱之分，他们都有平等的权利与能力向那些与其相关的公共选择表达价值取向。

公共选择学派以“经济人”假设为基础，论证了“政府失败”的表现、原因以及矫正的对策。“政府失败”是指政府的活动并不像理论上说的那样“有效”，具体包括政府政策的低效率与政府工作机构的低效率两种形式。政府政策的低效率表现为政策不能实现资源的最佳配置，这是因为制定这些政策的公共部门领导由于受自利性动机的刺激，在信息不完备以及个人效用最大化的作用下，所制定的政策并不能最大限度地实现公共利益。政府工作机构低效率产生的原因有五个方面。一是缺乏竞争机制，部门领导不会因为工作低效率而被解雇，所以没有压力去提高工作效率。二是政府各部门具有一定的垄断性，公共服务之供给也不用计算成本，所以缺乏降低成本的激励机制。三是作为“经济人”的政府官员总是希望扩大机构规模、增加自身权力、提高自身待遇，导致政府机构的自我膨胀。四是监督信息不完备导致监督失效。五是由于政府的垄断性，公共政策时常以维护公共利益为托词，实质是为某些特殊的利益集团服务的，这些利益集团为了逃避竞争，追求高额的垄断利润，进行各种寻租活动，由此而产生了政府的寻租行为，出现腐败现象。如何矫正“政府失败”呢？布坎南认为，首先，应当推进宪政改革，强化对政府行为的监督。一旦体制出现了问题，不应寄希望于高尚的领导通过提高觉悟来改正，而应该完善约束权力运行的规则，通过程序和规则来规范政府权力的运行。比如，

---

① ［美］布坎南、塔洛克：《同意的计算——立宪民主的逻辑基础》，陈光金译，中国社会科学出版社2000年版，第11—12页。

② ［澳］布伦南、［美］布坎南：《宪政经济学》，冯克利等译，中国社会科学出版社2004年版，第26页。

③ 同上书，第25页。

通过超多数裁决规则取代多数裁决规则来解决投票悖论问题。借助于“需求显示法”完善选举制度，使得投票者所得到的公共物品或服务，能最大限度地接近其真实偏好。其次，在政府工作机构中引入竞争机制，由不同的政府机构提供公共物品，打破单一政府机构对公共物品供给的垄断地位，提高政府工作效率。同时，也可以由私人组织供给公共物品，促使政府机构与私人组织在公共物品供给中竞争，有利于政府部门改进服务、提升效率。最后，改革赋税制度，约束政府权力，制止政府的“自我扩张”。

第三节　经济人、政治人：不宜成为公共行政的哲学基础[①]

人性预设，就是指某一事物产生、发展、变化与消亡的人性方面的根本依据，是决定该事物存在的多种因素中的最本原的哲学基础。它具有前提基础性与最终目标性两个特征，前提基础性是指人性是该事物得以产生和存在的前提，缺乏人性品格的事物终将失去存在的合理性与必要性而消亡。最终目标性是指该事物为了人的需要而生，最终也是为了满足人的多元需要而存在，对人而言，该事物仅仅是满足人的需要方式而已。人性之维的公共行政哲学基础就是指决定公共行政产生、发展、变化与消亡的人性依据，它为公共行政的存在提供哲学依据。比较“经济人”“政治人”

① “经济人”不能作为公共行政的人性基础，学界观点较多，择其要者如下：（1）薛冰认为，经济人假设在理论上只注意了行政行为与经济行为的相似性，忽略了二者的差异性，使行政产出完全商品化了；在实践上对腐化分子、不思进取的行政官僚有较强的解释力，但对积极进取、一心为公的行政官员失去了解释力；重要的是，经济人假设与政府公共利益目标存在冲突。（2）刘瑞、吴振兴认为，政府人是公共人而不是经济人，这是因为经济人假设违背了历史唯物主义关于人性是由社会经济条件决定这一基本常识；是建立在形而上学基础上的一种对部分人的抽象；是一种宗教信仰而缺乏科学性。（3）张康之认为，经济人假设不能适用于公共行政领域，原因在于该假设否认了公共领域的独特性、否认了公共利益的价值内涵以及人的精神与道德属性，假如承认了行政人员是经济人，则有可能使得追求私利的利己要求制度化。（4）刘静暖认为，经济人假设在理论上否定了人的二重属性、人的多重需要，在方法论上陷入了片面化、表面化的误区，所以不适合公共行政领域。这些观点虽有一定的道理，但是，其不足之处在于：一是没有抓住经济人假设与公共行政的核心问题之间的内在关系，所以，所作的论述是分散的，说服力不强。二是有些学者的观点仅仅是批判经济人假设本身的局限性，这种批判由于没有和公共行政发生联系，而缺乏学科特色。

与公共行政的本质属性，“经济人”“政治人”均不宜成为公共行政的哲学基础。

一　定向冲突：经济自利、政治自利与集体行动

公共行政的“定向”即是指公共行政应当研究什么。无论作为一门学科还是一个专业，公共行政的“定向”至关重要。事实上，自公共行政学诞生以来至今，该问题并没有得到解决。传统公共行政将“政治—行政”二分之关系作为公共行政研究之本体，虽然后来的新公共行政从根本上否定了“政治—行政”二分的可能性，但是，“政治—行政”的关系依然被认为是公共行政的“定向”。比如沃尔多就认为“没有比政治与行政的关系更重要的问题了，不论是对经验的、真实世界的小写公共行政而言，还是对研究与教育的、具有自我意识的大写公共行政而言”①。此外，还有学者认为，“关于公共部门的本质及其与其所属的更广阔的社会之间的关系这些基本问题”② 才是公共行政研究的中心问题。在新公共管理出现之后，有学者将“公共行政与其他管理区分开来的特征”③ 作为公共行政研究的核心。这些观点是从公共行政作为一个独立的学科角度而言，是为了凸显公共行政与其他学科的特色，有其合理之处。但是，从公共行政的实质而言，公共行政的“定向”应当是指人类如何采取集体行动管理公共事务，提供公共物品，维护公共利益，从而提升整体的人类福祉。从传统公共行政到新公共行政、从新公共管理到新公共服务，这些范式只是在行政体制设计、管理方式方法创新以及价值取向的重心上有所差别而已，其实质即公共行政的“公共性”并没有发生变化。各范式的差异只是反映了认识的角度不同，以及如何更好地实现公共行政的“公共性”这一品质。因此，公共行政的“公共性”品质决定了“集体行动”才是公共行政应当研究的核心主题。只有探索并总结“集体行动”的规律，才能真正实现公共行政提供公共物品、维护公共利益、提升整体人类福祉的历史使命，才能真正确立公共行政学学科的独立地位。

“政治人”的政治自利主要是指追求最大化的公共权力，“经济人”的经济自利表现为实现物质利益的最大化，公共权力与物质利益的最大化均是人性自利的外在表达形式，“自利性”构成了“政治人”“经济人”

① ［美］杰伊·D. 怀特、盖·B. 亚当斯：《公共行政研究：对理论与实践的反思》，刘亚平、高洁译，清华大学出版社 2005 年版，第 68 页。

② 同上。

③ 同上。

的共同本质性特征。那么，“自利性”作为“政治人”“经济人”假设的核心命题，其与公共行政的“定向”——集体行动——是否具有正相关性呢？是否能够推进人类的集体行动，进而提升人类的整体性福祉呢？答案是否定的。加勒特·哈丁在考察一个“对所有人开放”的牧场中，假设每一个放牧人都是理性的自利人，人人只想收益而不想承担成本，其结局便是一个悲剧。“每个人都被锁定进一个系统。这个系统迫使他在一个有限的世界上无节制地增加他自己的牲畜。在一个信奉公地自由使用的社会里，每个人追求他自己的最佳利益，毁灭是所有的人趋之若鹜的目的地。”① 这就是著名的“公地悲剧”定理。在“囚犯困境博弈”中，若没有具有约束力的协议，参与对弈的双方都能进行自主选择，那么，选择相互背叛而不是合作便是双方的最佳策略，相互背叛的结果就是双方的收益都为零。“囚犯困境博弈”说明了“理性的生灵之间的合作是不可能的”②。另外，传统的集体行动逻辑认为，若存在一个共同利益之目标，则自利、理性的个人会自愿地为促进共同利益而行动。曼瑟尔·奥尔森对此逻辑提出了挑战，认为若一个人不需要支付成本且不能排除在消费集体物品之外，则此人便没有为这些集体物品的供给奉献自身的力量。他的结论是：“除非一个群体中人数相当少，或者除非存在着强制或其他某种特别手段，促使个人为他们的共同利益行动，否则理性的、寻求自身利益的个人将不会为实现他们共同的或群体的利益而采取行动。”③ 以上诸实证材料揭示了纯粹自利的“政治人”“经济人”是无法实现合作的集体行动的。

“公地悲剧”“囚犯困境博弈”“集体行动的困境”之所以会出现，其原因就是“政治人”“经济人”的自利性与集体行动存在内在的冲突。众所周知，纯粹的“政治人”“经济人”的自利性包括两大内容：一是只关注自己的利益，忽视他人的利益；二是只注重自身物质利益（经济人）、公共权力（政治人）的满足，忽略自身其他偏好的实现。这两大特质充分表现了“政治人”“经济人”的自利之本性。而集体行动的逻辑基础是参与行动的个体，在充分考虑其他个体的自我利益基础上，通过合作形式实现集体行动的自设目标。纯粹自利的“政治人”“经济人”是无法实现合作的集体行动的。这是因为以追求自身净福利最大化为目的的

① ［美］埃莉诺·奥斯特罗姆：《公共事务的治理之道：集体行动制度的逻辑》，余逊达、陈旭东译，上海三联书店2000年版，第11页。

② 同上书，第15页。

③ 同上书，第17页。

"政治人""经济人"，"每个人只考虑自己的个人成本，而不考虑对他人强加的社会成本。许多个人会选择'占着茅坑不拉屎'的策略，寻求自己的优势，而不顾对他人的后果"①。在利益最大化的选择策略中，这些人会积极地隐藏对自身不利的信息，认为违背诺言并非不合适，拒绝承担自己对集体应尽的义务，逃避责任，成为一个不折不扣的"机会主义者"。他们会利用他人的共同行动所创造的机会谋取一己私利，"拒不合作"是"机会主义者"在集体行动中的最佳策略。"拒不合作者将自由地攫取由其他人自愿合作行动创造的好处。只要每个人自由地决定其自己的行动进程，每个人就很可能选择拒不合作的策略。拒不合作者的存在是任何自愿共同行动解决方案稳定性的威胁。"② 归根结底，自利的"政治人""经济人"假设是建立在人性恶的基础上，每个人都是冷漠的原子个体，人与人之间的关系定位为敌对关系而非合作关系，一个人所得源于另一个的所失，并没有看到合作共赢对每个人福利提升的好处。另外，源自"政治人""经济人"假设的片面性。"政治人"假设的片面性仅将公共权力作为其全部内容；"经济人"假设的片面性过度抬高了人的物质利益需求，却忽视了人的心理、情感等需要，否定了人作为一个社会关系总和的本质。在追逐最大化利益过程中，一旦缺乏有约束力的协议，背叛而不是合作当然是理性"政治人""经济人"的最佳策略。

人类管理公共事务的集体行动源于人的利他本性。利他作为人之为人的一种本性，天然地具有抑制自身利益、为他人利益或集体利益而行动的趋向。在单个的个体无法实现某一目标时，在利他本性的驱使下，处于集团内部的个体会采取合作行动实现共同的目标，集体行动由此而产生。人为何会从事利他的行为呢？伦理学认为，利他行为的出现是源于人的两种情感：道德情感与非道德情感。道德情感是指人人皆有成为道德高尚之人的心理需要，这种情感可以引发人的利他之行为，在从事利他行为的过程中，人们满足了自己"成圣成贤"的情感需求，这也是人之为人的崇高理想。所以，冯友兰总结为"求自己的利，可以说是出于人的动物倾向，与人之所以为人者无干……为实现人之所以为人者，我们可以说，人应该求别人的利"③。非道德情感与道德情感不同，前者是人的一种本能表现，而后者是人经过后天的教化而形成的道德需要。非道德情感是指人人都有

---

① ［美］文森特·奥斯特罗姆：《美国公共行政的思想危机》，毛寿龙译，上海三联书店1999年版，第64页。

② 同上。

③ 冯友兰：《三松堂全集》（第1卷），河南人民出版社1985年版，第556页。

爱人之心。爱人之心是人与动物皆有、不学而能的自然情感，包括报恩之心以及同情之心，报恩之心使人懂得决定个人生存与发展的利益、资源是社会和他人给予的，同情之心使人能够由己及人，即“己所不欲勿施于人”。因此，在伦理学家看来，人们积极参与集体行动，在合作中消弭社会冲突，解决人类整体的生存与发展问题，是因为人的利他本性。一方面，参与集体行动可以完善自我品格，满足自身的道德需求；另一方面，人的爱人之心使人懂得，只有在集体行动中，考虑他人利益，才能使自己的福利得到提升，因为人是社会关系的总和。

当代经济学尤其是桑塔费学派认为，人类利他行为的发生是因为一种“强互惠”的行为。这种“强互惠”行为可以抑制纯粹自利“政治人”“经济人”的机会主义，通过对逃避责任者、搭便车者的惩罚，可以促进人与人之间的集体行动，从而提升人类的整体福利。“强互惠”行为也称为“利他惩罚”，该行为的特征是：在与别人合作的团体中，某些人自愿支付成本去惩罚那些背叛者，即使那些背叛者的行为并没有直接损害其利益，在明知其用于惩罚背叛者的成本不能得到补偿的情况下也会这么做。在经典的公益品博弈实验、最后通牒博弈实验、劳动市场博弈实验以及偷袭者博弈实验中，都证明了“强互惠”行为对集体行动的作用。“强互惠”行为是建立在生物进化中的群体选择理论基础之上的。该理论主张“物竞天择，适者生存”的生物进化历程是以种群为基础的，“当生物个体的利他行为有利于种群利益时，这种行为就可能随种群利益的最大化而得以保存”①。与完全缺乏利他行为的生物种群相比较，一个具有为他人献身精神的种群有更强的生存适应性。所以，具备利他主义精神的“强互惠”行为与生物学的进化理论是相吻合的，也说明了利他属于人的自然本性之一。正是在利他本性的驱动下，为了提升整体福利的集体行动才有可能。

总之，原子式的、纯粹追逐公共权力最大化的“政治人”，寻求自身物质利益最大化的“经济人”，由于将人与人的关系定位为对抗关系，选择背叛而非合作是其必然逻辑结果，这才符合理性“政治人”“经济人”假设的理论体系。在没有外力的约束下，合作共赢的集体行动是无法产生的。这种人性假设只能解释一部分交易行为，对于交易之外的合作行为是无法解释的，更无法解释管理社会公共事务的集体行动，因为这种集体行

---

① 叶航、汪丁丁、罗卫东：《作为内生偏好的利他行为及其经济学意义》，《经济研究》2005 年第 8 期，第 86 页。

动不是交易行为，而是一种为他人和人类整体服务的行为。事实上，从事社会公共事务管理的集体行动作为人与人之间的合作行为，关键是源于人的趋社会情感，这些情感包括羞耻之心、负罪之感、同情、自我品格的完善以及对社会制裁的敏感性等。人的趋社会情感导致了行动者从事建设性的社会互动行为。“如果没有趋社会情感，不管怎样加强契约制度、政府法律的强制力和提高声誉，我们都会成为反社会的人，而且人类社会将不会存在。”①

二　定位差异：个人本位、国家本位与社会本位

“定位”是指在什么地方发现。就思维的普遍意义来说，“个人与社会的关系”是人文社会学科必须首先明确的主题。从“个人”还是从“社会”出发来探讨学科研究对象、总结研究对象的生成演化规律，并最终建构自身的学科体系，即为“在什么地方发现”的问题，也就是指学科的“定位”问题。个人与社会的关系大致有两种：个人本位与社会本位。前者的理论渊源是“唯名论”，认为个人才是不依赖于外物存在的存在，社会是空名而非实体，是由一群“同心人”结合而成的群体，对实体的个人存在而言，空名的社会是满足个人需要的工具。后者的理论渊源是“唯实论”，社会是一种客观实体，是独立于个人的一种存在，绝非个人简单的结合，相反，社会对个人具有强制性和独立的利益诉求。

1.“经济人”的个人本位与公共行政

“经济人”作为市场经济的主体，其特征有两点：一是毫不相干且冷漠的个人只关注自身利益，其他人的利益永远在其考虑之外；二是这些原子式的、孤立的个人只有通过交换才能满足相互的追逐私利之目的。这种特征表明了“经济人”是与“个体本位”一致的。它认为个人优先于社会，个人利益是第一位的，处于所有利益束集的核心与主导地位。若有群体、国家利益存在的话，群体、国家利益也只有在优先满足个人利益基础上，才有存在和促进的正当性。个人利益能否满足是验证群体、国家利益合法性的唯一标准。“经济人”假设之所以是以个人为本位，源于这种假设的个人主义方法论以及个人主义价值观。个人主义作为一种描述性概念，其表现形式是方法论个人主义，它认为个人是任何社会解释的核心，任何

① ［美］金迪斯、鲍尔斯等：《人类的趋社会性及其研究：一个超越经济学的经济分析》，浙江大学跨学科社会科学研究中心译，世纪出版集团、上海人民出版社 2006 年版，第 56 页。

关于社会的论断都应该以组成社会的个人为根据，“没有社会这种东西，只有个人和他们的家庭”[1]。作为一种规范性概念，个人主义的表现形式是个人主义价值观，主张个人的需要和利益与社会相比，应当处于优先地位，社会应该按照使个人受益的目的来建设和规划。个人主义学说是资本主义社会发展的结果，它因为赞扬了人对物质利益的追求，讴歌了人相对于其他主体的优先性，把人从中世纪的宗教禁锢中解放出来，从而极大地激发了个人的创造性，促进了人类社会的经济发展。但是，由于个人主义过于强调自我支配、自我控制、不受外来力量控制的自我，过于强调一切价值以个人为中心，把社会“矮化”为实现个人目的的手段，极易把人变成贪婪、自私的人，从而在根本上破坏人类整体福利。所以，对个人主义的批判从未停止过。“在社会主义者看来，个人主义促进了贪婪和竞争，削弱了共同体的联系；在保守主义者看来，个人主义带来了不安全感和无根底感，并损害了传统价值；而在共同体主义者看来，个人主义使社会丧失了建立道德秩序和激励集体奋斗的能力。”[2] 马克思认为，以个人主义为指导的“经济人”假设，因为在价值观上突出了个人本位，只讲个人私利，所以导致了人类经济秩序的混乱，一切人反对一切人的后果就是这种追逐私利、不顾公益的“经济人”所造成的，以私人利益满足为中心的价值观，不是对普遍的肯定，而是对普遍的否定。恰恰相反，个人追求的私利本身就是社会决定的利益，只有在社会造就的条件下，并使用社会所提供的手段，私人利益才能实现，没有脱离社会的私人利益。

个人本位的“经济人”假设不适用于公共行政领域。一方面与公共行政的基本特质不契合。首先，公共行政属于“行政系络的治理活动”，是行政主体运用公共权力、管理公共事务、维护公共利益的一种活动。在治理过程中，权力主体与权力所指向的对象之间发生的关系是一种权力关系，这种权力关系突出了主体地位的不平等性、治理对象的不可交易性以及行政主体的职权性。而个人本位的“经济人”主要是一种市场经济的主体，从事的是交易活动，在交易过程中所发生的关系属于经济关系。单个的经济主体在与另外一个经济主体发生关系时地位平等，通过交换这种形式各自获得自身的利益，交换的内容具有可交易性，交换行为的非职权性，主导这种交换关系的只有各自的利己心、私人利益和特殊利益。治理

① ［英］安德鲁·海伍德：《政治学核心概念》，吴勇译，天津人民出版社 2008 年版，第 165 页。

② 同上书，第 167 页。

过程所发生的权力关系与经济交换关系因属性不同而无法兼容。

其次，公共行政的本质属性是“公共性”，表现在公共行政主体、价值观、手段以及目标的公共性。个人本位的“经济人”假设，其本质属性是私人性，包括主体、价值观、手段、目标的私人性。主体方面，公共行政主体是代表民意、履行公务、权力法定、从事公益性活动的主体，“经济人”是独立于社会而存在的、原子式的孤独个体，在从事交换行为时，只是为了满足自身利益，在法定权力的保障下从事营利性行为，缺乏“公共性”。价值观方面，公共行政主体必须以公平正义、伦理责任、民主法治作为行动的价值观，“经济人”则是以成本最小、效益最大作为自己的行动指南，除了自身利益最大化之外，其他的价值取向不在其考虑范围之内。手段方面，行政系络治理活动的生命线是公共权力，所有的行政实践活动都是以公共权力的强制性作为后盾。而“经济人”的交换活动并不是权力行为，交换的产生主要来自双方各取所需的平等“合意”。目标方面，公共行政是维护公共利益，它独立于国家利益、群体利益和个人利益，是不特定多数人的利益。“经济人”的行动目标是实现私人利益，从个人本位出发，公共利益要么不存在，要么就是个人利益的简单相加之总和，“经济人”的行动之所以会考虑所谓的公共利益，无非是以公共利益为手段来实现自身的私人利益，私人利益才是最终的行动目的。

另一方面，个人本位的“经济人”假设违背了个人与社会的辩证关系，无法为公共行政的理论建构、公共行政实践的推进提供方法论与价值观的指导。在个人与社会的关系问题上，个人是社会的人，离群索居的人是不存在的，社会也是由人组成的社会，没有个人的社会只能是一种空洞的概念，二者相互关联、不可分割，是一种辩证统一的关系。但是，个人与社会的关系不是并列关系，人的社会性本质决定了，社会占主导地位，是主要方面，相比个人而言更具根本性。因为社会为个体的人的生存、发展提供了物质条件，人的思维、语言、智慧、能力只有在社会中才能形成和发展，人的自然需求与精神需求也只有依靠社会提供的条件和手段才能满足。所以，“孤立的、个别的人，不管是作为道德实体或作为思维实体，都未具备人的本质。人本质只是包含在团体之中，包含在人与人的统一之中”①。鉴于公共行政是对社会公共事务的管理过程，应当从“社会”出发而不是从“个人”出发，来总结管理规律、提升管理的效能。因此，以个人为本位的“经济人”假设在“定位”上与公共行政相矛盾，不能

① 《费尔巴哈哲学著作选集》（上卷），生活·读书·新知三联书店1959年版，第185页。

适用于公共行政领域。

2. “政治人”的国家本位与公共行政

追求公共权力最大化的“政治人”是以国家为本位的个体。“政治人”的国家本位，是指拥有并行使公共权力的国家公职人员，以国家意志为自身行动的意志、以国家利益为行动目标，来研判公共事务、采取集体行动、解决公共问题。事实上，“迄今为止，无论在理论上还是在实践上，群体利益都被作为形成政治的最本质内容而被重新组织起来”①。国家也成为政治人追求公共权力、实现自利目的的物质载体。国家本位的“政治人”区别于个人本位的“经济人”，单个的政治人在运用公共权力时，只能代表国家的意志而非个人意志，对国家负责而非对个人负责，从而获得了形式上的“公共性”。韦伯在阐述官僚制时，对国家本位的“政治人”的形式公共性进行了分析，他认为，政府官员“对于现代的忠于职守的特殊性质来说，决定性的是，它在纯粹的类型中，并不……建立同一个人的关系，而是它报效于非个人的客观目的。……政治的官员至少在充分发展的现代国家里，不被视为一个统治者个人的侍役。”②

“政治人”之所以以国家为行动的本位，表面原因在于他们生活的物质来源及其社会评价是由国家所提供。“对某人的生活有控制权，等于对其意志有控制权。”③ 然而，本质的原因是源自公共权力的“共有性”。公共权力的“共有性”是指政治人行使的权力为全体国家成员所共有，而非成员个人所私有。换言之，权力的共有性决定了政治人从事政治活动，应当以国家的意志与利益为行动的出发点和皈依。权力的共有性是从“所有权”与“使用权”相分离而言的，即国家的权力所有权属于全体成员所组成的集体，而使用权属于该集体内的某些机构或成员。在现代民主国家，“权力主体的所有者往往不是个人（国王或私法人等除外），而是机构、组织、法人或国家等作为整体存在的那个实体，权力的所有者和使用者常常是分离的，权力的使用者是这个实体中的少数人”④。“政治人”具体掌握并行使的公共权力，来源于国家法律法规的授权，在形式上属于“第二次”授权。其逻辑关系是：人民通过宪章授权给国家，国家再依据

① ［美］哈罗德·D. 拉斯韦尔、亚伯拉罕·卡普兰：《权力与社会：一项政治研究的框架》，王菲易译，上海人民出版社 2012 年版，第 45 页。

② ［德］马克斯·韦伯：《经济与社会》（下卷），林荣远译，商务印书馆 1997 年版，第 281—282 页。

③ ［美］汉密尔顿、杰伊、麦迪逊：《联邦党人文集》，商务印书馆 2004 年版，第 396 页。

④ 马岭：《宪法权力解读》，北京大学出版社 2013 年版，第 7 页。

法律法规授权给公职人员，人民对国家的授权属于“第一次”授权。第一次授权体现了权力所有的“共有性”，第二次授权则是确证了权力行使的“私人性”。由于权力的国家授予，权力行使者不能以私废公，“政治人”在履行公共治理职能时，必须遵循国家意志、维护国家利益，若以权谋私将会受到国家的否定性评价，从而受到惩罚。综观人类关于权力制约的理论与实践，无不是基于权力的共有性之前提，设计出如何防止权力蜕变为私人所有的制度，来保持权力的集体所有之性质。只有维护了权力的共有性，才能最大限度地整合资源，形成行之有效且持续的行为模式，对内增强团体成员的凝聚力，对外可获得其他权力主体的认同与支持，提升“政治人”所在团体（国家）的合法性。

因公共权力的“共有性”而获得了形式公共性的“政治人”，尽管在公共权力属性方面与公共行政具有一致性，但是，仍不宜成为公共行政的哲学基础。一方面，政治人的国家本位实质是以实现阶级统治为本位，恩格斯指出：“国家无非是一个阶级镇压另一个阶级的机器”①，它的本质在于阶级统治。尽管在实行阶级统治过程中，国家也需要履行特定的公共管理职能，但是，公共管理只是实现阶级统治的手段而非目的。通过履行特定的公共管理职能，国家获得了社会公共形式，不过，国家的社会公共形式并不能代替它的阶级本质。在阶级社会中，公共管理尽管也具有一定的阶级属性，并运用组织力量来维护阶级统治。但是，由于公共管理的公共性，其与阶级统治具有本质区别。首先，阶级统治是以维护统治阶级的主体地位为出发点，公共管理的出发点却是实现公共利益。其次，阶级统治以构建统治权威与服从关系为基本内容，公共管理的基本内容是公共服务。最后，阶级统治通过控制矛盾和冲突以实现统治秩序的安全稳定为价值取向，公共管理通过解决公共问题以实现公共生活的效率与公平为价值取向。

另一方面，国家本位的政治人维护的利益是国家利益，其与公共行政所维护的公共利益有一致性也存在冲突。国家利益在国际政治范畴指的是民族国家的利益，国内政治范畴是指政府的政权利益。政府的政权利益既包括统治阶级的利益、政府机关的利益以及政府机关工作人员的利益等，也包括政府辖区的公共利益，这是由政府的双重身份所决定的。统治阶级利益、政府机关利益以及政府机关工作人员利益具有排他性和封闭性，其与公共利益的共享性、开放性存在冲突。在政府的政权利益层次中，统治

① 《马克思恩格斯选集》（第3卷），人民出版社1995年版，第13页。

阶级利益占据核心地位，因为“国家是维护一个阶级对另一个阶级的统治的机器”[①]，阶级统治的实质就是维护统治阶级利益。政府虽然也需维护辖区内的公共利益，其目的还是实现统治阶级利益，在公共利益与统治阶级利益相冲突时，牺牲公共利益以保全统治阶级利益是国家本质力量外化的必然逻辑。

3. 公共行政的社会本位观

公共行政应当是以社会为本位的一种行政活动。行政主体必须从社会整体角度从事社会公共事务的管理，充分体验社会相对于个人、国家而言具有自身独立的价值意义，化解社会矛盾、稳定社会秩序、保障社会公平、实现社会整体的福利水平是公共行政的行动目标与归宿。从行政组织的设计、行政决策、行政执行到行政监督都应以社会公共利益的满足为标准，而不能以个人权力至上、个人利益至上或者国家利益至上为准则。公共行政以社会为本位的理论渊源之一是集体主义。它体现了人的社会性本质，意味着社会作为一个有机整体具有独立的存在价值。“宽泛地讲，集体主义是一种认为人类的集体努力比个人奋斗具有更高的实际价值和伦理价值的观念。……集体主义是社会主义意识形态的重要组成部分。在社会主义者那里，集体主义既是伦理的，也是经济的：在伦理上，合作形式的集体努力，能够在我们共同的人类性基础上增进社会团结和对人类同伴的责任；在经济上，与个人奋斗而造成的浪费性竞争相反，集体主义能够使社会的集体力量以合理与高效的方式来得到利用。”[②]

不过，公共行政的社会本位，并不意味着因为强调社会公共利益而抹杀私人利益、国家利益，并不意味着因为强调共同的社会身份而抹杀私人的个性与多样性，并不意味着因为强调社会的作用而消解了国家的公益性。公共行政的社会本位反对的是忽视公共利益的个人或国家本位。相反，公共行政的社会本位绝不能以社会整体压制私人个体、侵吞国家固有的领域，所追求的社会公共利益一定是反映了个人利益以及国家利益的一种利益，因为没有个人与国家作为参照物，社会也就变成了一种空洞的名词。在个人与社会的关系上，公共行政的社会本位一方面强调群体的主体观念，另一方面也要让群体中的个人保持足够的主体性，只有这样，社会群体在整合个体的力量时才能取得良好的效果，实现群体应有的功能。若

① 《列宁全集》（第37卷），人民出版社1986年版，第66页。

② ［英］安德鲁·海伍德：《政治学核心概念》，吴勇译，天津人民出版社2008年版，第150—151页。

一味突出群体的主体性而抹杀群体中的个体主体性，则无法实现群体对个体力量的整合，也将无法实现群体的功能。

三　定性不同：市场活动、政治活动与行政活动

作为社会存在的人，其意志的表达与需求的满足有赖于实践活动，实践活动揭示了人的存在的不同意义。“经济人”从事的市场活动标明了人的经济属性，“政治人”的政治活动确证了人的政治属性，人的实践活动属性不同为理论研究奠定了分析的基础，也是构建不同学科理论体系的基础。

1.“经济人”的市场活动与行政活动

自利、计算理性与市场活动构成了“经济人”假设的三个不可分离之要素，自利是目的，在成本—收益计算理性的推动下，通过市场活动这一手段实现“经济人”的自利性目的。所以，市场活动构成了“经济人”假设的现实品格，只有在市场活动中才能将“经济人”的自利本性充分展示出来。但是，与私人领域的市场活动不同，在治理社会公共事务过程中，行政主体运用公共权力解决公共问题的活动是一种行政活动，公共性是其本质属性，而“经济人”所从事的市场活动，具有私人属性，二者“定性”存在本质的差异，这种差异决定了“经济人”假设不宜适用在公共行政领域，成为建构公共行政理论、指导公共行政实践的人性基础。

具体而言，“经济人”市场活动的私人性与行政活动的公共性存在三方面的差异。

（1）主体属性不同。从事市场活动的“经济人”属于私法主体，无论是自然人还是公司法人，在私法领域它们都是“尽可能地自由且平等，既理性又利己的抽象个人，是兼容市民及商人的感受力的经济人”[①]。私法主体的平等排除了性别、财产状况以及社会地位的悬殊，都是无差别的抽象的“人”。私法主体的理性则意味着人人都有感受外部世界并总结世界发展规律的能力，意味着人人在把握外部世界进程中都有自主安排自己生活的能力，“经济人”的理性具体指的是成本—效益核算能力。更重要的是，私法主体是利己的人，“完全为自己不为他人，这似乎是一切时代为主子者所遵守的可鄙格言”[②]。尽管在追求私利的过程中，通过良性的

---

① ［日］星野英一：《私法中的人》，王闯译，中国法制出版社2004年版，第7页。

② ［英］亚当·斯密：《国民财富的性质和原因的研究》（上卷），郭大力、王亚南译，商务印书馆1983年版，第375页。

市场运作机制可以促进公共利益的实现，但是，在本义上，利己的“经济人”既不打算促进公共利益，也不知道从何种途径来促进，“主观为己，客观为他”或许是“经济人”从事市场活动的真实写照。总之，私法主体是权利主体，在不妨碍其他权利主体享受权利的同时，可以自由行使自己的权利，并且同种类的私法主体享有同等的权利，尊卑差别、长幼有序的“身份”基础，不适用在私法主体的权利能力平等之上。另外，由于权力来源的公共性，从事行政活动的主体属于公法主体，亦即运用公共权力、履行公务活动的主体。具体包括政府以及履行公共治理职能的社会组织。社会组织假若接受国家的授权，则属于授权行政主体，是公法主体。社会组织假若依据团体组织自身的授权，解决团体自身事务时，也属于公法主体，只不过此时的公务活动属于社会公共行政活动。这些公法主体的设立必须依据法律、法规规定，具有固定的职权与职责。公法主体在履行公共治理职能时必须受到法定程序的限制，违法行政则要追究政治、法律与行政责任。公法主体既不自由也不平等，职能法定拘束了行政主体的行动自由，而行政主体的管辖权大小则固化了公法主体的地位不平等性。同时，公法主体也不是完全理性的，因为组成这些主体的自然人不是完全理性的。公法主体更不能以自利为目的，一旦以自利为目的，则其合法性将会遭到否定，具有主权地位的人民便会创设新的、以公益为目的的公共行政组织取代旧的组织。所以，与私法主体是一权利主体不同，公法主体是一义务主体，并不能享有私法主体的权利。这是因为：其一，权利本身是建立在自然人的尊严与自由之上的价值体系，而公法主体的活动，却无法表现自然人的人性尊严和自由。其二，公法主体在行使公权力履行其职能时，本身即是公民权利拘束的对象，也是公民权利之义务主体，若承认其得主张权利，则公法主体同时成为权利人与义务人，二者身份相矛盾。其三，除国家外，其他公法主体在性质上乃是“国家延长的手臂”，与国家之间具有“行政一体性”之关系，若是权利主体，则国家一旦决定将某一公任务收回，而裁撤某一公法人，公法人遂以其享有权利而对抗国家，如此一来，有可能造成国家行政组织的瘫痪。

（2）价值取向不同。市场活动的价值取向是效率，即以最小的成本获得更多的收益，或者说是在收益一定的条件下投入的成本最小。这是因为市场经济是一种竞争经济，竞争的结果便是优胜劣汰，没有效率就没有竞争的实力，无效率的市场活动必然会失败。“竞争是提高生产率的最理想手段。"① 与此不同，由于公共行政作为一种对社会价值权威性分配的活动，多元利益关系交织一起，需要处理因多元利益关系不同而导致的社会冲突，为保持和谐的秩序推动社会向前发展，其价值取向更主要的是社会公平而非效率，所以，新公共行政学派在总结传统公共行政的价值取向时，主张"社会公平"应当成为公共行政学的核心价值，并将社会公平定性为实质公平，"与平等对待所有人不同的是，公平强调的是给予那些处于最不利地位的人更多的福利"②。

（3）活动性质不同。市场活动是一种契约活动，是平等主体之间的"合意"行为。自由构成了契约活动的精神内核，"契约自由作为一般行为自由的组成部分，……它也是自由经济不可或缺的一个特征。……契约自由在整个私法领域具有重要的核心作用"③。契约自由首先意味着双方订立的契约是契约当事人相互同意的结果。其次是指是否缔约、与谁缔约、契约内容为何、缔约方式怎样都由双方当事人自由选择，不存在一方凭借地位的差异强制另一方订立契约之问题。市场经济主体的自主性与平等性、缔约当事人的可选择性、交换分配的公平性构成了契约自由的经济基础。民主的政治制度是契约自由的政治基础，因为在强调身份地位高低的专制制度中，自由是不存在的，只有在国家与市民社会相分野、私权利与公权力边界厘定的民主社会中，契约自由才能真正地实现。相反，行政活动是一种权力活动，行政主体在运用公权力管理公共事务时，权力所指向的对象即行政相对人与行政主体之间并不是平等关系，而是管理与被管理、命令与服从的关系，与行政相对人的意志相比较，行政主体的意志具有优先性。若契约活动的精神是自由，则行政活动的生命是秩序，是对自由滥用所导致的社会秩序紊乱的一种矫正，因此，行政活动具有强制性。正是因为行政活动是一种权力活动，其对行政相对人的权益危害较大，所以依法行政构成了行政活动的法治基础，首先是行政合法性原则对行政活动的拘束，行政合法性是指行政职权必须基于法律的授予才能存在；行政职权必须依据法律行使，不得违法；行政授权、行政委托必须有法律依据，符合法律要旨。其次是行政合理性原则对行政自由裁量权的规范，认

① ［西德］路德维希·艾哈德：《来自竞争的繁荣》，祝世康、穆家骥译，商务印书馆 1983 年版，第 154 页。

② ［美］罗伯特·B. 登哈特：《公共组织理论》，扶松茂、丁力译，中国人民大学出版社 2011 年版，第 90 页。

③ ［德］罗伯特·霍恩等：《德国民商法导论》，楚建译，中国大百科全书出版社 1996 年版，第 90 页。

为行政自由权除了要遵循行政合法性原则之外，还应当满足合理、适当和公正的要求，使得行政活动在结果上达到一种公平的状态。总之，“无法律则无行政”的法治原则为行政活动构筑了一道不可逾越的樊篱，而在市场活动中，“法不禁止则自由”的规则就是契约自由的法治保障。

从功能主义视角而言，履行公共治理职能的行政活动，就是为了矫正以自利为目的的市场活动所带来的局限性。比如市场垄断起源于契约自由，在契约自由的庇护下，强者越强而弱者越弱，垄断得以形成，以自由为借口的垄断反过来却削弱了市场主体的自由，使得价值规律与市场调节机制失灵。另外，市场活动主体的计算理性促使他们只投资能够迅速产生收益的短期项目，对那些长远的、能够给社会带来集体收益的公共服务项目则是避而远之，致使整体社会福利下降。为了实现最小投入而回报最大的经济目的，理性的“经济人”不愿花费成本去治理外部性问题，环境污染、生态破坏等问题时常出现，这些问题将直接影响着人类的生存与发展。从经济垄断到环境污染等问题，若没有外力的强制作用，单纯依靠市场本身是无法消解的。行政主体从社会本位出发，在公平、秩序与安全等价值理念的指导下，通过制定统一的法律法规，设立市场准入的标准，打破不正当竞争，冲开市场垄断的禁锢，重新恢复自由竞争的市场秩序，保护市场主体的自由。行政主体通过严格执法，惩治那些唯利是图并给社会带来危害的市场主体，消除外部性问题，为人类生存发展提供良好的自然环境与社会环境。此外，行政主体通过行政给付等手段，实现公共服务均等化，为那些社会弱势群体提供物质帮助，从市场活动的形式正义走向实质主义，真正让人过上有尊严的生活，这就是行政活动的应有之义，也是区别于市场活动的本质所在。

2. “政治人”的政治活动与行政活动

政治活动是政治主体能动性的集中体现，是政治主体的意志的产物。政治主体的意志多样性，导致他们所从事的政治活动也必然复杂多样。以国家为本位、掌握并运用公共权力的“政治人”，其核心的政治活动应是政治统治，这是由于保持权力地位、实现自身的统治利益和要求是建构任何政治关系的出发点，占据了政治人的政治生活的核心地位，其他政治活动均是以维护政治统治为目的而展开的。尽管政治活动与行政活动在公共权力、权力主体以及领域等方面有一定的交叉和重叠，但是，以统治为核心的政治活动在活动目标、方式以及人性假设等方面，与行政活动具有质的差异。故此，“政治人”假设不适宜成为公共行政的哲学基础。

首先，活动目标的差异。以统治为核心的政治活动，其活动目标在于维护统治秩序，“所谓统治秩序就是社会中处于主导地位的经济关系和政治关系的总和。其内容包括：（1）作为统治阶级经济基础的特定生产关系；（2）由占统治地位的生产关系所决定的统治阶级在国家中的社会、政治地位；（3）以最基本的统治和被统治关系为基础的社会政治制度；（4）反映以统治阶级利益为基础的人们相互关系的法律体系；（5）以统治阶级的意识形态为主导的社会基本意识形态体系；（6）在上述基础上形成的社会、政治传统和习惯等等”①。统治秩序反映了阶级对抗状态时的内在要求，政治统治也就是将统治阶级利益普遍化的一种过程与行为。与以维护统治秩序的政治统治不同，行政活动的目标是最大限度地提供公共服务，以便提升人类的整体福祉。“就公共行政而言，最重要的并且最有价值的就是我们为公民服务以增进共同的利益。公共行政官员要负责改进公共卫生状况，要负责维护公共安全，要负责提高我们的环境质量，以及许许多多的其他工作任务。从根本上来看，无论是就他们而言还是对我们来说，真正重要的不是我们所做的工作多么有效率，而是我们怎样促进了大家生活水平的改进。”② 尽管统治秩序的维护与公共服务的提供有一定的复合性，但是，立足点有本质区别：统治秩序反映了统治阶级的整体利益和根本利益，阶级性是其本质特征；而公共服务的对象是公民，不论其属于统治阶级还是被统治阶级，只要是公民，都应成为公共服务的对象，目的是通过提供最优良的公共服务，来提升人类社会整体福祉，全民性是其本质特征。

其次，活动机制的不同。政治统治是统治阶级运用国家强制力将统治秩序强加于社会的过程，国家权力的运行是政治统治的核心内容，权威与服从、控制与依附构成了政治统治过程的主要特征。行政活动也是一种公共权力的活动，但在活动机制方面与政治统治有所区别，具体表现在：一是主体性质不同。政治统治的主体一定是政府机构，行政活动虽然也需要权威，但行政活动的权威并非一定是政府机构，也可以是私人机构，还可以是政府机构与私人机构的共同合作。英国学者斯托克认为，“治理指出自政府，但又不限于政府的一套社会公共机构和行为者”③。二是权力运行方式不同。政治统治的实质就是运用以控制和约束为特征的权力维护统治秩序，其权力运行方向总是自上而下的。统治阶级凭借掌握的政治权力

① 李景鹏：《权力政治学》，北京大学出版社 2008 年版，第 103 页。

② ［美］珍妮特·邓哈特、罗伯特·邓哈特：《新公共服务：服务，而不是掌舵》，丁煌译，中国人民大学出版社 2010 年版，第 2 页。

③ 俞可平：《治理与善治》，社会科学文献出版社 2000 年版，第 34 页。

和政治资源，通过发号施令、制定和实施政策等政治手段，对社会公共事务实施单向度的管理，以便构建并维护符合统治阶级整体利益的统治秩序。行政活动中的权力运行方向是多向度的，既有自上而下的控制与服从，但更多的是上下互动、左右联合的管理过程，主要通过合作、协商、伙伴关系，确立公共目标以合作共赢方式来解决公共问题、提供公共服务。这是因为公共事务的复杂性需要各行政主体通力合作，单个主体的知识与能力无法解决日趋复杂的公共问题。“相互交换资源以及协商共同目的的需要导致的网络成员之间的持续互动。”① 这是一种权力依赖关系。三是价值取向不同。政治统治本质上是为了维护统治秩序，通过构建权威与服从关系来实现统治阶级的整体利益。行政活动则是以实现公共利益为价值取向，“公共利益不是某种只是因为公民个人的选择、组织程序和选举政治之间的相互作用而‘发生’的事情。更确切地说，明确地表达和实现公共利益是政府存在的主要理由之一”②。

最后，人性假设的分歧。传统政治统治的人性假设是“理性政治人”，认为从事政治活动的政治人具有完全理性，有足够的能力和知识处理政治事务，通过充分认识并运用国家权力的广度、强度与密度，能够构建一套运行顺畅的统治体系，对其他主体天然地不信任。然而，在公共行政领域，自西蒙提出行政人的有限理性之后，“有限理性”成为行政活动的认识论基础。“认为公共行动者在不确定的风险社会，不可能获得相关公共问题的所有信息，不可能拥有处理信息的完备能力，也不可能绝对理性地进行决策选择。”③ 但从事行政活动的人员能够利用有限理性，通过构建与其他主体的合作机制，改进行动方案、克服单个主体在知识与能力方面的局限性，抑制机会主义，在互利互惠基础上采取合作行动实现公共利益。

---

① 俞可平：《治理与善治》，社会科学文献出版社 2000 年版，第 96 页。

② ［美］珍妮特·邓哈特、罗伯特·邓哈特：《新公共服务：服务，而不是掌舵》，丁煌译，中国人民大学出版社 2010 年版，第 47 页。

③ 孔繁斌：《公共性的再生产：多中心治理的合作机制建构》，江苏人民出版社 2012 年版，第 31 页。

第三章 公共行政的“公共人”预设之阐释

“政治人”“经济人”假设因与公共行政的本质性规定相矛盾，不宜成为公共行政的哲学基础。事实上，科学研究人性问题，并非主观武断地臆测，尚需遵循一定的方法论原则，结合具体实践活动的特殊性才能作出合理的预设。履行公共治理的行政人员，首先是一群现实的完整的人，同时也是被公共行政职业规范所塑造的人，他们兼具普通人的人性需求与职业人的伦理道德，是一种“伦理的存在”。在治理活动过程中，人的“伦理存在”决定了行政人员应当是接受公众委托、提供公共服务、实现公共利益最大化的“公共人”。公共问题的治理、公益优先的价值取向以及公共行动的达成等公共行政的“大问题”，均需行政人员以“伦理存在”的“公共人”身份去解决，否则无法实现公共行政的价值目标。

第一节 人性预设的方法论原则

“方法论原则就是介乎于哲学世界观和实际应用的研究方法之间的中间层次，是哲学方法论对一般科学方法论和具体科学方法论发挥指导作用的中介环节。”① 方法论原则作为方法论体系的灵魂，影响人性预设研究的整个过程，支配研究方法和研究工具的选择及运用，指导研究途径和研究步骤的探索及规划，规范研究态度和行为准则的形成及遵守。人性预设作为公共行政研究的逻辑起点，必须遵循科学恰当的方法论原则，才能对公共行政的人性预设作出较为合理的抽象。

---

① 陈波：《社会科学方法论》，中国人民大学出版社 1989 年版，第 85 页。

一 科学原则和价值原则辩证统一

科学原则是从人的客观实在性出发，把人放到现实世界中进行考察，以探究人的外部客观世界及其对人的主体世界的制约和影响。它肯定人的客观实在性，将人视为受客观现实制约的客观存在物，遵循现有原则和客观原则，从人的社会基础或现实生活考察“人实际是什么样”的问题。

研究公共行政的人性预设时，应坚持科学原则，立足于行政人员的客观存在性，考察公共行政的主客体、手段、目标和实践等方面的客观现实，深入挖掘这些客观现实对人性的影响，从中寻找行政人员的真实本性。从公共行政的主客体来看，行政主体包括政府以及履行公共治理职能的社会组织，行政客体是涉及社会共同体绝大多数人普遍利益的公共事务。作为公共行政直接执行主体的行政人员，必须根据主客体的客观基础进行有效的计划、组织、指挥和协调，行政管理的客观规律和公共事务的现实情况，决定了行政人员的意识和实践。换言之，行政人员在公共行政中的人性，必须依赖于行政主体的物质基础和组织权威，必然受制于主客体的客观现实和发展规律。从公共行政的手段着眼，行政人员根据公共事务的情况和行政手段的特征，选择运用政治、经济、法律等不同手段管理公共事务。这一活动过程亦是展现人性的过程，不同的人性驱使行政人员选择不同的行政手段。从公共行政的目标剖析，公共行政实质上是实现社会价值、分配公共利益的过程，管理公共事务的永恒目标是实现公共利益。这种目的承载了行政人员的价值判断，对价值的思考体现出人的本性，而这种思考是建立在影响公共利益实现及分配的客观因素之上的。从公共行政的实践出发，公共行政就是行政主体运用公共权力治理公共事务的实践活动，实践活动是一种客观性的物质运动过程，行政人员的人性取决于现实条件下的客观需要和实践活动，还受制于决定实践活动的生产力和社会关系。正如马克思所说：“他们是什么样的，这同他们的生产是一致的——既和他们生产什么一致，又和他们怎样生产一致。因而，个人是什么样的，这取决于他们进行生产的物质条件。”[①] 因此，公共行政的客观现实始终制约和影响行政人员的人性，科学原则是探究行政人员的人性的必然选择。

价值原则是从人的主体性出发，把现实世界放到人的意义上进行考察，以探究人的主体世界及其对现实世界的能动作用，揭示主体世界与客

---

① 《马克思恩格斯选集》（第1卷），人民出版社2012年版，第147页。

体世界的价值关系的方法论原则。价值原则之所以能够成为研究人性预设的重要方法论原则，是因为对于人性，既要认识其实然性，又要关注其应然性，即“人性应该是什么样”。人性的应然性具有价值判断的意义，对人性的预设要由科学层次上升到价值层次，追问人性的价值取向。此外，人性假设蕴含着部分理想性预设，其自身就存在对价值的考量，因此，探究应然人性是人性预设的题中之义。

价值原则作为探寻公共行政人性假设的方法论原则，是从主体性和应然性两个层面考察行政人员人性中的应然部分。其一，主体性层面上，从能动性和受动性角度考察行政人员的人性。在人与客观世界的关系中，人一直处于主体地位。“人的主体性是最根本的人性，是人作为主体的根本属性，是人的问题的实质和核心。”① 从古代偏向人的本原主体性，到近代侧重人的认识主体性和实践主体性，再到现代关注人的价值主体性，立足于主体性层面考察人的哲学思维，一直被学者们传承和发展。马克思认为人的主体性主要表现为人的能动性与受动性。一方面，人的能动性包括意识能动性和实践能动性，意识反作用于客观事物，实践实现人的主体世界与客观世界的价值联系。行政人员在处理公共事务时，要通过意识能动性和实践能动性，使自身对公共事务的认识由感性上升到理性，并在此基础上开展改造世界的实践活动。从能动性角度考察人性，挖掘行政人员的内心世界及其与外部世界的价值关系，对于了解行政人员的应然人性是极其重要的。另一方面，从行政人员的受动性考察其人性亦是必要的。行政人员的能动性不是绝对的、无条件的，它受到客观物质条件的制约，无法超越它所处的社会关系。由此可知，行政人员在处理公共事务、实现公共利益的过程中，会受到行政组织、社会状况和具体问题等内外部因素的制约和干扰，受动性研究是探寻公共行政的人性预设的重要阶梯。其二，应然性层面上，从个人价值和社会价值考察行政人员的人性。人既是价值的创造者，又是价值的享受者。人的价值包括个人价值和社会价值，人应该实现个人价值和社会价值的统一，人性的应然性也应由这两种价值的统一来规定。行政人员作为价值主体而言，在开展行政活动时，为了满足自己的需要，会采取行动维护自己的权利，谋求自身生存和发展的利益，实现自我价值；行政人员作为价值客体而言，处理公共事务、实现公共利益是行政人员的职责和义务，行政人员要聆听民众诉求、解决公共问题、维护

① 韩庆祥、邹诗鹏：《人学：人的问题的当代阐释》，云南人民出版社 2001 年版，第 21 页。

社会稳定，为国家、社会和公民做贡献，这种社会价值是由公共行政的公共性所决定的。因此，对行政人员的人性的应然性预设，要从个人价值和社会价值的统一中剖析人的利己性和利他性。

探索公共行政的人性预设过程，应遵循科学原则和价值原则辩证统一的方法论原则。科学原则从人的客观存在性出发，关注客观世界的决定性，要求人的能动性活动符合客观世界的规律。价值原则从人的主体性出发，强调人主体世界的能动性，要求人的实践活动必须为人的价值服务。科学原则与价值原则之间是现实性与应当性、合规律性与合目的性的关系，两者看似对立，但本质上是统一的。首先，科学原则是价值原则的前提。“人还具有‘意识’。但是这种意识并非一开始就是‘纯粹的’意识。‘精神’从一开始就很倒霉，受到物质的‘纠缠’”。[①] 人的主体世界始终受客观世界的规定和制约，人性的应然性要建立在客观世界的基础上，若摒弃客观世界，就失去了价值判断的具体语境和参照标准。对行政人员应然人性的探寻，建立在行政主体、公共事务和社会规律等客观因素的研究基础之上。其次，价值原则是科学原则的动力。人能通过实践作用于客观事物，人性在实践中会影响人的价值判断和行为活动，导致不同的实践结果，使被改造的客观世界呈现不一样的状态。行政人员的人性是影响行政文化、行政意识和行政行为的稳定性因素，人性促使行政人员进行价值判断，选择自身认同的行政行为，推动旨在处理公共事务、实现公共利益的行政活动。最后，两者是密不可分的。但是，有的学者只专注于客观世界的决定性，忽视人的主体性、能动性等价值因素，这种机械决定论倾向导致人性研究的片面性。而有的学者则盲目夸大人的主体能动性，强调人对客观世界的价值影响，忽视了客观世界影响人性的科学因素，这种能动主义倾向导致人性研究的抽象性。离开科学原则，价值原则就会失去物质前提和现实基础，走向抽象的空洞。离开价值原则，科学原则就会失去发展动力和价值规范，走向迷失的森林。所以，科学原则和价值原则是辩证统一的，运用科学原则透视人性的实然性，通过价值原则明晰人性的应然性，从科学原则和价值原则的辩证统一中探求公共行政的人性假设。

二　整体分析和历史考察相融合

整体分析是从事物的整体性着眼，研究事物的各个方面，以完整性研究保证对事物认识的全面性和科学性。以往的“政治人”“经济人”“社

---

① 《马克思恩格斯选集》（第1卷），人民出版社2012年版，第160—161页。

会人”“自我实现人”和“复杂人”等人性假设大多侧重于人某一方面的本质，对某一方面或某些方面的属性进行抽象化和概念化的假定，虽能对人性的某些属性进行深刻探讨，却以失去对完整人性的考察为代价。这种“单向度”的人性预设视人的某一属性为人性的全部，割裂了完整的人性，只是折射出片面的人性影像。然而，现实的人是完整的人，人的本质是多元的，人性不是单一的存在物，它具有整体性和多元性。马克思认为人应该是完整的人，是自然存在物、社会存在物和精神存在物的统一体，他力图从人类特性、社会特性和个性的和谐统一中揭示人的完整性。对人性预设的思考，要建立在全面了解人性的基础之上，对人性的全面认识要从完整的人中获得，只有从完整的人中才能抽象出完整的人性。

在寻求公共行政人性预设的过程中，要遵循整体分析的方法论原则，从行政人员的完整性着眼，深入剖析行政人员的自然属性、类特性、社会属性和个性，从四个属性的和谐统一中寻找完整的人性。自然属性、类特性、社会属性和个性都是人的属性，人的属性是其本质的外在表现，“现实的人的本质存在于具体的人性之中，是人性中的实质性的内容”①。人的综合属性是多元本质的外在表现，人的多元本质构成完整人性的实质内容，所以，通过剖析完整人的综合属性，从而揭示完整人性，在此基础上寻求人性预设，这一研究方法是科学的、合理的。马克思主义人学产生之前，学者们无外乎从自然本质主义、精神本质主义、社会本质主义和非理性本质主义出发，分别将人的本质归为自然属性、精神属性、社会属性和非理性属性，都只揭示了人的单一属性，忽视了其属性的多样性和综合性，对人性的研究呈现片面化趋势，产生了众多“单向度”的人性假设。而马克思从人与动物、人与人、个人与他人的区别上揭示了人的类特性、社会特性和个性，并从这三种属性说明人的完整性。欲求公共行政人性假设的科学性，就要探讨行政人员的完整人性，剖析行政人员的自然属性、类特性、社会属性和个性。

第一，自然属性是人性存在的生理基础，是行政人员的基本人性。我们对人性的研究“不是从口头说的、思考出来的、设想出来的、想象出来的人出发”②，而是从存在于自然界中现实的人出发。完整人的前提是有生命的人，是自然存在物的人，是“现实的、有形体的、站在稳固的

① 李秀林、王于、李淮春：《辩证唯物主义和历史唯物主义原理》（第5版），中国人民大学出版社2004年版，第17页。

② 《马克思恩格斯选集》（第1卷），人民出版社2012年版，第152页。

地球上呼吸着一切自然力的人”①。“人来源于动物界这一事实已经决定人永远不能完全摆脱兽性”②，行政人员也是存在于自然界的人，他们的机体组织和生命过程都属于自然界，他们的生存、发展和实践都依赖于自然界，自然属性是行政人员人性的基本内容。

第二，类特性揭示人的类本质，是人作为类的整体性存在所具有的共同本性，区别于动物或其他存在物的类存在。马克思在《1844 年经济学哲学手稿》中指出：“一个种的整体特性、种的类特性就在于生命活动的性质，而自由的有意识的活动恰恰就是人的类特性。”③ 行政人员作为人类整体的一部分，具有人类的共同本性，行政活动就是自由的有意识的活动，探讨其人性不可避免地要考察人的类特性。

第三，社会属性是行政人员最根本、最重要的属性。马克思在《关于费尔巴哈的提纲》中认为：“人的本质不是单个人所固有的抽象物，在其现实性上，它是一切社会关系的总和。”④ 人是各种复杂社会关系的承担者，社会关系发生在人的实践活动中，人性表现在社会关系和实践活动之中。公共行政涉及国家事务、社会公共事务和行政主体内部事务，涉足政治、经济、文化、社会和生态等各个领域，由此，行政人员承担的社会关系网络庞大而复杂，行政实践活动也烦冗而无尽，行政人员的人性必然受到行政关系和行政实践的影响，行政人员的人性内容不能离开社会属性而预设。

第四，个性体现行政人员人性的差异性和特殊性。人首先是单个存在物的个体，每个人都有自己独特的个性，就像世界上没有完全相同的两片树叶，世界上也不存在两个完全相同的人，个人在生理发展、心理品质、思维方式、气质性格、知识技能、人生经历等各个方面都区别于其他人，不同的个性会呈现出不同的人性。同时，“在现实世界中，个人有许多需要，正因为如此，他们已经有了某种职责和某种任务”⑤。行政人员既是普通人，又是公共行政的专职人员，不仅具有作为普通人的“个体个性”，还具有作为行政职业人员的“职业个性”，公共行政人性假设不能忽视行政人员的“双重个性”。

人性随着社会的更替和演进而不断变化，从历史发展的角度考察人性

① 《马克思恩格斯全集》（第 42 卷），人民出版社 1979 年版，第 167 页。

② 《马克思恩格斯选集》（第 3 卷），人民出版社 2012 年版，第 478 页。

③ ［德］马克思：《1844 年经济学哲学手稿》，人民出版社 2000 年版，第 57 页。

④ 《马克思恩格斯选集》（第 1 卷），人民出版社 1995 年版，第 56 页。

⑤ 《马克思恩格斯全集》（第 3 卷），人民出版社 1960 年版，第 326 页。

是必不可少的。人的存在和发展不能脱离客观现实和社会关系，社会因人类实践活动而不断变化发展，人作为实践主体，亦会根据物质变化、现实需要和实践发展改变自身的属性和发展状态，“整个历史也无非是人类本性的不断改变而已”[①]，故人性会随着社会发展和历史变迁而不断变化，不存在永恒不变的人性。同时，历史发展具有阶段性特征，每一历史阶段会呈现其特有的社会特征、社会关系和社会形态，不同的历史阶段和社会形态会塑造不同的人性。如在原始社会、奴隶社会、封建社会和资本主义社会的不同历史阶段中，人性各不相同甚至大相径庭；资本主义社会和社会主义社会的不同社会形态中，人性也各具特色；而且，同一社会形态的不同发展阶段也会出现人性的差异。总之，人性是历史的产物，对人性进行历史考察有利于梳理人性的发展历程，揭示现代人人性形成的来龙去脉，为人性预设的具体内容提供线索。

遵循历史考察的方法论原则探索公共行政的人性预设，不仅要考察人的历史发展及人性变化，还要考察公共行政的发展及其带来的人性变迁。公共行政是不断向前发展的，公共行政的主客体、职能目标、手段途径、制度机制和行政环境都处于不断的运动变化之中，行政人员在行政活动中的意识和实践也随之改变，其人性也随公共行政的历史发展而变迁。公共行政越往前发展，行政关系和行政实践就越复杂，行政人员的人性也就越丰富。公共行政的人性预设不能沉溺于“永恒人性”的空泛之谈，将行政人员的人性放到公共行政历史发展中进行考察，才能找到与时代潮流相契合的人性假设。

整体分析和历史考察的融合，是横向研究和纵向研究的统一，是人性内容和人性发展的凝聚，是研究公共行政人性预设必须遵循的方法论原则。马克思曾在《资本论》中明确提出研究人性的基本原则：“首先要研究人的一般本性，然后要研究在每个时代历史地发生了变化的人的本性。”[②] 换而言之，研究人性既要了解人性的稳定内容，又要把握人性的历史发展。整体分析侧重从横向角度剖析人性的完整内容，从人与动物、社会、他人的系统性关系中，考察完整的人具有的多重属性，探求人性的具体内容。历史考察着眼于纵向角度追踪人性的变化演进，从人类社会的历史发展过程中，考察人性的历史继承和内容嬗变，探求人性的发展变迁。行政人员具有“普通人”和“行政职业人员”双重身份。整体分析

---

① 《马克思恩格斯选集》（第1卷），人民出版社1995年版，第172页。

② 《资本论》（第1卷），人民出版社1975年版，第669页。

能从行政人员与自然、社会、他人、行政等方面的关系中，揭示行政人员作为普通人的一般人性和行政职业人员的人性。历史考察能从人类和公共行政的历史进程中，揭示行政人员“双重身份”上的人性发展。只有将二者结合，才能了解行政人员人性的横向整体性和纵向连续性，才能真正认识行政人员的完整人性，因此，提出人性假设时要融合整体分析和历史考察。传统研究一般从人的某种或某些属性来确定人性，基本上将人性看作天性，未能用历史发展的眼光看待人性。专注于对人性的内容考察，而忽视对人性的历史考察，是传统人性研究的通病。列宁曾说：“为了真正获得正确处理这个问题的本领而不被一大堆细节或各种争执意见所迷惑，为了用科学眼光观察这个问题，最可靠、最必需、最重要的就是不要忘记基本的历史联系，考察每个问题都要看某种现象在历史上怎样产生，在发展中经过了哪些主要阶段，并根据它的这种发展去考察这一事物现在是怎样的。”[①] 人性也属于列宁所说的“这个问题”的范畴，只有了解人性的历史发展，才能从发展的动态角度预设当代行政人员的人性。总之，要坚持整体分析与历史考察的融合，二者不可偏废其一。

三 抽象思维和具体思维相结合

思维方法“是在客观规律基础上依据主体需要而形成的思维规则、工具和手段”[②]，最重要的特征是中介性，是人们正确认识世界的中介，也是人们正确认识人性的桥梁。对人性的最早研究是运用经验思维方法展开的，如我国古代思想家孟子的“人性善”、荀子的“人性恶”、告子的“性无善无不善”等都是运用观察、内省的经验思维揭示出来的。思维方法是理性思维的工具，旨在揭示事物的本质和规律，具有客观性和主观性的双重特征，不同的思维方法会形成对人性的不同认识，抽象思维和具体思维是研究人性的科学思维方法。

抽象思维是通过分析事物的具体表象，区分事物的必然本质和偶然现象，运用同一律抽取事物必然的、一般的本质因素，以达到对具体事物的本质认识和抽象规定的思维方法。就是毛泽东所说的：“将丰富的感觉材料加以去粗取精、去伪存真、由此及彼、由表及里。”[③] 它是人性研究的惯用思维方法。从人性预设角度而言，近现代学者们提出的“政治人”

---

① 《列宁选集》（第四卷），人民出版社 1960 年版，第 43 页。

② 李秀林、王于、李淮春：《辩证唯物主义和历史唯物主义原理》，中国人民大学出版社 2004 年版，第 280 页。

③ 《毛泽东选集》（第 1 卷），人民出版社 1991 年版，第 291 页。

“经济人”“社会人”“复杂人”“利益人”和“文化人”等人性假设都是通过抽象思维，从人的具体表象抽取出某个或某些属性，以此对人性做出抽象规定。感性具体是抽象思维的逻辑起点，公共行政人性研究应以具体的行政人员为起点，考察置于感官面前可直接感觉和直觉的具体行政人员和具体行政活动。经过对具体行政人员的分析，区分行政人员在行政活动中的必然本性和偶然现象，运用同一律逻辑方法，排除行政人员身上的偶然现象和差异性属性，抽取行政人员作为普通人和行政专职人员所具有的一般人性。

具体思维是运用综合的方法，对事物进行全面的、具体的分析，遵循同异对立统一律，综合事物各方面的对立统一关系，以形成对事物的整体认识和具体规定的思维方法。此处的“具体”反映的是事物的内在本质属性，而不是表面特征，反映的是事物的统一多样性，而不是单一片面性。“具体之所以具体，因为它是许多规定的综合，因而是多样性的统一。因此它在思维中表现为综合的过程，表现为结果”①，所以，“思维具体是思维逻辑行程的终点，也就是在抽象规定的基础上通过思维在人的大脑中复制出的理性具体”②，具体思维使抽象规定在思维的具体中再现出来。具体思维涉及综合方法、具体分析方法和同异对立统一律，三者相辅相成、交汇相容。具体分析方法是“方法主力”，在综合事物各方面本质的基础上进行具体分析，分析过程中遵循同异对立统一律，探究事物各方面的对立统一关系，揭示研究对象的一般性和特殊性。

具体思维是公共行政人性预设的基本思维方法。行政人员是现实存在的具体的人，其人性也是具体的，并且表现在具体的行政活动之中。行政人员具有“普通人”和“行政专职人员”双重身份，其人性呈现出复杂性。作为“普通人”所具有的人性已是多元和复杂的，加以“行政专职人员”的身份，人性内容更加丰富，共性和差异性更加明显，对立统一关系更加复杂。具体思维遵循的同异对立统一律“是操作、运用具体逻辑形式以取同取异的方式改造制作经验以具体把握对象之具体规定性的逻辑规律”③。采用具体思维研究行政人员的人性，不仅能了解行政人员人性的共性，又能揭示不同行政级别、行政地域、行政职位和行政活动等方面的人性差异性，还能把握作为普通人的人性、行政人员的人性以及两者之间人

---

① 《马克思恩格斯选集》（第2卷），人民出版社1972年版，第103页。

② 李秀林、王于、李淮春：《辩证唯物主义和历史唯物主义原理》，中国人民大学出版社2004年版，第287页。

③ 苏富忠：《思维论》，中联出版社1992年版，第625页。

性的对立统一关系，从而在思维中对行政人员的具体人性进行具体分析。

抽象思维和具体思维有很强的互补性和承接性，在预设公共行政的人性基础时，要结合抽象思维和具体思维，并使抽象思维上升到具体思维。一方面，抽象思维遵循同一律抽取事物的一般性、共同性的本质，能揭示行政人员的共同人性，去异取同的方法使其抛弃了行政人员的差异性，而具体思维遵循同异对立统一律，能揭示行政人员人性的共性和差异性；抽象思维是对行政人员共同性本质的抽象规定，而具体思维是对行政人员整体性本质的具体规定。两者有很强的互补性，具体思维能弥补抽象思维的缺失，即对人性差异性和整体性的考察，而抽象思维为具体思维的综合分析、具体分析提供材料内容。两者的结合有助于对行政人员人性的整体认识，所探究的共性和差异性为人性预设提供了实质内容。另一方面，两者又具有承接性，从抽象上升到具体是必然要求。承接性主要表现在两方面，第一，抽象思维是从具体表象上升到抽象规定，而具体思维是从抽象规定上升到具体规定，抽象规定是两者的承接点。第二，抽象思维将整体分解，抽象出共同本质，而具体思维综合事物本质，形成对事物的整体认识，事物本质是两者的结合点。可见，作为抽象思维终点的抽象规定正是具体思维的起点，抽象思维是具体思维的前提和基础，具体思维是抽象思维的拓展和升华，只有从抽象上升到具体，才能真正把握行政人员的人性。“从抽象上升到具体”是马克思首先明确提出的，“在第一条道路上，完整的表象蒸发为抽象的规定；在第二条道路上，抽象的规定在思维行程中导致具体的再现。……从抽象上升到具体的方法，只是思维用来掌握具体、把它当做一个精神上的具体再现出来的方式”①。但是，以往的学者一般将抽象思维和具体思维割裂开来，惯于抽象出人的某一属性作为人性，而摒弃对人性的具体规定，最终面临“失望的结局”。鉴于此，在考察行政人员的人性时，要遵循抽象思维与具体思维相结合的方法论原则，考察行政人员人性中的共性、个性以及对立统一关系，对行政人员的人性作具体分析，进而预设公共行政的人性基础。

第一节　何谓“公共人”

遵循着人性预设的方法论原则，履行公共治理职能的行政人员应当是

---

① 《马克思恩格斯选集》（第2卷），人民出版社2012年版，第701页。

“公共人”。人作为公共行政的核心要素决定了公共行政的哲学基础也应当是“公共人”。与追逐私人利益最大化的“经济人”、追求权力最大化的“政治人”相比较，“公共人”在本质上应是实现公共利益最大化的人。虽然现实中的人都有追求自身利益的“经济人”特性，但从应然角度而言，行使公共权力履行公共治理的人员应当是以公益优先的人，而不是将自身利益凌驾于公共利益之上的人，这是由权力的公共性所决定的。因此，现实个人的存在形态、公共领域的行动边界、公益优先的价值取向、有限理性的认知能力以及实现善治的行动目标构成了“公共人”的本质属性。

一　存在形态：现实个人

人的存在形态是指人是什么以及表现为什么。“公共人”首先是一现实的个人，是在一定物质条件下从事公共事务治理活动、能动地表现自己生命和个性的人。与人的“类”“群体”存在形态相比，现实的个人是人的最直观、最现实的存在形态。在马克思看来，现实的个人是独特性、完整性以及现实可感性的统一。独特性意味着自身生活经历与环境塑造了每个人独一无二的个性，每个人都是无可替代的，它既表现着个人的社会和历史过程，也表现着他的自然、心理特点。完整性表明每个人都反映了人的本质，都是人的本质的各种规定相结合的整体存在物。由于现实的个人都是在一定的物质条件下从事社会实践活动的人，在人的精神意识以及肉体作用下，人人都是可感知的，都是可通过经验观察来确定的感性存在物，因此现实的个人具有现实可感性。当然，强调人的个体件存在，并不意味着可将个人与人的“类”“群体”存在相隔离，现实的个人所有本质性规定以及个性都蕴含在人的“类”“群体”属性之中，是一种普遍性与特殊性、一般与具体的关系。人要成其为人，首先是与其他动物相区别，所以，自从人有自我意识开始，是以人“类”的共同属性作为区别于其他动物的标准。人作为人类的存在形态所具有的特征包括：类的共同性、自由平等性、联合性以及永恒性。类的共同性揭示了人与人的共同人性，是区别于其他动物的质的规定性，马克思认为这种共同人性是活动的自由自觉性，因为其他动物的活动是基于生命的本能，是不自由和被动的。自由平等性是指只要属于人类的一分子，别人具有的我都应该具有，这是由于自由是人类的特性。联合性表明人类是由现实的个人与人的群体有机整合而成，不是单个的人或相互分离的群体的机械相加而成。体现了人类的整体力，未来的共产主义社会一定是“自由人的联合体”。正是因为联合在一起的人类具有整体力，尽管个人与群体在历史的长河中受自然规律的支配，存在产生、发展与消亡的过程，但是作为一个整体，人类是不会消亡的，具有无限永恒性。现实的个人除了作为人类的一分子而存在，还是人的“群体”中的个人，现实的个人只有在人的群体中才能获得自身的内在规定性，才能依靠群体的力量战胜自然界强加在自身的禁锢，实现自己“重生、求强、逐乐”的人性需要。每一个现实的个人通过群体的中介作用与社会发生联系，所有的社会活动都是在社会与群体的交互作用中完成，群体成为个体与人类社会联系的“黏合剂”。人的群体是指由某种共同纽带联系在一起的共同活动的人的集体，现实的个人通过共同纽带的联系，在群体意识作用下，依靠人与人之间的共同活动，实现群体的共同目的与利益。

“公共人”本质的外在表现形式，从共时态来看，“公共人”首先是一种自然存在物，是以他的生命存在以及对象性存在为内容。“公共人”作为有生命的肉体存在，他的生命力来自自然，是经过长久的自然进化过程而得来，生命力的维持也需要依靠自然的物质供给，并服从自然的规律。同时，“公共人”也是一种对象性的存在物：外部自然界为他自身的自然而存在，他也同样为外部自然界而存在。为了满足自身生命需求，他主动地改造自然界，他是能动的。但是，在改造自然界的同时，他也受到被改造对象的客观规律之制约，他又是一受动的存在物。所以，马克思精辟地指出，“人直接地是自然存在物。人作为自然存在物，而且作为有生命的自然存在物，一方面具有自然力、生命力，是能动的自然存在物；这些力量作为天赋和才能、作为欲望存在于人身上；另一方面，人作为自然的、肉体的、感性的、对象性的存在物，和动植物一样，是受动的、受制约的和受限制的存在物，也就是说，他的欲望的对象是作为不依赖于他的对象而存在于他之外的”①。“公共人”作为自然存在物，也是一种非特定化的、开放的自然存在物，此处的非特定化是指人的特定结构形式与特定功能的器官，在构造和机能上具有非特定化的特点，可以不确定地适合于人的一切行为方式。人的非特定化为人发展普遍性能力提供了物质基础，也为人的无限创造力准备了自然条件。

其次，“公共人”是一种社会存在物。人的本质在其现实性上是“一切社会关系的总和”，处于各种社会关系之中的“公共人”，本质上也是一种社会存在物。“人的自然存在以人的自身自然和人之外的自然为关系

① 《马克思恩格斯全集》（第42卷），人民出版社1979年版，第167页。

对象，而人的社会存在则以他人以及社会关系为对象。”① 履行公共治理职能的“公共人”社会关系非常丰富，既有作为公民的权利义务关系，还有职务关系。根据公共事务的内容不同，包裹“公共人”的社会关系内容也不同：经济关系、政治关系、文化关系等。处于社会关系对象网络中的“公共人”既表明他是社会的一部分，也意味着他要受到社会关系的制约与影响。比如，在从事行政决策时，“公共人”必须考虑决策所涉及的各种利益关系与伦理关系，在这些纵横交错的关系中，“公共人”依靠自身的职业素养与能力，以公共利益为衡量标准，对这些关系进行取舍，若仅仅为了自身利益或某集团的利益进行决策，则该决策因丧失了公共性将失去其合法性。在履行行政责任时，“公共人”处在外部的控制关系与自身的道德支配关系之中，外部的控制关系突出了行政责任的客观性，自身的道德支配关系凸显了行政责任的主观性，当主、客观责任相冲突时，“公共人”必须作出抉择，以便负责任地履行其行政职责。这一切均源于“公共人”的社会属性。“因为我是作为人活动的，不仅我的活动所需的材料，甚至思想家用来进行活动的语言本身，都是作为社会的产品给予我的，而且我本身的存在就是社会的活动；因此，我从自身所做出的东西，是我从自身为社会做出的，并且意识到我自己是社会存在物”②。

再次，“公共人”是一种意识存在物。人与动物的本质性区别之一，就是人有意识，人的所有实践活动都是其意识、精神的外化，而其他动物的活动均是其生命本能的表现。人的意识直接产生于人的物质活动，在人与人的物质交往中，通过语言在人脑中形成人的意识。“公共人”作为意识存在物，决定了行政活动的创造性与精神性，他们的行政认知、行政理念、行政价值观、行政方法论等，都需要围绕行政公共性意识展开。在具体的行政活动中，“公共人”应当确立权力来自人民，权必须为民所用的行政理念。公共政策的制定与执行除了追求效率价值之外，还应当实现社会公平等价值。行政方式方法的选择不仅仅在于工具性目的，价值性目的对于这些方式方法的选择更具有决定性意义。传统的官僚制行政之所以广受诟病，原因之一就是把行政人员作为无“意识”的主体，他们活着的意义就是“价值中立”、机械地执行公共政策，是一种行政工具，抹杀了官僚体制中行政人员的主体意识，这种制度设计违背了“公共人”是一

---

① 韩庆祥：《马克思的人学理论》，河南人民出版社 2011 年版，第 137 页。

② 《马克思恩格斯全集》（第 42 卷），人民出版社 1979 年版，第 122 页。

种意识存在物的基本原理。

最后，共时态的“公共人”还是一种个性存在物。人的个性即是人的本质规定在每个人身上的具体表现。马克思认为个人“是一个特殊的个体，并且正是他的特殊性使他成为一个个体，成为一个现实的，单个的社会存在物”①。人的“类”存在表明人与人之间的共通性，人与人的差异性则是人的社会存在之基础。由于人的本质在其现实性上是一切社会关系的总和，社会关系的不同塑造了人的差异性，也造就了人的不同个性。人的个性表现为每个人的独特性、自主性和自由自觉性。具体到从事公共治理活动的“公共人”而言，他们的社会生活经验、行政经验、行政认知以及行政知识等，构成了每个“公共人”独特个性的基本要素，使得公共行政活动色彩纷呈、活力四射。比如，强调效率价值的行政人员，会注重行政组织设计的层级控制，而强调社会公平的行政人员更注意行政组织的回应性问题。突出公共行政民主取向的行政人员会强调政治对行政的控制，认为行政合法性基础是行政专业知识的行政人员，则会主张行政对政治的独立性。诸如此类的行政现象皆是由于“公共人”独特个性使然。

从历时来看，作为现实个人的“公共人”是历史中的人，是具体的历史产物。任何历史都是人的历史，是人的能力发展和自由逐步实现的过程，历史前进的目的就是实现人的全面而自由的发展。任何现实的人也是历史中的人，每一具体历史阶段的物质结构与生产关系决定了每个人的生存状况，规定了每个人的发展空间及其发展程度。在公共行政学科发展的历史中，对行政人员的人性假设经历了“经济人”“社会人”“自我实现人”“复杂人”及“文化人”的变迁过程，未来的人性假设还会有不断的更新，这些人性假设既是当时宏观的人类历史状况的反映，也是微观的公共行政历史状况的结晶。比如在科学主义占据主导地位时代，公共行政的人性假设是“经济人”，从而形成了强调技术理性的传统公共行政范式。在对公共行政合法性提出挑战的20世纪60—70年代，公共行政的人性假设定位于“社会人”，突出政府回应性的新公共行政学派得以诞生。在20世纪80—90年代，鉴于行政效率低下、公共服务供给不力的社会状况，新公共管理范式成了解决上述问题的不二法门，该范式的人性假设即是“经济人”，期待利用“经济人”的思维方式与行动方式重塑政府，改变行政效率低下的局面。毋庸置疑，“公共人”假设也是历史的产

① 《马克思恩格斯全集》（第42卷），人民出版社1979年版，第123页。

物，它的生存历史应当是强调行政公共性、凸显社会公平、解决人类自由而全面发展的历史；是超越公共行政技术理性、形式公平，走向价值理性、实质公平的历史。马克思指出：“历史不过是追求目的的人的活动而已。”[①] 以“公共人”为人性假设的公共行政历史，其价值主体是全体公民，实践主体是公共行政组织以及组织中的人。历史的内容是充分发挥行政人员的能力、为全体公民提供优质的公共服务。历史的手段是兼具效率与公平的行政方式方法。历史的目的是实现每个人的全面自由发展。

二　行动边界：公域之治

从社会的主体构成来看，可分为政治国家、私人以及介于二者之间的非政府组织，由此可将三者活动的疆域划分为纯粹公域、纯粹私域以及第三域。“公共人”是运用公共权力从事社会治理活动的人，其行动的边界应当是公域而非私域。鉴于政治国家与非政府组织的公共治理职能，“公共人”具体的活动疆域包括政治国家活动的强公共领域（纯粹的公域）、非政府组织活动的弱公共领域（第三域），至于私人活动的纯粹私人领域，则不是“公共人”权力指向的领域。然而，公域与私域的划分标准却是人言人殊、尚无定论。若以利益的性质为评判标准，公域是指公共利益存在的领域，私域则是追逐私人利益的领域。若以意志的属性为划分标准，公域是公共意志形成和作用的领域，私域是个人意志自由驰骋的领域。若以社会生活是否政治化为标准，公域是社会生活高度政治化的领域，私域则是人的生活没有被政治化的领域。这些以单一维度标准来区分公域与私域的思考径路，虽能揭示二者之间某一方面的真实性与合理性，但其局限性是挂一漏万，很难全面描述公域与私域区分的要素。故此，采用综合多元的标准是最大限度地揭示公域与私域不同特质的合理做法，既要承认二者动态的关联性，又要明确二者相互区别、保持自身独有元素，在矛盾中达到统一。借鉴学界已有的研究成果以及现实的存在形式，区分公域与私域的多元标准可包括以下几项：权力控制、价值取向、行为方式以及财力来源。

公域与私域在权力控制方面存在差别。权力是一种“掌控力”，“即

① ［德］马克思、恩格斯：《神圣家族》，人民出版社1988年版，第34页。

一个人通过并非出自他人选择的方式影响他人行为的能力”①。公域是公共权力层级关系与作用所形成的空间，包括国家公权力与社会公权力两种权力形态。由于“公共人”包括政治国家从事公共治理的公职人员（主要是指行政机关的公职人员）以及非政府组织中履行行业治理的公职人员，所以，行政机关公职人员行使的是国家公权力，非政府组织公职人员行使的是社会公权力。当这两种权力作用于各自对象时，就形成了控制与被控制、命令与服从的行政关系。在公共治理所形成的行政关系中：权力主体占据主导地位、权力对象处于从属地位；行政关系体现的是权力主体的意志；权力主体对权力对象控制的手段是强制性手段而非协商性手段。在行政关系中，公共问题得到确认、公共秩序得以形成，公共或集体的利益构成了行政关系的物质基础。只不过国家公权力的行使所构建的行政关系具有全局性、根本性、宏观性的特征，它是主权管辖范围内最普遍的“公共的善”。社会公权力所构建的是某一行业、领域治理中的行政关系，其具有中观性、具体性、基础性的特征，是某一行业内的“集体的善”。私域是不存在控制与被控制关系的私人自主与自治空间。与公域的权力控制不同，私域的行动基础是“权利”，权利作为主体从事某种行为的资格、利益与自由，意味着权利主体之间的关系是平等、独立、自由的，谁也没有支配、控制与命令他人的权力。在权利的保护下，只要没有妨碍他人行使自己的权利，权利主体自我选择、自我行动、自我决定并独自承担自己应负的责任。在自由活动中所形成的关系是一种平等协商的关系，即“合意”关系。以“权利”为基础构筑的私人空间就是私域，具体包括私人利益与私人关系、个人和家庭生活、私人财产与市场交易活动等元素。

公域与私域有着不同的价值取向。价值取向决定了主体行为的正当性，也是任何事物存在的合法性基础。“公共人”的公共属性以及权力属性决定了其所活动的公域，在价值取向上应当是实现公共利益。社会公平正义、自由与安全、和谐有序的社会秩序等，是体现公共利益的具体价值元素。公共选择学派以政府是“经济人”的假设为逻辑起点，认为只存在可计算的私人利益，公共利益或共同利益是虚幻的，从根本上否定了公共利益的存在，这种路径考量因否定了人的社会属性，遭到了学界的批评。事实上，人的社会属性以及社会整体的连带性关系决定了公共利益存在的必要性与客观性。没有公共利益的整合作用，私人利益也将会因为人

① ［英］安德鲁·海伍德：《政治学核心概念》，吴勇译，天津人民出版社 2008 年版，第 42 页。

的自私属性而得不到充分实现，公共利益对私人利益具有承认和保障作用。公共利益可分为主观公共利益与客观公共利益，前者强调公共利益的社会共享性，是指不确定多数人的共同利益，具有相对普遍性与非特定性的特征。后者是国家与社会实际承认、保障以及私人必须让渡、容忍的利益，客观公共利益的存在直接影响着人类社会整体的生存与发展，并间接地制约着私人利益的实现程度。在民主国家中，处于政治国家系络中的“公共人”所维护的公共利益是全体人民的利益，具有最大的开放性，是在一个相关空间范围内大多数人的利益。尽管政治国家的阶级属性决定了，国家公权力在本质上是维护占据统治地位的阶级利益，但是，现代民主国家履行其社会治理职能也是一种公共利益，某种程度上，履行社会治理职能、维护公共利益在现代民主社会是政治国家获取其正当性的核心要素。与政治国家系络中的“公共人”不同，位于非政府组织系络中的“公共人”，他们所要维护的公共利益是一种行业或领域的“集体利益”，这种集体利益因具有公共属性，也是一种广义上的公共利益，只不过这种公共利益是在一个人数相对确定的空间内的大多数人的利益，与政治国家广泛的管辖权相比，是一种局部性公共利益。私人活动的私域，其价值取向是最大限度地维护私人利益，经济效率的提升、个人生活的自由、个人福利的保障等是私益的具体价值。与公益的公共属性不同，私益具有私人属性，排他性、自主性与可让渡性是其本质特征。在私益与公益的对抗中，私益的排他性为私人追求个人利益建构了一个稳固的区域，没有得到合法授权，即使是公共权力也不能进入这个相对封闭的领域，在公权力对私人利益限制或剥夺时，必须以公共利益为标准、遵守程序正义原则，并应当以给予私人相应的补偿为前提。“法不禁止即自由”“风能进，雨能进，国王不能进”，这些古老的法律谚语揭示了私域对私益的保护功能。

公域与私域的行为方式不同。作为公权力作用的空间，权力的强制属性决定了公域中主体的行为方式，主要是依托权威与权力的强制性方式，行政强制、司法强制是政治国家系络中“公共人”的两种主要行为方式。“契约，若没有强制性力量，仅仅是一纸空文。”试以行政强制为例，在维护公共利益的行政过程中，行政主体为了维护行政的实效性，采取行政强制措施对违反公共政策、法律规范的行政相对人的人身自由与财产进行限制或剥夺。根据行政强制执行的对象，具体的行政强制包括对物、行为和人身自由的行政强制执行三种。对物的行政强制执行方式有强制划拨、强制抵缴、强制扣缴、强制收兑、强制搬迁等。对行为的强制执行方式包括强制登记、强制检定、滞纳金等。对人身自由的行政强制执行方式有强制拘留、强制履行、强制隔离治疗、强制传唤、遣送出境等。非政府组织系络中的“公共人”为了维护行业利益，运用社会公权力对违反行业法规的相对人采取行政强制措施，其具体方式包括警告、记过、记大过、罚金、开除会籍等。无论是政治国家还是非政府组织，这些行政强制措施都反映了公域中行为方式的强制性。正是因为公域中强制性行为方式对行政相对人的财产与人身自由影响甚巨，现代民主法治国家都要求这些行为方式应当具备合法性和合理性，行政合法性与行政合理性成为限制行政权力滥用的基本原则。行政合法性要求行政职权必须基于法律的授予才能存在；行政职权必须依据法律行使，不得违法；行政授权、行政委托必须有法律依据，符合法律要旨。行政合理性原则是指行政行为在合法的前提下应尽可能合理、适当和公正。它以控制自由裁量权和自由裁量行为的实施为目的。如果行政主体不正当地行使自由裁量权，也会给公民和组织的合法权益造成损害，其后果有时并不亚于违法的羁束行为。合理性原则的主要意义在于在结果上达到一种公平的状态。行政合理性原则首先要求行政主体在行使行政裁量权时遵循平等原则，同等情况同等对待、不同情况不同对待。其次要求遵循比例原则，即限制人民权利的措施必须能够达到所预期的目的，此为适当性原则；在所有能够达到立法目的的手段中，必须选择予人民之权利最少侵害的手段，“警察不可用大炮打雀”“杀鸡焉用牛刀”，此为必要性原则；一个措施虽然是达成目的所必要的，但是，不可以予人民过度之负担。过度的负担是指法律或一公权力措施所追求的目的和所使用的方法，在造成人民权利损失方面，是不成比例的，此为均衡原则。最后，行政合理性原则还要求行政主体在行使裁量权时，应当不偏私。与公域强制性的行为方式不同，由于私域强调主体之间的平等与独立，其行为方式更多地突出平等协商性。意思自治、行为自由的契约行为是私域中行为主体的主要行为方式。只要是在自由、非欺诈与胁迫的情境之下，行为主体的表意行为都是真实有效，对主体双方均有平等的约束力，任何一方若违约，都要承担违约责任。我国《民法通则》中所规定的承担民事责任方式有：停止侵害；排除妨碍；消除危险；返还财产；恢复原状；修理、重作、更换；赔偿损失；支付违约金；消除影响、恢复名誉；赔礼道歉，这十种责任方式体现了私域中行为主体行为方式的平等协商性。

公域与私域的财力来源不同。政治国家的财力来源于公共税收，征税主体是政治国家，征税目的是国家提供公共物品与服务，实现公共治理职能，征税的权力依据是国家政治权力。公共税收具有单方意志性、无偿征收性以及标准确定性。非政府组织的财力来源于国家财政拨款、社会捐赠、自身经营性所得以及会员缴纳的会费等，与公共税收不同，非政府组织的财力来源并不具有强制性，其主要用于维护行业的集体利益。二者相同的是都要受到公众监督与法律监督。私域活动的财力来源于私人财产，私人财产的私有性决定了它维护的私人利益。私人财产权是一种绝对权，即所有义务主体均负有不得侵害其权利和妨碍其权利行使的义务，财产权的效力可以向一切人主张，财产的所有者有权排除他人对自己支配之物给予的侵害、妨碍与干涉。一旦财产权受到侵害时，权利人得主张支配物上请求权，排除他人的侵害，以恢复所有权的圆满状态。

三　价值取向：公益优先

一般意义上的利益就是指满足活动主体生存、发展所需要的资源与条件。这些资源和条件是主观与客观的统一。人的欲望或要求界定了利益的主观属性，认为利益是“人类个别地或在集团社会中谋求得到满足的一种欲望或要求”①。而利益的物质性或实体性则揭示了利益的客观属性，法国哲学家霍尔巴赫就主张利益是“每个人根据自己的性情和思想使自身的幸福与之相联系的东西；换句话，利益其实就是我们每一个人认为对自己的幸福是必要的东西”②。利益的主客观相统一的属性最终源于人的需要与利益客体性的内在联系：客体的客观属性若不能满足主体的需要，或者主体没有内在的需要，利益对主体而言都不会产生。

“公共利益”作为利益范畴中的一种特殊利益，同样是指满足活动主体生存、发展所需要的资源与条件。只不过因为“公共”性而与私人、集体、社会以及国家利益相区分。在逻辑思维上，对“公共利益”的界定可转化为对“公共”的内涵与外延之明晰。然而，对“公共”含义的解读却是无法达致令人信服的统一，学界目前占据主导地位的有“数量说”“地域说”两种观点，“数量说”强调公共的民主理念，遵循少数服从多数的民主确认程序，认为以不确定多数人为特征的集合体才是“公共”的，其利益就是公共利益。这些集合体超越了社会学中的“群体”、政治学中的“阶级”概念，它比“群体”“阶级”更广泛。“地域说”认

① ［美］罗斯科·庞德：《通过法律的社会控制》，沈宗灵、董世忠译，商务印书馆1984年版，第81页。

② ［法］霍尔巴赫：《自然的体系》，管士滨译，商务印书馆1964年版，第271页。

为公共利益就是一定空间范围内大多数人的利益，它以现代国家的行政区划为单位，主张只要是固定行政区划中大多数人的利益就是公共利益。“数量说”通过计算民主的理念来界定公共问题，看到了民主的公共性本质，但是，该说因为无法确定增加或减少多少人数后构成或不构成公共利益，其可操作性不强。“地域说”以现实的行政区划空间内多数人的利益作为界定公共利益的客观标准，鉴于行政区划的恒定性与法定性，该说相对于“数量说”而言，可操作性有所增强。但是，由于现代国家地域广延性、行政区划的层次性以及相邻性，在实际操作中很难确定具体的行政区划问题，因此，该学说也有很大的局限性。从词源学角度而言，“公共”的含义包括两个方面，一是超越自身利益去考虑他人利益，二是超越单一主体的人与人之间交往合作、相互关照之状态。因此，“公共”的本质意涵就是指“共同”状态。所谓“共同”状态也就是对所有人都是开放的，人人都可进入、分享的状态。以开放、共享作为界定公共利益的实质标准，公共行政论域中的公共利益是指“具有社会分享性的、为人们生存、享受和发展所需的资源和条件”①。社会分享性意味着利益主体在分享公共利益时的机会无差别性，只要符合法定标准，在分享机会方面人人平等，没有社会等级差异与地位、政治、经济实力差别。

在公共行政发展史上，公共利益是否应当成为公共行政的价值，经历了从不承认、到边缘化再到核心价值地位的过程。传统公共行政时期，由于强调技术理性，在建构独立的公共行政学科迫切要求下，遵循政治—行政二分法的认识论，传统公共行政认为公共利益是民选官员的事情，非民选的行政人员只要利用自己的专业特长执行公共政策，就是实现了公共利益，行政人员的地位是价值中立且被动的。公共行政学的创始人之一威尔逊就主张公共利益不是出自常任文官，而是政治家们的杰作，另一位学者古德诺关于政治是国家意志的表达、行政是国家意志的执行之观点，也暗合了公共利益的政治属性。政治家们通过国家立法以及公共政策所确立的公共利益，由于其模糊性，需要行政人员在具体执行中加以解释，所以，传统公共行政中的公共利益仅仅是行政人员平衡利益集团的一种“控制器”，“我们假定，在民主政体中，政府的任务就是调节冲突的经济势力和社会势力。公共利益是被认为可以决定政府使其力量倾向一边或另一边之程度的标准。如果在竞争者之间没有这种评判标准的话，天平就会完全

① 陈庆云等：《论公共管理中的公共利益》，《中国行政管理》2005 年第 7 期，第 18 页。

倒向最强大的一方”①。继传统公共行政之后的新公共管理，以市场为导向，将政府服务的对象从公民转变为“顾客”，“顾客”背后之活动场景就是市场。在市场中人人都是理性的自利人，个人决策是以最大限度地实现自身利益为目标，至于其他“顾客”的需求则不在自己的关注范围之内。美国学者斯通解释道，这种“市场模式因而就没有为我们提供任何谈论人们如何就公共利益的愿景或社区的本质而奋争的途径”②。公共利益在新公共管理看来，要么不存在，要么是理性经济人市场抉择的副产品，公共利益在公共行政发展史上边缘化了。真正将公共利益作为公共行政核心价值的是新公共服务理论。新公共服务理论从“共识论”角度出发，认为公共利益就是一种共同的利益，这些共同利益包括国家利益，也包括社区利益等。政府官员虽然不需要以自己的判断来推翻民选官员制定的公共政策，但是，政府官员有义务搭建一个公众自由交流、沟通的平台，在这个平台中，相关利益者自由讨论、凝聚共识，从而形成公共利益。除此之外，行政官员还有义务积极地实现公共利益。“行政官员在判断什么应该被视为有道德的事物时完全无须接受要聪明或贤明和扮演卫道士角色的劝告。相反，新公共服务倡导行政官员在促进公民界定公共利益和按照公共利益行事时应该扮演一种积极主动的角色。新公共服务还否认公共利益能够被理解为个人自我利益的聚合。在新公共服务中，其目标是要超越自身利益进而发现共同利益——公共利益并且按照共同利益——公共利益行事。”③ 正是因为公共利益是一种值得政府追求的“善”，所以政府才与企业相区别，与公共利益这种规范性价值相比，政府仅仅是实现这种价值的工具，政府应当确保公共利益处于支配地位，即确保解决公共问题的方案以及这些方案产生的过程符合民主规范，符合公平、正义的价值观。

在公共领域，行政人员是履行公职的“公共人”，在私人领域，则是普通的私人，但是，对利益的诉求则不能因为活动领域的差别而有所降低，毕竟人活动的一切都是为了某种利益而已。只不过因为角色的不同，行政人员对利益的追求在性质上应该存在重大差异。换言之，作为行政人员的“公共人”应当以公共利益优先于私人利益为其价值取向。当私人利益与公共利益发生冲突时，“公共人”首先应当实现公共利益而不是个

① ［美］珍妮特·V. 登哈特、罗伯特·B. 登哈特：《新公共服务：服务，而不是掌舵》，丁煌译，中国人民大学出版社2010年版，第55页。

② 同上书，第56页。

③ 同上书，第58页。

体的私人利益。公共利益与私人利益的冲突是源于个人生活和社会生活的矛盾性：一是个人对“公共”问题认知的不同导致了私人与社会的冲突；二是因为公共利益与私人利益都具有不可替代性；三是私人利益天生就有反公共利益的天性，正如黑格尔所言，市民社会中的“每个人都以自己为目的，其他的一切在他看来都是虚无”[①]；四是公共利益的滥用有可能侵害私人利益。“公共人”的公共属性：权力公共性、职务公共性、行为公共性等，决定了作为“公共人”的行政人员必须以公共利益为优先的价值序列。另一方面，强调“公共人”的价值追求是公共利益优先私人利益，并不意味着对“公共人”的私人利益进行全盘抹杀，而是应当充分尊重其私人利益，只要其在追求私人利益时并没有损害公共利益，或假借公共利益之名行追求私人利益之实，保护“公共人”的私人利益便具有天然的合理性。这是因为追求私人利益是人的天性，是人人自爱的一种表现，私人利益无法满足则不足以促使其做出积极活动，人类历史也将不会存在。另外，公共利益与私人利益的相互依赖性，决定了维护“公共人”的私人利益的正当性，因为任何公共利益一定是包含了许多私人利益的共同利益，抽掉了私人利益这个内核，公共利益就是一种“空心”的虚幻，二者相辅相成，互相依赖。卢梭在论证人的社会属性时指出，“一旦人群这样地结合成一个共同体之后，侵犯其中的任何一个成员就不能不是在攻击整个共同体，而侵犯共同体就更不能不使它的成员同仇敌忾”[②]。故此，个人的社会属性标志了公共利益与私人利益相互依赖关系的客观性。虽然，在不存在角色冲突时，公共利益与私人利益的辩证关系应当是不以公共利益损害私人利益，也不能以私人利益损害公共利益，二者之间保持适度的张力和限度，现代的民主宪政理念也体现了这种平衡关系，认为“在特定的时间和特定的环境下，每项权利实际上都可能让步于某种公共利益”，但“如果这种平衡的达到乃是通过忽视个人权利或者过分强调‘公共利益’来实现的话，那么我们就违背了我们对忠于诸宪政原则的允诺”[③]。但是，行政人员的“公共人”的角色冲突决定了其在履行公职、从事公务活动中，必须将私人利益让步于公共利益，公益优先是其“公共人”角色的必然选择。

---

① ［德］黑格尔：《法哲学原理》，范扬、张企泰译，商务印书馆 1961 年版，第 197 页。

② ［法］卢梭：《社会契约论》，何兆武译，商务印书馆 1980 年版，第 27 页。

③ ［美］路易斯·亨金：《宪政·民主·对外事务》，邓正来译，生活·读书·新知三联书店 1996 年版，第 143、151 页。

四　认知能力：有限理性

活动在公共领域、运用公共权力解决公共问题的行政人员，无论从事常规性工作还是非常规性工作，对行政活动的“认知能力”是其能否实现组织和个人目标的核心要素。公共问题能否有效解决、公共价值是否恰当地实现、公共组织能否提升其有效性与合法性、公共政策的制定与执行能否达到预期目标等，在很大程度上依赖于行政人员的认知能力。行政人员的认知能力从宏观上来看，包括公共问题的发现能力与合法有效地解决能力。从微观层面来看，行政人员的认知能力主要是指处理行政价值冲突的能力、行政决策能力、决策执行能力以及在决策、执行过程中的应变能力等。传统公共行政学视行政人员为“经济人”，在行政认知能力方面他们具有完全的理性能力，在决策与执行中，理性经济人能够“将自己的所有行为融合成一个完整的模式：（1）决策前从全局的角度来看待各备选行动方案；（2）考虑每个决策所导致的全部结果；（3）使用价值系统作为从所有备选方案中选出一个最佳方案的决策准则”①。具备完全理性的“经济人”是散落人间的“上帝”，拥有无与伦比的计算能力、博古通今的信息知识以及层次分明的价值偏好等，在完全理性的指导下，作为“经济人”的行政人员可以制定最优的公共政策，完美地执行这些政策并最大限度地实现政策所预订的目标。这种形而上的理想行政人员模型虽对行政效率的价值追求具有较强的解释力，但在现实中是不存在的。因为现实中的行政人员是理性与非理性的结合体，也没有超凡的计算能力，对自身以及其他社会公众的价值偏好排序更是一知半解。所以，在西蒙看来，现实中行政人员的决策活动“就算要达到近似的客观理性也难以想象。个人的种种决策是在‘给定条件’的环境中发生的，所谓‘给定条件’就是被决策主体当成个人决策所依据的前提条件，行为只能适应这些‘给定条件’所设置的限度”②。

与完全理性的“经济人”假设不同，现实中从事公共治理活动的“公共人”在行政认知能力方面应当是“有限理性”的。公共人的行政认知能力的有限性，主要体现在以下三方面：最大可能而非发现所有公共问题；以某一价值为主导、兼顾其他价值而非实现所有行政价值；解决公共

---

① ［美］赫伯特·A. 西蒙：《管理行为》，詹正茂译，机械工业出版社 2004 年版，第 87 页。

② 同上书，第 86 页。

问题的行动方案不是追求“最优”而是“令人满意”。制约公共人行政认知能力有限而非无限的因素可归纳为如下几方面。

首先，人类自身的心理机能。行为科学研究认为，人的大脑的有限信息处理能力以及大脑不同组成部分具有某种独立地影响人的行为能力之特点，决定了人在认知能力方面的有限性。一方面，由于人的大脑的有限信息处理能力无法获得所有公众的需求等方面信息，所以，作为公共人的行政人员在决策以及执行决策时，也就无法做到最优；另一方面，人的大脑是由不同功能模块组成，每一个不同功能模块可以在没有其他模块参与的情况下获取信息，这既是人类的强项也是人类的弱项，因为这使人有可能在某一方面处于冲突之中，无法达成一致。行为科学在总结演化心理学时指出，“所有正常人的头脑汇集了推理和调整的线路，具有特殊功能和特定的领域。这些线路形成了我们解释自己体验的方式、将某些频繁出现的概念和动机注入精神生活，并提供意会的通用框架，使我们能理解他人的行动和意图。通过这些人类通用的推理线路，在表面可变性的标准下，所有人对世界的本质和人类行为持有一定的观点和假设”①。在不同大脑功能模块感知不同的世界本质以及人与人不同的人类行为情况下，行政人员不可能获得一致的社会体验，也就不可能在何谓公共问题、政策目标、实现政策目标的方式方法上取得一致，完全理性的“经济人”假设缺乏实证基础，余下的只有有限理性的公共人。还有学者从人的视觉、听觉、知觉、注意力、记忆、情绪等方面探讨了人的生理机能对人的限制问题。比如人的视觉只接受380—760纳米波长的电磁波，这种波长的电磁波只占据整个电磁波谱的约1/70，人的眼睛无法看到紫外线、X射线和红外线、无线电波等。人的听觉只能感受16赫兹到20000赫兹区间范围内的声波，无法感受低于16赫兹的低频音、高于20000赫兹的高频音。在记忆与人的决策方面，人的决策依赖于记忆所储层的信息，这些信息的提取有时候会被阻碍或抑制了，从而出现遗忘和扭曲信息的后果，使人的决策能力受到一定限制。在情绪影响人的认知方面，有学者认为过于强调人的理性能力，有可能使我们变成“理性的白痴”，事实上，没有人的主观评价，任何事情都是不合理的。快乐与痛苦、好与坏等这些感觉都是大脑的产物，是与成本、偏好逻辑相关的有限能力的产物。

其次，不完备的认知方法。观察、归纳和演绎是认知的具体方法，这

① ［美］阿兰·斯密德：《制度与行为经济学》，刘璨、吴水荣译，中国人民大学出版社2004年版，第40页。

些方法内在的不完备性决定了行政人员对行政活动认知的有限理性。试以观察法为例，观察法作为理性认知的基础，经由它所获得的事实材料可为行政人员制定解决公共问题的行动方案提供可靠的感性材料。从完全理性角度而言，行政人员就应该对行动方案所指向对象的存在条件、时空关系、表现形态以及运动变化等属性做全面考察，考察越全面越客观，所制定的行动方案就越有可能接近完全理性。然而，观察法作为人的一种认识方法，首先，它要受到所观察对象的限制，任何观察对象都处在不同的时空界面中，所具有的多种属性又时时处在变动之中，观察者不可能在某一时点全面获悉所观察对象的所有属性。另外，任何客观事物又总是处在发展过程中，某一时点只能向外界展示其部分特性，观察者由此观察到的结果只能是该事物在这一时点的属性特征而非全部属性。还有一些客观事物本身就无法观察，如人的“意念”“做梦”等，这些客观事物也排除了观察法运用的可能性。其次，作为人类理性认识客观事物的观察法还要受到观察者自身的主观因素影响，人的目的性、信仰、知识结构以及心理特征，直接干扰了观察结果的客观性与全面性。对同一个社会现象，作为观察者的行政人员基于各自的价值取向、工作经验与责任意识，对该社会现象是否构成公共问题以及如何解决等价值判断、事实认知，都会有不同的认识，这些认识都是片面与不完全的理性认识，客观、全面的理性认识是无法达成的。同理，归纳法是一种从部分到整体的推理方法，即从某一集合中的部分事物所具有的属性出发，进而推导出该集合中所有事物的整体属性，这在逻辑上是讲不通的。演绎法与归纳法相反，是一种从一般到特殊的推理方法，其推理的前提条件是明确“普遍原理”，鉴于“普遍原理”的是从归纳法而来，而归纳法自身的不足之处导致了这些“普遍原理”自身的不完备性，这也就意味着演绎法的不可靠性。总之，认知方法的不完全性是导致“公共人”有限行政认知能力的因素之一。

再次，不完全的信息。作为“公共人”的行政人员，在公域之治的行动中，行动的科学性、有效性与公平性依赖于信息的多寡和信息的真实程度。传统公共行政在“理性经济人”的假设下，认为行政人员能够拥有完全信息，且对自身以及其他社会主体的偏好体系有完全的了解，所以，在传统公共行政看来，建立合理的行政秩序仅仅是一种纯粹的逻辑问题。与“理性经济人”不同，“公共人”在行政活动认知能力上是有限的，因为他们所掌握的信息具有不完全性。一是所有的信息不能为“单一的头脑”所拥有，这是源于知识的分散性特点。知识从来就不是以集中的方式而存在，相反，知识时常是以片段式甚至以相互矛盾的方式为个人所占有。二是信息的非对称性决定了“公共人”的行政活动有限认知能力。譬如，履行公共治理职能的行政人员在作出行政决策时，其实质就是信息的输入、转换与输出过程，在此种信息传递的过程中，参与行政决策的主体之间由于受到自身利益追求与价值偏好的支配，各自拥有的信息处于隔离状态且无法共享，可能的结果就是掌握决策信息越多的主体越有可能从决策结果中获得更多的利益，这就违背了决策的公正性与公平性价值理念，缺乏公平、公正的行政决策很难说是完全理性的。另外，正是因为参与行政决策主体间信息的保守性和非共享性，支撑决策的信息就是残缺不全的。在什么是决策问题、决策目标、行动方案的规划与抉择等关键环节上很难做到科学性、回应性与公正性，最后的决策也就只能是追求“满意”而非“最优”。三是信息交易成本制约了信息占有的完全性。行政人员在认知并解决公共问题时，所进行的信息收集、传播、加工、转换、输出等环节就是信息的交易过程，交易过程的有效性端赖于交易成本的高低，这些成本既包括有形的人力、物力、财力，还包括无形的政治利益、价值整合等非经济性资源，这些交易成本的存在，使得行政人员在行政认知的信息占有和梳理等方面，只能因时、因地、非完全地转换与流通，依赖于不完全信息所作出的行政认知也就具有占时性、片段性与地方性。四是信息传递的体制障碍影响着信息的完全性。尽管人们质疑科层体制的等级节制与低效率，但是，科层体制依然是人类目前治理公共问题不可替代的方案，在科层体制之下，作为行政决策与执行基础的信息需要经过严格的层级过滤才能到达主管人员，并成为他们决策与执行的依据。由于科层制多层级的特点，在信息传递过程中，行政人员与组织出于自身以及组织利益的考虑，有意识或无意识地过滤一些信息、增加一些对己有利的信息，这就会导致信息流转迟缓、信息失真、信息利用的异化等弊端，影响了行政决策的实效性与可行性。在科层机构膨胀、人员庞大、层级繁多的特定行政体制下，上述弊端就会越发明显。信息传递的体制障碍制约了行政人员在行政活动认知能力方面的有限性。

最后，不确定性的存在。哲学意义上的不确定性乃相对于确定性而言，确定性是指在遵循某种既定条件下，事物所呈现的状态是唯一的。不确定性是对确定性的否定，意指即使物体遵循了某一规律运动，所出现的结果也不是唯一的。确定性在公共行政领域中的集中体现的是传统公共行政的“理性经济人”假设，该假设认为行政人员总是能发现全部的公共问题、所制定的公共政策是解决该公共问题的最佳方案、公共政策的执行一定会全部实现政策目标、严格责任追究必然能够实现行政的价值等。与此相反，行政人员的"公共人"预设是对理性经济人假设的超越，该人性预设强调了行政人员在行政认知能力上的有限性。从哲学意义上的不确定性维度而言，"公共人"假设之维的行政人员在行政认知能力方面的有限理性，是因为受到"不确定性"规律的支配。一方面，作为认识论的不确定性是指由于信息不完全，而导致认识主体对认识客体的不确定性，从而无法对事物运行过程和结果做出确定的描述与准确预言，这属于认识主体的主观不确定性。行政人员在对行政活动认知过程中，必然受到信息不完全的影响，无法达致对行政活动的过程、本质完全与确定性的认知，导致行政人员的行政认知活动只能是有限理性。另一方面，作为本体论的不确定性揭示了事物自身的发展变化属性。因为事物永远处在运动变化和普遍联系之中，其自身的本质属性总是不可能一步到位地展现给认识主体，认识主体只能观察事物的某一方面，而不是事物的全部属性，所以，相对于认识主体而言，作为认识客体的世间万物永恒地处于不确定性状态。事物自身的不确定性决定了，行政人员在对行政活动认知中是有限理性的，比如，对公共问题的认定只能是在某一特定阶段的公共问题，时过境迁后该问题就不一定是公共问题了。对公共政策目标的确定要随着公共问题的变化而变化，不可能一劳永逸。对行政价值的定位也要随着时代的不同而不同，并依据时代的主要需求解决行政价值的冲突问题。总之，客观世界"最大的确定性是关于不仅在行动里，而且在认识中的不确定性之不可消除的确定性"①。行政人员有限理性的认知能力源于客观事物的不确定性。

五　行动目标：实现善治

20 世纪 90 年代以来，为了弥补市场失灵与政府失灵，"治理"作为社会管理的一种模式风靡西方世界。作为一种"对付市场和（或）国家协调失败"的社会管理模式，治理的核心是指多元主体共同参与、合作解决公共问题的过程。"治理"与"统治"不同。一方面，权威来源不一样。统治的权威一定来源于政府，不管政府的性质如何，政府乃是唯一合法的社会管理主体。而治理的权威则是多元的，既可以是政府，也可以是其他社会组织和公民，还可以是政府与私人组织的合作等，可以没有政府的统治，但不能没有治理。另一方面，权力运行向度不同。政府统治的权

① ［法］埃德加·莫兰：《复杂性理论与教育问题》，陈一壮译，北京大学出版社 2004 年版，第 141 页。

力运行是单向度的，其轨迹为自上而下，表现为发号施令、制定政策与实施政策来管理公共事务，强制是其本质特征。治理的权力运行向度是多元的，包括自上而下、自下而上以及上下互动等方式，上下互动的社会管理过程中，主要通过协商、伙伴关系、利益共识等方式来实现共同目标，“强制”虽是实现治理目标的一种方式，但不是主要的方式。正如“治理”是为了弥补市场与政府在社会管理中调控、协调的不足一样，“治理”本身也会失灵。治理失灵的原因有可能包括：参与治理的主体之间目标差异、协调沟通机制不畅、信息无法共享、责任分配模糊等。为了克服治理失灵问题，西方社会提出了“良好的治理”，即“善治”作为解决治理失灵的对策。然而，何谓“善治”？其包括何种要素？应当如何评价？学界尚处争议当中。国内学界的权威解读认为“善治”就是使公共利益最大化的社会管理过程，其本质特征和基本要素如下。①

善治是政府与公民对社会公共生活的共同管理，是国家与公民社会的良好合作，是两者关系的最佳状态。善治有以下 10 个要素：（1）合法性，即政治秩序和公共权威被自觉认可和服从的性质和状态。（2）法治，即法律成为公共政治管理的最高准则，法律面前人人平等。（3）透明性，即政治信息的公开性。（4）责任，即管理者应当对其自己的行为担负基本的公共责任。（5）回应，即公共管理人员和管理机构对公民的要求作出及时的和负责的反应。（6）有效，即管理的效率。（7）参与，既指公民的政治参与，也包括公民对其他社会生活的参与。（8）稳定，意味着国内的和平、生活的有序、居民的安全、公民的团结、公共政策的连贯等。（9）廉洁，主要是指政府官员奉公守法，清明廉洁，不以权谋私，公职人员不以自己的职权寻租。（10）公正，指不同性别、阶层、种族、文化程度、宗教和政治信仰的公民在政治权利和经济权利上的平等。

当然，从治理走向善治，离不开公民社会的兴起、民主政治的发展以及公民参与社会管理的能力提升等条件。更重要的是善治是对社会现实的回应，在公共问题日益突出、市场机制与国家统治无法有效解决公共问题的情况下，需要借助公民社会的力量，这就需要一种能够整合各种社会治理力量的机制或模式，在这种机制或模式的系统中，通过目标共识、信息共享、利益趋同与责任分担等方式方法，协调合作共同解决公共问题。所以，从理性角度而言，善治的兴起是对单一“完全理性”的否定，是对市场万能、政府万能的否定，这种否定也是一种肯定，是对民间力量的肯

① 俞可平：《善治与幸福》，《马克思主义与现实》2011 年第 2 期，第 1—2 页。

定。在否定与肯定的双向互动中，公共问题能够得到有效的治理，还人类一个体验幸福生活的社会环境。

“善治”作为人们追求和谐有序社会治理的理想状态，为何应当成为“公共人”人性假设的行政人员之行动目标呢？除了行政人员是一群普通公民，也希望能够享受好的公共服务、在安定祥和的社会环境中实现自身价值之外的原因，更核心的理由是作为“公共人”的行政人员，履行社会治理职能是其不可推卸的职责，其在公共领域中的公职角色决定了作为“公共人”的行政人员，应当以“实现善治”作为其行动的终极目标。

其一，公民参与是实现“善治”目标的前提，行政人员则是公民参与的促进者。众所周知，“善治是政府与公民之间的积极而有效的合作，这种合作成功与否的关键是参与政治管理的权力”[①]。换言之，没有公民的有效参与，则善治目标无法实现。作为履行公共治理职能的行政人员，有义务教育并培养公民的参与能力，并通过制度设计保障公民能够有效地参与，维护公民的参与权利。作为民主治理的积极参与者与推动者，行政人员在实践中有义务倾听公民的声音并作出回应。这是因为公民有效参与社会治理过程，“①使公民感到其声音和利益受到关注；②改进公共政策的质量；③政府更好地执行政策；④增加政府的透明度和强化政府的责任；⑤增加对政府的信任度；⑥更好地迎接一个正在出现的信息社会的挑战；⑦为一些新型合作关系的产生创造可能性；⑧使公众更加见多识广”[②]。

其二，公民社会是实现善治目标的现实基础，行政人员则是政治国家与公民社会联系的桥梁。善治作为一个良好的社会治理过程，也是一个还政于民、国家权力回归社会的过程，这个过程能否实现，关键在于承接权力回归的载体——公民社会——的成熟度。事实上，善治理念的提出正是建立在公民社会蓬勃发展的现实之上，并希望利用整合公民社会的力量，与政府一道为公民提供一个有序的社会治理结构。公民社会对善治具有很好的促进作用，具体表现在：第一，公共政策与决策。健全的公民社会通过动员公民更投入地参与到政治和公共事务中，使得他们以更有效的方式表达自己的利益，发出自己的呼声，进而对公共政策产生影响。如公民社会团体，特别是民间草根组织，在保护妇女、穷人、非正式雇员、残疾人等被边缘化的群体时，发挥了重要的作用。第二，透明性与信息。公民社

① 俞可平：《治理与善治》，社会科学文献出版社 2000 年版，第 12 页。

② 竺乾威：《公共行政理论》，复旦大学出版社 2012 年版，第 441 页。

会通过在内部宣传政策计划的执行、法律条文和规定、特殊问题等信息，组织公民督促政府有效行政、依法行政。使公民更易于获得与政策和法律制定或执行相关的信息。第三，提升政府表现。公共社会组织可以通过与政府合作，以改善、协助并提供公共服务，两者形成合作优势，提高了政府机构的合法性和执政水平。第四，社会公正、权利与法治。首先，通过公民社会对公共权力进行监督，提高了政府政策的公信力。其次，当公民权利受到政府或其他机构侵犯时，公民社会可以通过法律程序维护他们的权利，例如为没有做出庭准备的公民群体提供辅助律师服务。通过履行公职的行政人员的媒介作用，可充分发挥公民社会在实现善治目标过程中的作用。

其三，“善治”的实质就是公共利益最大化的社会管理过程，行政人员则是公共利益的维护者。体现“善治”理念的新公共服务理论认为，政府存在的合法性之一就是表达和实现公共利益，作为政府职能的直接履行者，行政人员必须确保公共利益在其行动中居于主导地位，如政策方案的制定、执行应当体现公共利益，行政人员应当采用积极的态度去实现公共利益。在新公共服务理论看来，公共利益可定义为“绝不仅仅是所有私人利益的加总，也不是消去私人利益的各种加号和减号之后剩下的和。尽管公共利益并没有与私人利益完全分离，而且它源于具有许多私人利益的公民，但它是从私人利益内部和私人利益之间产生并且离开和超越了私人利益的某些有特色的东西，它可以使人类所能够发现的某些最高抱负和最深切的信仰成为政府工作的焦点”①。实现公共利益的方式多元，重要的是要培养公民的信任感、鼓励公民关注更大的社会等。

第三节 “公共人”的理论渊源

履行公共治理的行政人员应当是实现公共利益最大化的“公共人”，社群主义理论、公民理论和公仆理论等是“公共人”预设的理论渊源，这些理论为塑造“公共人”的社会角色、自然角色和职业角色提供了有益借鉴。

① ［美］珍妮特·登哈特、罗伯特·登哈特：《新公共服务：服务，而不是掌舵》，丁煌译，中国人民大学出版社2004年版，第69页。

一　社群理论

社群观念早在古希腊亚里士多德时期就已产生，但社群主义理论是在20世纪80年代兴起的，在个人主义过度张扬导致伦理道德缺失的背景下，社群主义在批判以约翰·罗尔斯为代表的新自由主义的过程中发展起来，其主要代表有阿拉斯戴尔·麦金太尔、迈克尔·桑德尔、迈克尔·沃尔泽和查尔斯·泰勒等。

社群主义理论的核心概念是社群，古希腊城邦是最初的社群形态。亚里士多德认为社群是人类为达到某种共同的善而组成的团体或关系，由平等、相似而又不同的成员组成，成员围绕共有的相似点或利益而团结合作，并依靠友谊和正义维持关系。当代社群主义者对社群的理解源于亚里士多德，麦金太尔强调的社群是指“一种其成员由个体的承诺/责任和特殊联系相互联结的实体组织或社会关系，具有共同的善或利益、共同的价值，人们有归属感，具有一定社会角色并承担相应责任”①。在社群中，成员认同社群的文化历史和社会价值，拥有共同的利益追求、价值目标或兴趣爱好，成员既关注自身价值，又将社群的目标视为自己的目标，基于社群的习俗传统、成员关系和规范体系而共享完整的生活方式。社群的形式多种多样，可以是家庭、村落，也可以是社会团体、民族、国家等。

社群主义理论以个人和社群（社会）的关系为切入点，关注社群的价值和本位性，强调社群优先于个人，进而围绕共同善提出公共利益优先于个人利益，主张通过社群恢复公民传统美德、倡导公民政治参与。它为“公共人”的社会角色奠定了理论基础，主要体现在个人与社群的关系、公益观、权利观和国家观。

1. 个人与社群的关系：社群优先于个人

新自由主义认为自我优先于目的和价值，个人优先于社会。社群主义在批判的基础上提出：目的和价值优先于自我并规定自我，社群（社会）优先于个人。社群之所以对个人具有本位性和优先性，存在以下原因。首先，社群对个人自我具有构建作用。任何人都不是离群索居的抽象个人，而是置身于家庭、地域、民族和国家等社群中的具体个人，个人无法摆脱社群的背景和限制，社群成为自我的构成性因素。社群的历史文化和社会价值塑造个人的自我认同，个人的本质属性、价值目的和人生理想等自我

① 郑富兴：《麦金太尔的美德教育思想》，《全球教育展望》2004年第8期，第34—35页。

内涵在根本上由社群决定。正如桑德尔所言：“个人不能自发地选择自我，而只能发现自我。是社群决定了‘我是谁’，而不是我选择了‘我是谁’。”① 其次，社群是保障个人自由和权利的前提。一方面，社群主义指出，个人权利是社会活动的产物，其产生的基础是社群的共同实践和交往活动。泰勒曾说：“我并不能孤立地，而只能通过部分公开部分隐蔽的对话和协商，来发现我的特性。……我自己的特性本质上依赖于我与他人的对话关系。”② 另一方面，个人自由和权利的实现及长久存在必须依靠社群。丹尼尔·贝尔认为：“没有一个社群的观念，个人权利就无法长期存在。社群观念既承认个人的尊严，也承认人的生存的社会性。”③ 最后，个人是离不开社群的社会存在物。在社群主义者看来，个人是社会占有性的概念，而非个人占有性的存在。“我们首先是一种社会生物，汲汲于在世俗中实现某种生活形式。”④ 个人通过社群的成员资格和社会关系形成自我及其认同，在社群中寻找情感归属和存在价值，社群使个人获得传统美德、创造生活意义。麦金太尔强调“一种环境（社会）有一个历史，而个人行为者的历史不仅是，而且应当是置于这个历史之中的，因为没有环境和环境在时间中变化，个人行为者的历史和他在时间中的变化就是不可理解的”⑤。故而，必须将个人作为社会存在物放入社群中去理解和考察，脱离社群的个体是没有现实意义的。

社群主义理论主张社群优先于个人，个人是存在于社群（社会）中具体的人，认可个人现实存在的同时，强调人的社会存在，为“公共人”的社会存在形态提供了理论基础。“公共人”的存在形态是现实个人，是从事公共事务治理活动的有生命的个体性存在。同时，“公共人”也是一种社会存在物，处于纷繁复杂的社会关系之中，在公共行政中获得自身的内在规定，依靠行政组织实现重生、求强、逐乐的人性需要。

2. 公益观和权利观：公共利益优先于个人权利

社群主义的公益观立足于社群优先于个人，围绕共同善的理念探讨公共利益与个人利益的关系，主张公共利益优先于个人权利。社群主义强调

---

① ［美］迈克尔·桑德尔：《自由主义与正义的局限》，万俊人译，译林出版社 2001 年版，第 150—151 页。

② 刘军宁等：《自由与社群》，生活·读书·新知三联书店 1998 年版，第 18 页。

③ ［美］丹尼尔·贝尔：《社群主义及其批评者》，李琨译，生活·读书·新知三联书店 2002 年版，第 1 页。

④ 同上书，第 84 页。

⑤ ［美］麦金太尔：《德性之后》，龚群、戴扬毅译，中国社会科学出版社 1995 年版，第 260 页。

的共同善有两种表现形式，一种是物化的利益，即公共利益，另一种是非物化的行为，即美德。共同善被用来评价社群生活方式和成员行为偏好，它“独立于我们自己的欲望、爱好或选择，它们表示着这些欲望和选择据以被判断的标准”①。真正的善是个人之善和社群之善的结合，既要保障个人利益，又要实现公共利益。但是，社群之善优先于个人之善，共同善优先于个体权利，即公共利益优先于个人权利。公共利益是政治生活的最高价值，公共利益高于个人利益，必要时可以牺牲个人利益以保障公共利益。

社群主义的权利观有三点共识：一是反对道德权利而主张法律权利，二是积极权利优位于消极权利，三是社群权利优先于个人权利。社群主义强调社群权利的优先性，并不意味着否认个体的自由和权利，“社群主义不是反对个人自由，而是主张把自由放在其适当的位置；它也不主张取消个人权利，而是为个人权利划定适当的界限”②。

公益观和权利观为“公共人”的价值取向提供了理论依据。“公共人”在本质上是实现公共利益最大化的人，必须坚持公益优先的价值取向，实现“公共的善”和“集体的善”。同时，承认和尊重“公共人”的个人权利和私益。若公共利益和个人利益发生冲突，“公共人”应先考虑公共利益，不能为了个人的权利和利益而损害公共利益。

3. 国家观：强调公民参与

新自由主义强调中立，不鼓励公民参与政治，也不鼓励国家引导公民参与，主张尽可能少干预的“弱国家”。社群主义批判自由主义的国家观，提出“强国家”理论，认为实现公共利益的社会才是良善的社会，只有公共政治生活才能推进公共利益，而公共政治生活需要公民的广泛参与。亚里士多德认为公民参与城邦公共生活是自由的要素，“城邦重要之处就在于提供一个公共领域，刺激其公民经由政治参与砥砺种种美德，以促进共同美好的生活”③。社群主义者倡导公民积极参与社会生活，并扩大公民政治参与的范围。一方面，“社群主义者实质上把政治权利界定为

① ［美］泰勒：《自我的根源：现代认同的形成》，韩震等译，译林出版社 2001 年版，第 28 页。

② ［美］麦金太尔：《德性之后》，龚群、戴扬毅译，中国社会科学出版社 1995 年版，第 156 页。

③ 吴玉军：《现代性语境下的认同问题——对社群主义与自由主义论争的一种考察》，中国社会科学出版社 2012 年版，第 22 页。

个人参与政治决策的权利"[①]，个人权利只有通过积极的政治参与才能实现。另一方面，公民的政治参与有利于民主政治的发展，是防止专制集权、独裁主义的根本途径。所以，公民广泛的政治参与是非常必要的。"公共人"的行动目标是实现善治，公民参与是实现善治目标的前提，作为"公共人"的行政人员是公民参与的促进者，要积极引导公民参与政治生活。

二　公民理论

公民理论滥觞于古希腊和罗马，亚里士多德在分析城邦公共政治生活的基础上，首次提出比较完整的公民理论，为古典公民理论奠定了基础。到中世纪，教会和神权处于绝对的统治地位，世俗国家的政治实践遭到严重冲击，依附政治而存在的公民消失，古典公民理论湮没在神学之中。经过文艺复兴时期，个人的公民身份得到确认和普及，资产阶级思想家提出了近现代公民理论。

公民最早产生在古希腊城邦，原意是"属于城邦的人"。亚里士多德认为"凡有资格参与城邦的议事和审判事务的人都可以被称作该城邦的公民"[②]。公民概念的本质是公民身份，公民只是称谓，而公民身份才是其实质。"公民身份是个人在一民族国家中，在特定平等水平上，具有一定普遍性权利与义务的被动及主动的成员身份。"[③] 公民身份明确什么样的人才能称为公民，公民应该做什么，古希腊城邦中的公民身份意味着一种政治特权，只属于有权参与城邦政治生活的公民，外邦人、奴隶、妇女、老人和儿童均不具有公民身份。罗马的公民身份宣示着一种权利保护，所有公民平等地享有自由和权利。马歇尔认为公民身份实质上是关于平等的原则，主要包括公民、政治和社会三要素所组成的权利。共和主义积极公民理论强调公民身份是个人在共同体中的成员资格，是"参与公共讨论和集体决策、超越私利而追求公益等活动本身"[④]。

公民作为政治主体是公共行政的实践者，作为"公共人"的行政人

---

① 俞可平：《当代西方社群主义及其公益政治学评析》，《中国社会科学》1998 年第 3 期，第 114 页。

② ［古希腊］亚里士多德：《亚里士多德选集》（政治学卷），中国人民大学出版社 1999 年版，第 76 页。

③ ［美］托马斯·雅诺斯基：《公民与文明社会》，辽宁教育出版社 2000 年版，第 11 页。

④ 唐慧玲：《对理性公民政治参与的思考——基于消极公民和积极公民理论》，《内蒙古大学学报》（哲学社会科学版）2012 年第 1 期，第 46 页。

员首先是一个公民，而且应该是具有良好品质、高尚道德的公民，这是“公共人”的自然身份。“公共人”是在公共行政中起主导作用的代表性公民，应具有与其公民角色相匹配的思想和行为，而公民理论为其提供了理论积淀。

1. 人民主权

人民主权思想是近现代公民理论的核心思想，它以自然权利论和社会契约论为基础，是两者在政治社会中的升华。一方面，古典自然法推定，在国家之前存在一种自然状态，人们享有不可剥夺的自然权利。自然权利论阐述了自然状态中人的权利状况，确立和保护人的主体地位，为公民的权利和地位提供哲学依据。另一方面，社会契约使人们的自然权利实现分离，一部分是仍属于自己的公民权利，另一部分让渡给国家而成为政治权力。社会契约论论证国家权力由人们授予，政府存在的目的是保障公民的权利和自由。卢梭在此基础上提出人民主权理论，将个人从自然人、臣民转变为公民，将主权从君主手中转移到公民手中。国家是社会契约的产物，国家权力来源于人民，故国家主权应属于人民。

公意是人民主权理论的精髓，为“公共人”的价值取向铺下了理论基石。卢梭认为订立社会契约的基础是公意，公意是主权的基础，是人民意志和公共利益的集中体现。主权是公意的运用和实现，主权的所有者是人民而非政府，人民将权力委托给政府，作为国家权力行使者的政府是主权者的代理人，“只是作为公民的个人与主权者之间的一个中间体，即主权者人民为了公共利益而建立的一个管理社会事务的机构”①。所以，人民主权学说认为，每个公民都要服从主权，服从主权就是服从公意。同时，政府及其行政人员必须维护和执行公意，切实为人民服务，即使是最高行政首长也是人民公仆。“公共人”的价值取向是公益优先，作为“公共人”的行政人员不管是站在普通公民的角度，还是站在政府公职人员的角度，均应维护和执行人民公意，实现公共利益的最大化。

2. 公民参与

公民理论中对公民最根本的行为要求是参与政治。葛兰西认为公民理论追求公民之间平等、普遍的身份地位，平等是公民理论的重要理念。对于公民个人而言，最重要的平等体现在政治权利的平等，即公民个人有参与国家政治事务的权利。从公民内涵来看，积极公民是“以公共生活为

① 刘彦朝、李继刚：《试论近现代西方公民理论的逻辑结构》，《华北水利水电学院学报》（社会科学版）2004 年第 3 期，第 52 页。

出发点，旨在参与公共政治生活，行使公民权利并履行公民义务的公民”①，参与政治是公民内涵的本质要求。从公民权利来看，“公民资格始终意味着这样一种参与政治的权利”②。亚里士多德认为“全称的公民是凡得参加司法事务和治权机构的人们”③，公民的核心特征是参与城邦政治生活的公民身份，公民概念的实质要件是能够分享政治权利，即公民能在政治上做些什么。马歇尔把社会权利作为公民的三大要素之一，“社会权利平等通过社会服务来保障：社会服务的功能就是确保所有公民都能平等地参与到社会与政治生活中去”④。从公民生活来看，积极公民理论主张公民投身公共领域，“政治参与和公共慎议活动不应该被视为沉重的责任或义务，而应该被视为具有内在的价值。人们应该高兴地接受民主公民资格的召唤，因为积极的公民生活事实上是我们的最高生活方式”⑤。

公民理论中公民政治参与和“公共人”人性预设存在诸多渊源。首先，“公共人”作为普通公民，应该积极参与国家政治事务，在政治参与中实现自身的德性和价值；其次，“公共人”作为公共行政的代表性公民，其行动边界应是公域而非私域，行政人员要在公域内运用公共权力从事社会治理活动；最后，作为“公共人”的行政人员，要给予公民充分参与政治的机会和权利，积极引导公民参与和多元主体共同参与，借助公民社会的力量解决公共问题。

3. 公民品质

公民理论不仅提出了参与政治的行为要求，还致力于塑造公民的精神品质。“真正的公民，同时是真正富有智慧的，他不会致力于无益的争论，相反他会献身于国家的管理。”⑥ 列宁认为文盲是排除在政治之外的，可见，公民献身于国家管理需要一定的智慧，公民应培养高尚的精神品质。一是独立人格。公民身份的前提是不依附于人的独立自由，独立人格是公民参与主权权威的基础。社会归根结底是个人的集合，若个体失去尊

① 唐慧玲：《对理性公民政治参与的思考——基于消极公民和积极公民理论》，《内蒙古大学学报》（哲学社会科学版）2012 年第 1 期，第 45 页。

② ［美］沙拜因：《政治学说史》（上），商务印书馆 1986 年版，第 25 页。

③ ［古希腊］亚里士多德：《政治学》，颜一、秦典华译，中国人民大学出版社 2003 年版，第 111 页。

④ 肖滨、郭忠华：《公民身份与社会理论》，吉林出版集团有限责任公司 2007 年版，第 28 页。

⑤ ［加］威尔·金里卡：《当代政治哲学》，刘莘译，生活·读书·新知三联书店 2004 年版，第 530—531 页。

⑥ ［英］昆廷·斯金纳：《霍布斯哲学思想中的理性和修辞》，王加丰、郑崧译，华东师范大学出版社 2005 年版，第 72 页。

严、自由、个性和人格，公民社会就失去了实质性价值。二是公共精神。在古希腊城邦时期，城邦的存在是为了公民的幸福生活，城邦的存亡与公民权利密切相关，公民具有极强的集体荣誉感和奉献精神。国家、社会和公民具有同一性，三者相互依存、休戚与共，公民要为国家和社会贡献自己的力量。三是美德。亚里士多德曾说过：“一个城邦，一定要参与政事的公民具有善德，才能成为善邦。”[①] 在卢梭眼中，没有爱国美德的人是不配成为公民的，他赋予公民以道德人格，视公民美德为共同体良性运转的要求。公民美德主要包括至善、智慧、守法、诚信、友爱和公正等。四是实践智慧。亚里士多德所说的实践智慧是指导公民实践的理性能力，在他看来，公民必须具有理性探讨公共利益的能力，老人和孩子受年龄限制和认知局限，没有参与政治的能力，所以不能成为公民。作为“公共人”的行政人员应是拥有良好品质的公民，首先，“公共人”作为公民应是人格独立的，是一种个性存在物，拥有独特性、自主性和自由自觉性；其次，“公共人”应该是高尚的公民，具有公共精神和美德，献身于公共治理活动；最后，“公共人”具有实践智慧，其在认知能力上是“有限理性”的。

4. 民主与法治

民主和法治一直是公民理论的重要内容，它们为“公共人”的行政方式提供了借鉴。亚里士多德认为，公民联合体应该实行民主、尊重法律，法律是经过众多公民讨论而制定的，公正无偏私，法律统治会比贤良的个人统治更优越。他认为已制定的法律应该获得普遍服从，服从法律是城邦公民的义务。“邦国虽有良法，要是人民不能全都遵循，仍然不能实现法治”[②]，所以，“法律应在任何方面受到尊重而保持无上的权威，执政人员和公民团体只应在法律（通则）所不及的‘个别’事例上有所抉择，两者都不该侵犯法律”[③]。卢梭也建立了公民与法治的联系，即法律保障公民的自由和权利，公民服从法律的统治。法律是公意的体现，服从公意会获得更多的自由，“我们无须问法律是否会不公正，因为没有人会对自己本人不公正；更无须问何以人们既是自由的又要服从法律，因为法律只不过是我们自己意志的记录”[④]。公民理论将民主和法治视为维护公民自由和权利的法宝。“公共人”在行政过程中坚持民主行政和法治行政，一

① ［古希腊］亚里士多德：《政治学》，吴寿彭译，商务印书馆 1965 年版，第 384 页。

② 同上书，第 199 页。

③ 同上书，第 192 页。

④ ［法］卢梭：《社会契约论》，何兆武译，商务印书馆 1980 年版，第 51 页。

是积极引导公民参与政治，及时回应公民诉求，与公民共同管理社会公共生活。二是依法行政，让法律成为公共行政活动的基本准则。这都是善治的内在要求，而“公共人”的行动目标就是实现善治。

三 公仆理论

公仆，顾名思义是公众的仆人，就是为公众和社会服务的人。马克思和恩格斯明确指出公仆不仅指公社中的公职人员，还包括国家机关。在理论层面上，学界有多种理解。一是“比喻说”，公仆是对国家公职人员的一种形象化的比喻；二是“干部说”，即党政行政机关和国家企事业单位中的干部都是公仆；三是“关系说”，公仆是指社会管理机关及其公职人员必须为人民服务的一种社会政治关系；[①] 四是“权力说”，公仆是指“从社会中产生并以服务于社会整体利益为根本宗旨的社会公共权力”[②]。

政治思想史上第一次明确表达公仆意识的是资产阶级思想家，但丁首次使用“公仆”概念，他指出：“虽然从施政方面说，公民的代表和国王都是人民的统治者，但从最终目的这方面来说，他们却是人民的公仆，而世界君主尤其如此，他应该被看作是全人类的公仆。”[③] 弥尔顿、洛克、卢梭和罗伯斯庇尔等资产阶级思想家，在自然法、社会契约论和人民主权说的基础上纷纷提出公仆理念。同时，与资产阶级相伴而生的无产阶级，构建了空想社会主义的公仆理论。1871 年 3 月，法国工人阶级推翻第二帝国，建立第一个无产阶级政权——巴黎公社，首创公仆原则，使公仆理论在实践中获得了极大发展。随后，马克思基于对巴黎公社历史经验的总结，首次使用了“社会公仆”的概念，并与恩格斯共同构建了马克思主义社会公仆理论。在马克思主义社会公仆理论的基础上，列宁对公仆的本质、素质、作风和实现进行了全面阐述，毛泽东、邓小平和江泽民等中国领导人提出了中国特色的人民公仆理论。

“公仆”是对国家机关及其公职人员的角色定位，作为“公共人”的行政人员也应该是人民公仆，公仆理论为“公共人”塑造了一种特殊的职业角色，主要表现在以下几个方面。

1. 国家机关及其公职人员是人民公仆

国家机关及其公职人员是人民公仆，这是公仆理论的核心和前提。资

---

① 王新民：《公仆论》，中共中央党校出版社 1995 年版，第 91 页。

② 王庆利：《“社会公仆”的概念解析》，《教学与研究》2004 年第 5 期，第 91 页。

③ ［意大利］但丁：《论世界帝国》，朱虹译，商务印书馆 1985 年版，第 18 页。

产阶级启蒙思想家立足于自然法、社会契约论和人民主权说，演绎出“政府公职人员是人民公仆”的论断。洛克和卢梭认为，为避免自然状态下的权利受到侵害，人民将部分权利让渡给国家和政府，政府与人民之间形成契约关系，政府及其公职人员的权力来自人民，必须执行主权者的意志，保护人民的自由和权利，所以，政府公职人员是为人民服务的公仆。正如罗伯斯庇尔所言：“人民是主权者，政府是人民的创造物和所有物，社会服务人员是人民的公仆。”① 空想社会主义者认为公职人员由选举产生，这明确了公职人员和人民的关系，决定了公职人员的“公仆”角色，其权力来源于人民，以保障人民的幸福为目的。温斯坦莱认为，共和国的官吏和公职人员是“我们把他们从我们当中选出来担任一定时间的特殊工作，并不是要他们成为压迫我们的老爷，而是成为帮助我们的公仆”②。马克思的社会公仆理论认为社会公仆代替社会主人是历史必然，社会公仆应为公社里的人民服务。马克思认为必须以勤务员取代官老爷，官老爷骑在人民头上作威作福，而勤务员必须遵循人民意志办事，接受人民群众的监督，否则会被人民罢免。毛泽东的人民公仆理论指出，人民民主专政的国家机构及其公职人员是人民公仆，要谨慎运用人民赋予的权力，全心全意为人民服务。“公共人”是针对国家公职人员的人性预设，应该具有“人民公仆”的角色，正确行使国家公权力和社会公权力，为人民和社会服务。

2. 公仆的建设和防蜕

为了加强社会公仆的建设，防止社会的公仆蜕变为社会的主人，不同时期的公仆理论在建设和防蜕方面设计了种种措施。空想社会主义者温斯坦莱主张通过民主选举和民主监督避免权力变异，反对导致蜕化变质的世袭制和终身任职制，所有公职人员和监督人员每年改选一次。马克思主义社会公仆理论明确提出“建设论”和“防蜕论”，加强社会公仆的制度、意识、素质和作风建设，才能保持社会公仆的本性；马克思和恩格斯认为，巴黎公社实行的选举、撤换、监督和低薪等制度，是防止社会公仆变成社会主人的有效举措。列宁的公仆理论在建设方面，主张提高社会公仆的素质，树立公仆的优良作风。同时，加强执政党建设，健全苏维埃法制，构建集组织监督、专职监督、法律监督、群众监督和舆论监督于一体

① ［法］罗伯斯庇尔：《革命的法制和审判》，赵涵舆译，商务印书馆1986年版，第138页。

② ［英］温斯坦莱：《温斯坦莱文选》，任国栋译，商务印书馆1956年版，第34页。

的监督网，实现苏维埃政权机关的“工人化”，以防止社会公仆嬗变为社会主人。列宁之后，毛泽东、邓小平和江泽民等中国领导人相继提出了人民公仆建设和防蜕的思路。毛泽东强调执政为民、素质本位，加强公职人员世界观的教育和改造，注重正面示范和反面典型的作用，健全法制和监督机制。邓小平强调以人为本、制度本位，提出“领导就是服务”，坚持从人民利益出发、人民利益高于一切，建立党内监督、群众监督、民主党派和无党派人士监督等监督机制，通过制度体系防止社会公仆的腐败和蜕变。江泽民强调立党为公与执政为民相结合、素质提升与制度建构相统一、依法治国和以德治国相兼容。综上所述，实现社会公仆的路径主要有两条，一是包括选举、撤换和监督等外在的制度机制，二是涵盖意识、素质和作风等内在的公仆人格。“公共人”作为社会公仆，不仅需要外部的制度规范和机制约束，还须注重其本身的价值意识、认知能力和行政素质。

3. 人民管理制

马克思主义社会公仆理论强调，国家机关及其公职人员要履行社会公仆的职责，就必须实行人民管理制。马克思在总结巴黎公社的经验时曾言：“公社的伟大社会措施就是它本身的存在和工作。它所采取的各项具体措施，只能显示出走向属于人民、由人民掌权的政府的趋势。”① 实行人民管理制由无产阶级国家的本质所决定，在无产阶级国家中，人民是国家的主人，有权管理国家和社会事务。公职人员要遵循人民的意志，维护人民的利益，使人民直接或间接地参与国家管理。列宁在继承马克思主义社会公仆理论的基础上，根据苏维埃国家建设的经验，系统地阐述了人民管理制。他认为公仆的本质核心是人民当家做主，人民当家做主的实际体现的是工农群众参与管理。“通过无产阶级的先进阶层代表人民实行管理，是人民管理制的低级形式，由这种形式到由全体劳动者实行管理的高级形式，有一个很长的逐渐发展过程。”② 这个发展过程需要一定的现实条件，首先，列宁主张到工人和农民中挑选人才，吸收他们管理工业和国民经济。其次，通过建立非党工农群众参与制度，增加人民群众的比例。最后，主张通过组织工作、教育工作和文化工作，强化人民的参政意识，提高人民管理国家的能力。作为“公共人”的行政人员，应明确自身的

---

① 《马克思恩格斯选集》（第3卷），人民出版社2012年版，第107页。

② 马尔：《列宁的人民管理制理论——马克思主义社会公仆理论的丰富和发展》，《广西大学学报》（哲学社会科学版）1991年第2期，第4页。

公仆角色，维护人民参与政治的权利，为广大人民群众参与公共事务的管理创造机会和条件，通过引导公民参与实现善治。

4. 全心全意为人民服务

马克思主义社会公仆理论提出以勤务员代替官老爷，但没有规定勤务员的职责是什么、如何履行职责。而毛泽东认为，共产党及其领导的国家机关和公职人员以全心全意为人民服务为根本宗旨，主要表现是为广大人民群众谋利益，“从群众中来，到群众中去”是履行职责的基本工作方法，这是中国特色的人民公仆理论的核心内容。1945 年毛泽东在中国共产党第七次全国代表大会上明确指出：“全心全意地为人民服务，一刻也不脱离群众；一切从人民的利益出发，而不是从个人或小集团的利益出发；向人民负责和向党的领导机关负责的一致性；这些就是我们的出发点。”① 他不仅将为人民服务上升到“唯一宗旨”的高度，而且阐明其实际体现的是为人民谋利益。国家及其公职人员要关注物质、精神、政治和文化等多层次的人民利益，兼顾长远利益和当前利益，结合全局利益和局部利益，使人民利益得到全面的实现。扮演公仆角色的“公共人”，责任在于为人民服务，维护广大人民的根本利益，以公益优先为价值取向，实现公共利益的最大化。

第四节　公共性：“公共人”与公共行政的契合

尽管学界已有成果认为公共行政的人性预设应当是“公共人”，并从多种角度对“公共人”进行了有价值的解释。然而，这些成果仅仅是一种规范性的描述，缺乏“公共人”为何可以成为公共行政哲学基础的进一步论证。换言之，人性之维的公共行政哲学基础为何是“公共人”而不是其他的人性预设，学界尚未作深入探讨。笔者认为，从公共行政的核心问题出发，系统论证“公共人”作为公共行政哲学基础的合理依据，是探讨人性与公共行政的内在关系，从而建构公共行政学科体系、推进公共行政实践转型的前提条件，这也是公共行政理论研究的必要之举。唯有如此，方能突出理论研究的逻辑自洽性与周延性。与诠释“经济人”“政治人”预设不宜成为公共行政哲学基础的思路一样，亦是为了遵循比较“主题”应相同的学术规范要求，以下内容以“公共人”与公共行政共同

---

① 《毛泽东选集》（第 3 卷），人民出版社 1991 年版，第 1094—1095 页。

的属性——公共性——为基准，分别从公共行政的定向、定位以及定性这几个“大问题”，揭示“公共人”假设与公共行政的契合之处，由此证成公共行政的人性预设应当是“公共人”而非其他人性假设的结论。

一 定向契合：公共问题的治理

公共行政自产生以来，解决公共问题是其存在并运作的合法性基础。从强调效率的传统公共行政，到突出社会公平的新公共行政，再到以“3E”为价值取向的新公共管理，这些公共行政范式虽在组织设计、行政决策、政策执行等方面各有侧重，但是，如何有效或公平地解决公共问题则是它们的共同目标。从一般意义上而言，通过集体行动处理公共问题的策略研究，也就成为公共行政学作为一门独立学科之定向。

然而，何谓“公共问题”？学界尚无定论，在公共领域与私人领域相分野的基本预设框架下，美国学者钟斯认为，公共问题与私人问题息息相关，“问题”是“无论如何确认，皆指人类需求，为其寻求解决之道为必然之事”。“公共问题”是“无论如何，皆之人类需求，然此种需求无法以私人方式解决”①。“议题”则是引起争议的公共问题。我国有学者从语义分析视角，认为“公共性”是人与人所作用对象之间的一种价值关系，而不是事物存在的自然状态，“公共问题”的本质属性是其所具备的“公共性”，故此，主张“公共问题”在性质上是“一个由不同利益主体构成的特定利益共同体内、与每一共同体成员利害相关而又为个别主体所不能或不愿解决的问题”②。比较中外学者的观点可知，公共问题解决的非私人性是二者的相同之处。借鉴其定义的可取之处，笔者认为“公共问题”即是关涉某一共同体内所有成员利益，且非单个共同体成员依靠自身力量所能解决的社会问题。公共问题属于社会问题的一种，它存在的前提是承认公共领域与私人领域各自有其独立运行的规律和属性，是公域与私域相对分离的产物。公共问题的特性可概括为：首先，公共问题具有时代性。每个时代的政治、经济、社会环境以及民众心理决定了每个时代各自的公共问题，所谓的公共问题，均是烙上时代特色的人们的主观状态与客观现实之间的差距。其次，公共问题的影响广泛。它不仅仅影响共同体内的单个社会成员，还会影响到共同体所有社会成员、组织的生存与发展，有时

---

① Jong S. Jun：《公共行政：设计与问题解决》，黄曙曜译，五南图书出版有限公司 2001 年版，第 182 页。

② 张正军：《公共管理论域中的公共性问题：语义分析基础上的哲学诠释》，《江海学刊》2009 年第 3 期，第 110 页。

候会超越共同体的限制，对全体人类具有影响力。最后，公共问题具有公共性。这是公共问题的本质属性，与私人问题具有私人性不同，公共问题乃是指共同体内所有成员都关注的问题，无论是公益问题还是公害问题，所有共同体成员都会客观上直接或潜在地享受其利益，承担其所造成的损失。因此，公共问题的“公共性”决定了，解决公共问题的目的不是仅仅为了私人利益，更重要的是为了保护全体社会成员的共同利益。

学界对公共问题的分类做了有益的探索。国外有学者以问题的可解决程度为标准，把公共问题区分为“能去除”和“持续性”两大类，前者极易定义且有固定范围，是政府机构的例行性问题。后者的范围很难界定，往往一个问题的解决又会牵连到另一个问题，需要政府机构持续不断地关注，创新解决问题的方式。国内大多数学者分别从纵横两方面来认识公共问题，从纵向来看，以行政区划为标准，公共问题可分为全球性、全国性、地区性以及社区性公共问题。从横向来看，根据公共问题的性质，公共问题包括了管制性、基础性、服务性以及保障性公共问题。依据公共问题的内容，公共问题还可分为政治性、经济性、社会性公共问题。学界区分公共问题的类型，主要作用是为了突出各级行政主体在解决公共问题中的作用与承担的责任，从而实现社会整体秩序的善治目标。

人性不完美是产生公共问题的最根本原因。我国古代思想家荀子写道：“人生而有欲，欲而不得，则不能无求，求而无度量分界，则不能不争。”人终其一生所争的无非是满足人的求生、求强、逐乐所需要的生产与生活资料，具体而言，就是“利益”。人的自私性使人爱自己胜过爱别人，总是把自己的利益凌驾于别人的利益之上。人的贪婪性使人的欲望永不满足，导致人总是在无休止地攫取和占有社会财富。人的非理性使人的行为被盲动、投机、冒险甚至暴力所充斥。人除了上述的自然属性之外，还有社会属性，人与人之间的相互依赖性构成了人的社会关系，在社会资源总体有限而人的欲望又无穷的情境下，为了满足自己的人性需要，势必在人的群体中产生竞争，“争而不得”则冲突起，公共问题由此产生。美国学者 H. 斯考特·戈登在描述人性自私而导致公地悲剧、产生公共问题时这样写道：“属于所有人的财产就是不属于任何人的财产，这句保守主义的格言在一定程度上是真实的。所有人都可以自由得到的财富将得不到任何人珍惜。如果有人愚笨地想等到合适的时间再来享用这些财富，那么到那时他们便会发现，这些财富已经被人取走了……海洋中的鱼对渔民来说是没有价值的，因为如果他们今天放弃捕捞，就不能保证这些鱼明天还在那里等他。”[①] 这种个人理性与公共理性的冲突，使人在对待公共资源的分配、公共秩序的维护、公共物品的供应等方面，私人利益最大化的个人理性总是覆盖公共理性，导致公共资源的过度消耗，公共问题成为影响人类自身生存与发展的中心问题。

公共问题既包括公益问题，也包括公害问题，如何解决公共问题是人类社会永恒的话题。以“经济人”假设为基础的新公共管理借鉴了经济学理论，认为解决公共问题的低效率是因为政府在提供公共物品方面的垄断性、非竞争性，希望将市场机制引入政府部门，通过政府部门之间、政府部门与社会组织之间的相互竞争，为社会公众提供公共服务，解决公共问题。主张重塑政府，将政府改造成“企业家政府”是消除公共物品不足、官员腐败堕落、行政效率低下的良方，却忽视了政府与市场各自运行的机理不同之特性。众所周知，市场机制是在自利性支配下，以双方达成的契约为手段，实现自身利益最大化的目标，公共利益以及公共问题是否存在还是一个未知数。然而，公共问题一定是涉及共同体内所有成员共同利益的问题，它以公共利益维护为目标，实现该目标的基础是意识的利他性以及手段的强制性，这与“经济人”假设的市场机制在本质上存在差别。企图运用市场机制来解决公共问题的思维方式，忽视了市场机会主义正是产生公共问题的主要原因，其后果要么无法解决公共问题，要么可能因权力寻租而产生新的公共问题。突出行政人员经济属性的新公共管理事实上为权力寻租提供了合法化理由，这与现代民主法治国家权力规制的理念相冲突，应当批判而不是借鉴。另一方面，传统政治学以人性恶为基础，认为“政治人”是追求权力最大化的人，也是社会福利的唯一提供者，政府是解决公共问题的唯一有效、合法的主体。人类实践过程揭示了“政治人”在解决公共问题时，主要强调权威的运用，主张通过强制性力量来维护社会秩序、解决公共问题。这种国家至上的公共问题解决路径虽能起到一定作用，在某种程度上实现了社会公平正义，保障了社会弱者的利益。然而，这种路径只是看到了公共问题的阶级性，没有看到公共问题的社会性。在国家与社会相对分离的现实情境下，公共问题更多的是社会问题而不是统治权的争夺与分配问题，履行社会服务职能才是现代国家的主要职能，也是现代国家解决合法性危机的关键。突出公共问题的阶级性有可能使得公共行政成为暴力统治的工具，抹杀了

① ［美］奥斯特罗姆：《公共事务的治理之道：集体行动制度的演进》，余逊达、陈旭东译，上海三联书店 2000 年版，第 12 页。

公民社会治理公共问题的能力，非但无法解决公共问题，反而会造成政治国家侵入市民社会、权力至上而非权利至上的后果，政治国家成了以人为本的对立面。

人类的社会实践揭示了单纯以“经济人”假设为基础的市场机制、以追求权力最大化的“政治人”假设为基础的政治国家，都不能很好地解决公共问题。在从“管制”走向“治理”的理念指导下，在当今社会急剧变化、人与人之间高度依赖以及需要富有想象力和创造力的问题解决方案之时代背景下，人们认识到以“公共人”假设为人性基础的行政人员成为当代社会治理公共问题的核心力量。这是因为：作为“公共人”的行政人员强调公共利益优先，这就减少了权力寻租的可能性，增强了政府解决公共问题的公正性和透明性。也为市场机制的引入奠定了伦理基础，减少了市场机会主义发生的概率，使得解决公共问题的集体行动成为可能，不至于因人的私利至上而导致公地悲剧的出现，也可以充分发挥市场机制在解决公共问题中的作用，提高问题解决的效率。更重要的是，作为“公共人”的行政人员是以善治而不是以个人利益最大化为目标，认识到了自身在解决公共问题方面的有限理性，由此需要借鉴其他社会主体的力量。所以，在角色定位方面他们既非以个人为本位的“经济人”，也不是以社会秩序控制者自居的“政治人”，而是以“服务”为本位，是公共利益的实现者与促进者。他们试图通过社会建构过程，成为联系政治国家与公民社会的桥梁，与其他社会主体共享知识，共同治理公共问题。一言以蔽之，作为“公共人”的行政人员是解决公共问题的社会设计者，他们既积极参与公共问题的解决过程，也竭尽所能地推动其他主体参与公共问题的解决，在各种主体合作中实现公共问题善治的目标。“公共人”取向的行政人员作为解决公共问题的社会设计者认识到：“问题解决与变革过程的发展乃是社会设计的精髓；透过行政人员、专家、从政者、社团及服务对象间针对特定议题造成的互动，来制定可行的方案。社会设计的过程假定：设计的参与者正致力于创造适当的解决方案或方法，期能使之付诸实行。倘若目的与目标乃自人类互动、对话与相互学习中发展而成，则可将其视为社会性建构的产物。政治共识并非社会设计的主要工作；其焦点置于理解不同的理念、经验及社会知识的意义，此外，亦期望借由分权来促成责任分享。专家的知识受到重视并加以采行，但专家的投入须经过详细的审查与讨论，再加上经验性知识及其他参与者的直观感受。尤其，市民参与在社会设计的过程中，更扮演举足轻重的角色。"[①] 公共行政从管制行政过渡到服务行政的历程，正是行政人员人性假设的祛魅过程：从经济人假设、社会人假设到公共人假设。这种蜕变揭示了公共人假设的时代特点，因应了公共行政寻求其规范性价值的目标追求，这种追求也是在解决公共问题过程中得以实现。

二　定位契合：公共利益的实现

自公共行政作为一个可辨识的领域存在以来，公共行政是否应当以实现公共利益作为其核心议题就存有争议。传统公共行政虽然没有直接肯定或否定公共利益对公共行政的指导意义，但是，在如何实现公共利益方面，他们以"价值中立"为核心，认为通过强化政府组织的运作方式、提高效率就自然能够实现普遍福利。另一批行政学者主张公共利益是公共行政取得合法性的基础，在宪政的框架下，通过提升行政人员在公共事务中的自由裁量权，并利用他们的专业特长来增进共同体的利益。这批学者与传统公共行政不同的地方是明确了公共利益在公共行政中的价值定位，相同的是均强调了行政人员的专业技术在实现普遍或公共利益中的作用。还有一批学者认为不存在绝对意义上的公共利益，所谓"公共利益"只不过是各种利益集团在政治过程中博弈的结果，行政人员在"塑造公共利益"上所起的作用不大，他们要么是解决冲突性利益的"中间人"，要么是转化各种利益的催化剂。主张此观点的戴维·杜鲁门如此写道："行政官员被要求解决那些对立法官员来说太棘手的问题，他必须面对立法机关的各种力量，尽管这些力量的相对优势可能已经发生了变化。需要注意的是，并不是法律的含糊不清才将何种集团有特权接近行政官员这一问题变得复杂。几乎所有的法律条文都部分地存在着某些含糊性。事态的差异性恰恰是由含糊的原因造成的。如果行政官员坚持对这些充满争议的含糊条款做出自己的解释而不做出某种非本质性妥协的话，那些受影响的集团要么会公开指斥他是以一种'独裁'和'不谨慎'的方式行使授予他的权力，要么则会揭露他在'出卖''公共利益'。"[②]

前述三种观点蕴含着两大问题：一是公共利益在公共行政实践中如何定位，二是行政人员在实现公共利益过程中的角色是什么。对于第一个问题，为了抵御过度膨胀公共利益的诱惑，有学者认为"'公共利益'并非

---

① Jong S. Jun：《公共行政：设计与问题解决》，黄曙曜译，五南图书出版有限公司 2001 年版，第 159—160 页。

② ［美］理查德·J. 斯蒂尔曼二世：《公共行政学：概念与案例》（第 7 版），竺乾威、扶松茂等译，中国人民大学出版社 2004 年版，第 711—712 页。

公共政策或行政的无上目标。也不能以它为道德标准法衡量政府的一切作为；亦即，公共利益尚不足以涵盖所有的公共政策。它甚至不是——过去从不曾是——公共政策的目标”①。笔者认为，从公共行政的发展历程来看，无论是否承认公共利益的存在，公共利益渐已成为公共行政学研究的主要议题之一，随着管理行政向民主行政的过渡，作为客观存在的公共利益应当成为公共行政所追求的核心目标。这是因为：一方面，权力的公共性决定了公共行政应以实现公共利益为目标。众所周知，在人民主权观念背景下，公共行政治理公共事务的权力乃是源于人民的授权，权力的公共性决定了行政活动的公共性，尽管对“行政公共性”的解读因人而异、观点多元，但是，实现公共利益应当是行政公共性最本质的体现，也是公共行政存在并运转的合法性基础。在人人相互依赖、相互协作的共同体内，虽然单个的个体主要关注自身的利益，但是，作为区别于个体利益且能为共同体所有成员共享的公共利益还是客观存在的。因为没有关涉全体社会成员的公共利益，所谓的利益共同体就不可能存在。然而，私人利益与公共利益的冲突是人性使然，人的追逐私利性决定了这种冲突无法停息。为了维持共同体的生存与发展，关键是要将这种利益冲突控制在合理的范围之内，以便能够使人类继续繁衍生息。人民授予行政人员治理公共问题权力的目的就是消弭私益与公益的冲突，在优先保护公共利益的同时也最大限度地维护私人利益，这就是公共行政的合法性来源。唯有如此，才能真正确保权力的公共性，才能实现行政的公共性。

另一方面，公共行政范式的变迁历史揭示了，实现公共利益是公共行政的必然要求。在统治行政中，虽然行政的职能主要是为了实现阶级统治，实现统治阶级的阶级利益。但是，在国家是公共利益的集中体现之观念下，维护统治阶级的阶级利益也可视为一种“公共利益”，况且，政府在实施统治职能的时候也会履行一些社会职能，比如提供基本的社会治理规则、兴修水利、改善交通等，这些都是行政公共性的体现。近代以来，统治行政让位于管理行政，管理行政仰赖专家知识，突出政府提供公共服务的工具属性。他们并非不承认公共利益的存在，而是认为如何认定公共利益是政治官员的事情，他们要做的只是如何通过组织设计来最经济、最有效率地执行公共政策，政策一旦能够有效地执行就会自动地实现公共利益。随着服务行政的兴起，人们越来越希望改变管理行政在实现公共利益

① Jong S. Jun：《公共行政：设计与问题解决》，黄曙曜译，五南图书出版有限公司 2001 年版，第 419 页。

中的消极被动之角色，主张行政人员不仅有责任在公共政策执行中实现公共利益，更有义务在公共政策形成中确保公共利益得以体现，因为行政人员是公共权力的受托者。服务行政认为“尽管政府行动的目的将会促进公共问题的解决，但是政府也要负责确保那些解决方案——在实质上和在程序上——都符合公共利益。换言之，政府的角色将定位于确保公共利益居于支配地位，即确保这些解决方案本身以及公共问题的解决方案的产生过程都符合民主规范和正义、公正与公平的价值观”①。

在承认实现公共利益是公共行政的核心目标，体现了行政公共性的本质属性前提下，如何实现公共利益则成为公共行政获取民众认同、奠定其合法性基础的关键，从事公共治理的行政人员也就成为实现公共利益的核心要素。人类的理性与经验认为公共利益存在客观性与主观性之分，前者是不以人的意志为转移的客观实在，后者则需要共同体成员的主观感知。因此，实现公共利益的实质就是把主观性公共利益转化为客观性公共利益的持续性过程。这个过程又可大致区分为公共利益的认定与公共利益的实现两个阶段。这两个阶段运行的结果是否最大限度地接近真实的、客观的公共利益，则依赖于行政人员的行为，而行政人员履行公务的行为受其人性的规约，是人性在行政实践中的反映。可以说，什么样的人性观决定了什么样的公共行政观、公共利益观。比如，持“价值中立”的行政理性模式就认为公共行政是追求“效率”的工具，公共利益是否存在以及实现的程度如何等规范性问题，并非行政人员的价值追求，公共行政的主要目标是科学、合理地完善政府的组织结构，以便实现“效率”最大化这个公共的善。以“经济人”假设为基础的新公共管理范式认为行政人员与其他人一样，也是追求私人利益最大化的人，个人才是自己利益的最佳判断者，企图通过追逐私人利益最大化的行政人员来实现所谓的“公共利益”，在现实中是行不通的。与其如此，倒不如在承认行政人员的私利性基础上，在政府内部创造一个可以自由选择的市场，在这个市场中人人关注自身的利益，无须考虑他人的利益，个人选择优于集体选择，通过政府与市场、政府内部各机构之间的竞争机制，便可改变政府效率低下等弊端。事实上，一旦新公共管理把公民视为顾客，把政府视为市场，把履行公职的行政人员视为“经济人”，则“谈论公共利益和按照公共利益行事

---

① ［美］珍妮特·V. 登哈特、罗伯特·B. 登哈特：《新公共服务：服务，而不是掌舵》，丁煌译，中国人民大学出版社2010年版，第48页。

的需要基本上就没有了”①。

实现公共利益的行政人员在人性预设方面，既非“价值中立”的官僚体制中的“机器”，也不是私人利益最大化的“经济人”，而应当是实现公共利益最大化的“公共人”。从公共利益实现的过程来看，首先需要认定何种利益是公共利益，这是开启公共利益实现过程的前提。在公共利益的认定方面，现代民主政治建构的宪政框架是代议制民主，公共政策作为其最主要的产出须由人大代表或议员来决定。鉴于这些公共行政主体在公共决策中的作用，公共政策是否体现了公共利益全赖他们的价值观。当然，在“经济人”假设的前提下，为了获取连任的机会，不排除他们会作出体现公共利益的政治决策。但是，这种结果的出现只能寄托于他们不经意之间的公平正义良知了。只有将为全体社会成员谋福利、实现公共利益内化为自己的人生观、世界观与权力观，这些公共行政主体才能在行使权力过程中真正抛开私人利益，以社会为本位，以实现公共利益为依归而作出公共决策，并以此为政治过程的常态而非例外。公共选择学派之所以不赞成以公共利益作为公共行政的核心主题，就是认为私人利益至上的行政人员无法达成具有普遍意义的“共识”，他们只是看到了作为原子式个体的私人性，却没有认识到人的社会性一面，事实上人的社会属性决定了行政人员在实现公共利益方面的主动性和积极性。可以这样认为，行政人员的公共性越强，体现公共利益的公共政策就越有可能产生，公共行政合法性基础越牢靠。人类不能因为人的自私性而否定人的利他属性，从而认为公共利益是政治过程的一种“迷思”，拒绝承认行政人员内在的公共伦理道德对其行为的规范作用。其次，从主观性的公共利益向客观性公共利益的转换，必须依靠以实现“善治”为行动目标的“公共人”。公共利益的认定只是意味着在一定共同体内何为“公共利益”达成了普遍的共识，这仅属于理念上或者说是主观性的公共利益。从主观转向客观若没有行政人员的集体行动，则无法实现这种转向。由于作为“公共人”的行政人员认识到了政府不是公共物品的唯一提供者，实现整体社会的善治目标离不开其他主体的合作，只有彼此尊重对方的利益、共享社会治理权威并在公共利益的指导下，才能真正达成合作共赢的结果，公共利益在多元主体合作中得以实现。而“经济人”假设在私利至上、零和博弈的困局下，是无法通过合作来实现公共利益的。只有在“善治”理念指导下的“公

① ［美］E. 彭德尔顿·赫林：《公共行政和公共利益》，载彭和平等编译《国外公共行政理论精选》，中共中央党校出版社 1997 年版，第 58 页。

共人”，才是包括公民、其他社会团体、民选代表以及政府机构在内的治理体系中的关键角色，他们既是公共利益的维护者，也是达成公共利益共识的促进者。所以，为官僚制辩护的葛德塞尔总结道：“市场经济学家的美妙的模式并没有能够使我们理解官僚的行为。当然，文职人员也希望获得更高的报酬，希望获得提升以及适当的时候获得赞赏。他们对于政治领袖的指令置之不理的情况也会出现。但是，真正激励官僚的是他们对于自己机构的使命所具有的固有价值的一种信念，是他们的职业环境所造就的那种社会强化效应，是一种公共服务的理念。至于预算最大化理论与主要执行者理论所持的那种近乎偏执狂似的怀疑，只能被当作对公共行政管理毫无用途的模型废弃掉。”①

三 定性契合：公共行动的达成

无论作为宪政框架下权力分立与制衡的工具，还是作为对社会性价值进行权威分配的过程，公共行政的本质属性是一种“公共行动”。因为只有将公共行政定性为“公共行动”，才能在宪政框架下防止立法权、司法权对行政权的僭越，在动态的“行动”中制衡国家权力、保障公民权利，才能在配置社会资源的过程中实现效率、公平、秩序等价值追求，奠定公共行政的合法性基础。这也是公共行政区别于私人行政——私人行政的本质属性是私益优先的私人行动——的核心标志。

所谓“公共行动”，即是指行政主体运用公共权力、治理公共问题并最终实现公共利益的行政活动。首先，公共行动属于服务行为，服务而非控制是公共行动的本质属性。传统公共行政以“个人本位”作为人文精神，将政府与公众对立起来，政府与公众的关系是一种管理与被管理的关系，“控制”成为政府行动的本质属性。随着“社会本位”成为20世纪的人文精神之后，现代公共行政认识到了公共利益与私人利益休戚相关，二者不仅仅是对立关系，更主要的还是统一关系，政府与公民之间从不信任走向相互信任，行政关系也从控制转向合作，行政活动被认为是在公民参与下政府所作出的服务行为，以政府为代表的公共行动也就视“服务”而非“控制”为其本质属性。其次，公共行动坚持公益性，公益优先兼顾私益是公共行动的目标。无论是提供有形的公共产品还是无形的准公共服务，公共行动涉及的都是一定共同体内所有成员或绝大部分成员的共同

---

① ［美］查尔斯·T. 葛德塞尔：《为官僚制正名：一场公共行政的辩论》，张怡译，复旦大学出版社2007年版，第165页。

利益，具有一损俱损、一荣俱荣的普遍意义。就政府而言，作为主要的公共行动主体，其行动不可谋求政府私利，而应当以实现超越政府利益之上的公共利益为行动目的。作为公共行动主体之一的社会组织，除了应当维护组织的团体利益之外，更主要的是应当保障公共利益在社会组织中的行动得以体现，一旦社会组织的团体利益和公共利益相冲突，则公共利益优先于社会组织的团体利益。公民也是公共行动的主体之一，虽然公共利益包含了私人利益，是实现私人利益的途径。然而，私人利益毕竟不同于公共利益，公民通过私人行动比如市场契约行为追逐私益具有正当性，这种正当性的前提是不侵犯公共利益。同理，公民若是参与公共行动，公共利益优先于私人利益则是其开展公共行动的目的。再次，公共行动具有过程性，合作而非对立是公共行动的基础。此处的“合作”既是指公共行政主体之间的合作，包括公共行政主体内部的议事协调、责任分担、信息共享等，主要还是指公共行政主体与行政相对人之间的合作，是行为发出主体与行为接收主体之间的合作。对行为接收主体而言，必须确立其对服务合作的理念，“公民们自身必须抛弃那种认为行政事务是公共官员权力范围的事，认为行政官员注定就是来为他们提供服务的，因而公民可以对行政事务不闻不问的陈旧观念”①。行政相对人对服务性质的公共行动之合作，主要包括配合与参与两种方式，配合是指对一个已作出的、最终的行政决定的遵守，这是行政决定具有拘束力的体现。参与是指行政相对人参与行政决定的形成和作出。对公共行政主体而言，由于其是行动的发起者，在维护公共利益的行动过程中，必须告知行政相对人行动的依据，有义务听取行政相对人的意见与建议，并在最终的行政决定中吸纳行政相对人合法的利益诉求。在公共行动主体与公共行动所指涉的对象之间沟通协调，从而在合作而非对立中完成公共行动。最后，公共行动是法治行为，法律至上而非个人专断是行动正当性的依据。公共行动虽是服务行为，并以维护公共利益为目标，但是，公共行动也是一种权力行为，权力的私人占有性难免权力的滥用从而侵犯公民的合法权益。因此，公共行动应当坚持法治、反对人治，将权力关在法治的笼子里。

在公共行政的系络中，谁来实施“公共行动”？履行公务的行政人员应是行动的主体。其又将如何达成“公共行动”？其一，行政人员应当具备行动的“技术”，这是因为掌握必要的技术是实现行动目的的手段。

---

① ［法］勒内·达维：《英国法与法国法》，舒扬等译，西南政法学院法制史教研室1980年印，第110页。

其二,行政人员应当具备行动的“公共伦理”，这是保证行动的公共性、体现公共行政本质属性的前提。缺乏行动的技术则无法展开公共行动，没有公共伦理的规范则无法达成行动的公共性目的，两者相辅相成、缺一不可，具体分析如下。

掌握行动的“技术”是达成公共行动的必要条件。行政系络中的公共行动技术，从行动的过程来看，宏观上包括组织设计、公共决策、政策执行以及责任追究等技术，这是一种广义的技术，即是指“使人的能力得到延伸的任何工具或技术、产品或过程、物理仪器或制作方法”[①]。从技术的类型来看，公共行动中的行政人员应当具备三种技术：知识的技术、过程的技术以及产品的技术。“所谓作为知识的技术，指的是无意识的感觉运动如何使用或运用人工产品、技术性的准则或前科学的经验方法、描述性的法则或陈述以及技术规律的意识。……行政管理箴言就是公共行政的一个例子。所谓作为过程的技术，指的是发明、设计、创造、运作、管理，以及计划、教学、指导的功能，还有系统工程学。公共行政的系统分析就是一个例证。所谓作为产品的技术，指的是用具、仪器、设备、工具、机械、自动装置或自动化的/计算机化的机器。公务员考核就是公共行政的一个例证。”[②] 自公共行政学诞生以来，强调技术是其本体，技术路线而非规范路线是公共行政学独立于政治学的一个标志。强调行政人员应当掌握公共行动的技术可以缩小理论与实践的鸿沟，为公共产品的生产、公共问题的解决奠定了基础，具有积极意义。事实上，官僚制之所以成为目前公共行动得以展开的不可替代的组织体系，就是建立在技术优势上。职能分工、层级节制就是这种官僚技术的体现，它使得理性行动成为可能。然而，技术虽是达成公共行动的必要条件，但非充分条件，这是因为技术本身是价值中立的，无法体现行动的“公共性”。相反，在没有规范性价值的指导下，对技术的过分强调有可能产生行政之恶，“行政之恶……部分是因为技术理性文化根本排除了考虑伦理道德的可能”[③]，使行动这个手段偏离其目标。“对公共议题的漠不关心，及一般大众与政府部门的疏离，已经导致人们对此一领域（公共行政——笔者注）之实质内涵的广泛误解，特别当公共行政人员过分依赖技术性的知识与专业的技

---

① ［美］戴维·约翰·法默尔：《公共行政的语言：官僚制、现代性和后现代性》，吴琼译，中国人民大学出版社 2005 年版，第 122 页。

② 同上书，第 127 页。

③ ［美］艾赅博、百里枫：《揭开行政之恶》，白锐译，中央编译出版社 2009 年版，第 17 页。

能时，此种情况便亦趋严重。事实上，在行政的本质已日趋复杂的情形下，欲解决非例行性与特殊的问题，端赖管理技术或科学方法，早已不敷应用。”①

具备公共伦理的行政人员亦即“公共人”，才是达成公共行动的充分要件。公共行动之所以不同于私人行动，在于公共行动的公共属性，在于公共行动的服务性、公益性以及法治性。这些特性若离开了公共伦理，仅仅依靠娴熟的行动“技术”则无法实现，因为“技术”的通用性在私人行动中也可以运用。正如美国学者全钟燮所言，“公、私行政人员皆须了解，公共行政绝不只是有效的管理。在双方的领域里，虽然存有一般性的共同活动，但二者的背景互易，有关细节的处理，自然呈现明显的差别……身为公共行政人员，仅只精通行政技能是不够的——他们必须时刻记取他们独一无二的公共使命”②。众所周知，人的行动是人的意识的外在表现，有何种意识就有何种行动。个人的价值观属于人的意识体系中最核心的观念，它是人对物质世界的价值反映，指导着人的实践活动，规定了人的行为取向与方式。行动的“客观责任源于法律、组织机构、社会对行政人员的角色期待，但主观责任却根植于我们自己对忠诚、良知、认同的信仰。……我们相信法律，因此在良知驱使下，我们以特定的方式行为，不是由于上级或法律的要求，而是信仰、价值观和被理解成禀性特征的这样一些内部力量驱使我们以特定的方式行为”③。比如，以个人利益最大化作为自身价值观的“经济人”，是否维护公共利益，并不是其行为的动力，从而使得其行动具有私人性。其行为或许有效率，但绝非公共行动，因为在效率价值之上还有更重要的社会价值观，比如公平与正义，事实上，缺乏公平的效率也是一种机械效率，对整体社会福祉的提升是无效率的。以公共利益最大化作为自身价值观的“公共人”，因其超越行动的“技术理性”和“私人属性”，才能真正使行政活动具有“公共性”，达成“公共行动”。这是因为，首先，实现公共利益是其行动的精神动力。这种动力引发行政人员的行为动机、坚定公益信念，为行动者提供持久的心理力量。其次，以是否维护公共利益作为行动选择的准则。在面临多种选择，并且需要运用自由裁量权时，以“公益”为准则的公共人，

---

① Jong S. Jun：《公共行政：设计与问题解决》，黄曙曜译，五南图书出版有限公司 2001 年版，第 11—12 页。

② 同上书，第 41 页。

③ ［美］特里·L. 库伯：《行政伦理学：实现行政责任的途径》，张秀琴译，中国人民大学出版社 2001 年版，第 74 页。

则会谨慎使用自身拥有的权力，真正做到权为民所用，防止权力的异化，确保行动的公共性。最后，公共利益的价值观规定了行政人员的行动方式。法治而非人治、开放而非垄断、合作而非排斥、协商而非命令等，这些行动方式的取舍，全赖行政人员的价值观之评判，以公共利益最大化的公共人，在自身价值观的规约下，就会选择法治、开放、合作以及协商等行动方式，而不是相反。因此，从精神动力、行动准则到行动方式，均离不开行政人员的“公共伦理”，均是公共利益最大化的价值观之体现，也从服务性、公益性及法治性角度确保了行动的公共性。

第四章 “公共人”之维的公共行政学科体系构建

学界已有的相关成果，重点是强调以人性预设为基础，对公务员的激励制度进行符合其人性预设的完善。这种研究虽能为公共行政实践提供一定的指导，但其意义是片段和局部的，没有充分显示人性预设对理论研究和实践活动的基础性、全局性意义。反之，以人性预设为哲学基础，构建逻辑严密、结构统一的公共行政学科理论体系的成果却是付之阙如，鉴于人性预设对学科研究的整体性、基础性作用，现有的研究现状不利于解决公共行政学科的“身份危机”问题，也不利于公共行政学科知识的增长，无法对行政实践提供系统的理论指导。公共行政学是对公共行政现象的规律总结而形成的理论体系，以“公共人”作为公共行政的哲学基础，探究公共行政的生成规律并进行理论抽象，从而建构有学科特色的公共行政学理论，为指导公共行政实践奠定理论基础，是研究人性之维的公共行政哲学基础的目的之一。

第一节 逻辑起点与边界厘定

一般意义上言说的学科就是指一套共同体成员所信奉的概念、范畴与方法的知识体系。学科的逻辑起点是与实践的逻辑起点相统一的。公共行政实践是“公共人”实现公共利益的价值活动。因此，以实现公共利益最大化的“公共人”作为人性基础的公共行政实践，决定了公共行政学科的逻辑起点是“公共利益”。“行政系络的治理活动”为学科的边界。

一 公共利益：学科逻辑起点

“什么是逻辑起点呢？逻辑起点是一种理论或一门学科的出发点，它是理论或学科体系中最基本、最抽象、最简单的范畴，由它能推演和引申出整个理论体系的逻辑主线、逻辑结构和逻辑终点。"[①] 唯有明确逻辑起点，才能将概念、范畴、原理与方法连接起来，它是构建科学合理、结构严密以及思维统一的学科理论体系之前提。成为某一学科的逻辑起点应当满足以下几个标准：（1）逻辑与历史的统一，逻辑起点也是历史的起点。"历史从哪里开始，思想进程也应当从哪里开始"[②]。（2）应为研究对象的"细胞"形态，是对研究对象的最简单、最普遍的抽象规定。这种抽象规定以胚芽形式包含了研究对象整体发展的一切矛盾，研究对象的生成发展就是这个既简单又普遍的抽象规定之展开与延伸。（3）必须反映公共行政学对象的本质内容，是研究对象本质的表现形式。

我国公共行政学界对逻辑起点的研究始于20世纪80年代中后期，总体上可划分为两阶段，2000年之前的研究成果，大体上受技术主义路线的影响，将公共行政学定位为应用学科，所以，学界对逻辑起点的抽象更多地体现了技术性，其观点包括行政权力、行政组织、行政效率、行政行为、行政职能、行政系统等，这些关于公共行政学理论体系的逻辑起点之观点，虽为建构学科体系起到了"先锋"的作用，但是，由于这些观点不是对学科对象的最简单、最普遍的抽象规定，没有反映学科对象的本质内容，没有体现公共行政学最本质的特性——公共性，所以它们不宜成为公共行政学科理论体系的逻辑起点。2000年之后的成果，在公共哲学的影响下，学界对公共行政学科理论体系的逻辑起点之概括，突出了学科的"公共性"特点，认为"公共问题""公共事务""公共物品""公共需求""公共利益"等是公共行政学的逻辑起点[③]。这些观点均体现了公共行政学的"公共性"本质，若从"公共人"的人性预设，以及公共行政是对社会价值进行权威性配置的过程角度，笔者认为"公共问题""公共事务""公共物品""公共需求"这四种观点，由于没有包含公共行政整

---

① 曾峻：《公共管理的逻辑起点论析：公共管理学基本问题研究之一》，《上海师范大学学报》（哲学社会科学版）2003年第5期，第36页。

② 《马克思恩格斯选集》（第2卷），人民出版社1972年版，第122页。

③ 相关观点的部分文献如下：张庆东：《公共问题：公共管理研究的逻辑起点》，《南京社会科学》2001年第11期。曾峻：《公共管理的逻辑起点论析：公共管理学基本问题研究之一》，《上海师范大学学报》（哲学社会科学版）2003年第5期。汪辉勇：《公共利益：公共管理研究的逻辑起点》，《行政论坛》2003年第7期。贺永方：《论公共管理学的逻辑起点》，《郑州大学学报》（哲学社会科学版）2003年第6期。姜士伟：《公共管理研究的逻辑起点：公共事务》，《理论探讨》2007年第5期。薛冰：《论公共管理的历史与逻辑》，《西北大学学报》（哲学社会科学版）2010年第3期。金太军：《公共行政学的逻辑起点》，《中国社会科学报》2012年10月19日第B02版。

体发展的一切矛盾之萌芽，从这些观点中无法推演公共行政的核心就是平衡公益—私益冲突之矛盾，无法系统概括公共行政产生、发展与演进的所有过程，它们仅仅揭示了公共行政的“现象”，忽视了公共行政的“实质”——公共利益。所以，前述之观点也不宜作为公共行政学的逻辑起点。事实上，公共问题、公共事务、公共物品以及公共需求的背后均是利益的冲突使然，没有公益与私益的冲突和平衡，就不可能有公共问题的产生与解决。同理，从事公共事务、提供公共物品以及满足公共需求，亦不过是实现公共利益的形式而已。

从一般意义上而言，公共行政学就是研究公共行政现象和活动的学科。鉴于理论来源于实践，实践是检验理论的唯一标准之考量，公共行政实践的逻辑起点与公共行政学的逻辑起点是同一的。公共行政实践活动的本质就是通过行政主体的行为解决公益与私益之间冲突的问题。以“公共人”为人性预设的行政人员是公共行政活动的行为主体，其价值理念决定了公共行政活动的模式与目标。由于“公共人”是追求公共利益最大化的人，因此，“公共利益”构成了公共行政学科理论体系的逻辑起点，理由如下。

（一）公共利益是公共行政的“历史起点”

学科的逻辑起点必须要到学科研究对象产生的历史中去寻找，任何离开历史事实的思维抽象都不是客观的，也违背了历史唯物主义的精神。尽管历史事实在经过人类思维的加工后，打上了人类的主观意识烙印，但是历史客观事实决定了人类思维产品的真实程度。逻辑起点的确定作为人类思维从抽象走向具体的过程，其本质上应当是逻辑与历史的统一，既是学科研究对象产生的历史起点，也是人类对学科研究对象认识的起点。

从形式意义上而言，公共行政是公共行政学科的研究对象，公共利益能够成为公共行政学科的逻辑起点，就在于公共利益也是公共行政实践的历史起点。众所周知，现实的人都是利益人，“重生”“求强”“逐乐”等人性需求之满足都离不开对利益的占有。利益的生产与分配是以物质资源为基础的，在人的欲望无限而资源有限的矛盾中，个人为了实现自身利益的最大化，势必出现人与自然、人与社会相互冲突的结果。若没有相应的社会组织与行动，在人与自然、社会的利益之争中，势必摧毁保障人类生存发展的合作机制，影响到人类自身的生活质量，并最终走向毁灭之途。保持私人间的合作从而促进物质生产、增进全体人民的福利作为一种公共利益，也成为人类社会急需解决的公共问题。权威性分配社会价值是公共行政的本质活动，“国家”是其最早的组织形式，国家利用强制力来解决私人冲突、维护社会合作以便实现公共利益是其主要的职能。正是通过解决私人利益的冲突、维护公共利益的职责活动，国家获得了合法性，并在通过创设、维护与实现公共利益的行动过程进一步增强其合法性。例如，近代的霍布斯、洛克、卢梭以及孟德斯鸠等思想家，利用社会契约理论论证国家起源之时，认为国家合法性是建立在维护公共利益这一基础之上的。社会契约论者眼中的公共利益，就是一种人与人之间的相互合作的状态。得出这一结论的契机是因为这些经典作家看到了人类合作就会人人获利、相互对抗就会人人受损的现象，为了避免这种损人不利己的结果，便认为需要一个代表公共利益的组织来解决私人之间的对抗。于是，作为公共行政主体的国家就产生了。恩格斯在论证国家权力的萌芽时指出，在原始农业社会中存在一些共同利益，比如监督用水、解决争端、防止个别人越权等，就需要赋予某一机构之职权，在全社会的监督下来维护这些共同利益，这些职权就是国家权力的胚胎。后来随着阶级的产生，为了维护阶级利益，国家渐渐演变为阶级统治的工具，但是，阶级统治并非完全排除国家的社会治理职能，相反，阶级统治能否有序进行却是以国家是否履行了社会职能、维护了公共利益为条件的。公平公正地维护社会公共利益越多，阶级统治则会越持久，反之亦然。总之，国家产生的历史进程揭示了，解决私人之间的利益冲突、维护公共利益是国家产生的原因之一。鉴于国家是公共行政最早、也是最主要的主体之考量，依据逻辑服从历史、而不是历史服从逻辑的思维规律，公共利益也应是公共行政产生的历史前提，公共行政学科作为阐述公共行政活动规律的知识体系，以公共利益作为其研究的逻辑起点，当无疑义。

（二）公共利益是公共行政的“细胞形态”

辩证逻辑的思维方法认为，某一学科理论体系的逻辑起点一定是最简单、最抽象的概念，这个概念是人类思维对该学科研究对象的“细胞”形态的理性把握。该“细胞”形态包含了研究对象整体的一切矛盾萌芽，“即是说，起点范畴本身所包含的矛盾是整个范畴体系运动、发展的内在动力和源泉，整个体系不过是这些矛盾在各种条件下合乎逻辑的‘生长’和运动”[①]。比如“商品”之所以是资本主义经济的细胞形式，是因为“商品”蕴含了资本主义的一切矛盾。

公共行政需要解决的矛盾是什么呢？从行政组织内部来看，有行政人员与组织、领导与下属、部门与部门、同僚个体之间的矛盾等。从行政生

① 苏越：《科学发现中的逻辑方法》，北京师范大学出版社1990年版，第289页。

态系统来看，存在政府机关与立法和司法机关、公民、社会组织、企事业单位以及不同政府机关之间的矛盾。从行政价值取向来看，则有改革、发展、稳定的矛盾，公平、秩序、效率、责任之间的矛盾。上述诸种矛盾虽具体形态各异，但均可化约为公共利益与私人利益之间的矛盾，均是这种矛盾在各个方面的具体表现。产生公益与私益矛盾的原因在于公共利益具有独立性，且不能为私人所独占，相反，人性自私的特性决定了：私人一方面不愿意剥离一部分个人利益去形成公共利益，另一方面则是极力想从公共利益中多得一份私人利益。正如英国人权法学家米尔恩所指出的那样，“一个人所属的共同体应该继续存在下去，这的确是他的自我利益所在，但是，一个共同体应该以一种使所有成员尽可能好地生活的方式继续存在下去，则不是他的自我利益所在。他个人的自我利益所在，是这个共同体应该以一种使他和他的亲朋好友尽可能好地生活的方式继续存在。就他的自我利益而言，与他没有个人关系的伙伴成员的命运是无足轻重的，只要他们不制造麻烦就行”①。于是，公益与私益的矛盾在冲突中产生了。

人类生活经验展现了一项事实，尽可能多地争取自然资源与社会资源是人类进一步发展的前提条件。然而，人类的资源总是有限的，在资源争夺中矛盾出现了，这些矛盾大体上可分为人与自然、人与社会两种矛盾。从利益角度而言，这两种矛盾都是因利益冲突所产生的矛盾，在性质上都可归结为公共利益与私人利益的矛盾，因为在利益方面，“如果所有人都要拥有足够得多，就没有人能拥有很多；如果有某些人要拥有得较多，其他人就必定拥有得较少”②。在利益依然主导着人类社会进程的条件下，公共利益与私人利益的矛盾就构成了人类社会的“元矛盾”，是其他一切矛盾的源头。假如将科学研究的最终目的定性为解决利益冲突所产生的矛盾，使社会能够保持在一定的秩序之内，保障人类的生存与发展，则公益与私益之间的矛盾也是所有科学研究的逻辑起点，是所有学科的“细胞”形态。公共行政作为一门独立的学科，它是从行政系络角度研究如何解决矛盾的，学科特点就是在解决公共利益与私人利益这一“元矛盾”的过程中，坚持“公共利益”本位。换言之，在公益与私益的矛盾体中，公共利益处于支配地位，是矛盾的主要方面；私人利益是矛盾的次要方面，属被支配地位。事实上，公共利益作为公共行政的“细胞”形态，它孕

---

① ［英］米尔恩：《人的权利与人的多样性：人权哲学》，夏勇等译，中国大百科全书出版社1995年版，第51页。

② 同上书，第51—52页。

育了公共行政的所有基本问题。例如，不坚持公益优先，行政组织不再具有公共性，行政决策就有可能成为利益集团谋取私利的工具，行政执行会蜕变为宰制人民利益的暴力手段，行政监督亦成为权力寻租的“遮羞布”，行政协调将会失去价值性标准导致紊乱，行政发展也会因公共利益目标的缺失而“迷失”等。如何在解决公共利益与私人利益矛盾时坚持“公共利益本位”，便是贯穿于公共行政实践活动和理性认识中的主线，它决定了公共行政学科产生、发展与演变的所有过程，因此，公共行政的“细胞”形态是“公共利益”。

抛开“细胞形态”所蕴含的事物演变的一切矛盾萌芽这一实质内核，纯粹从逻辑思维角度而言，“公共利益”成为公共行政的“细胞”形态的理由亦有二。其一，“公共利益”是最抽象的概念，能够独立存在，不需要借助公共行政学科体系的其他概念来解释，相反，对学科其他概念的解释还需借助“公共利益”的内涵方能得到界定。比如，若没有对公共利益的“公共性”界定，行政权力、行政行为、行政责任等概念的公共性则无法解释，也无法对惩治行政权力的滥用、规范行政行为、追究行政责任等公共行政现象提供合法性依据。其二，“公共利益”是最简单的概念，在公共行政学理论体系中无法再次分割。若强行分割，代价就是学科研究对象的本质特征之消除，从而根本上否定了该学科独立的可能性与必要性。公共行政实现公共利益的本质特征决定了，“公共利益”是公共行政研究的“细胞”形态。

（三）公共利益是公共行政的“本质内容”

任何事物都是内容与形式、本质与现象的统一。逻辑起点作为事物初始的“细胞形态”，由于它蕴含了该事物一切矛盾的萌芽，所以，能够成为公共行政逻辑起点的事物，本身就应当是公共行政的内容之一，并且应当是公共行政的“本质内容”因为“本质内容”，既包括事物的“一切要素”，能够标识该事物的客观存在；又决定了该事物的“本质”，能与其他事物相区分，从而是一“独立存在物”。

“事物的内容是指构成事物的一切要素，即事物的各种内在矛盾以及由这些矛盾所决定的事物的特性、成分、运动的过程、发展的趋势等等的总和。”[①]“本质就是事物的根本性质，是组成事物基本要素的内在联

① 李秀林等：《辩证唯物主义和历史唯物主义原理》，中国人民大学出版社 1992 年版，第 201 页。

系。”① 既然内在矛盾构成了事物的内容，公共行政的内在矛盾又有哪些呢？什么矛盾是公共行政的主要矛盾？主要矛盾的哪个方面构成了公共行政的“本质内容”，从而能够成为公共行政的逻辑起点？众所周知，公共行政的内在矛盾很多，既有公共组织内部的领导、协调、控制等矛盾，又有公共组织与外部事物之间的管理、服务等矛盾。不过，这些矛盾都是产生在解决公共利益与私人利益之间的冲突过程中。故此，公共利益与私人利益之间的矛盾才是公共行政的主要矛盾，公共组织内、外部之间的矛盾都是这一主要矛盾在各个方面、以各种形式的反映。在公共利益与私人利益这对矛盾中，公共利益是这对矛盾的主要方面，主导着这对矛盾的发展方向。它决定了公共行政的本质属性——公共性，也决定了公共行政的“本质内容”是“公共利益”。公共行政的其他内容均是为实现公共利益这一“本质内容”而服务的，都是围绕着“公共利益”这一本质内容而展开。

试以行政过程为例说明之。从行政过程来看，行政组织是行政决策的主体要件，行政决策是行政过程的核心内容，行政执行是行政过程的关键，行政监督则是行政过程的保障。按照事物的内容之标准，虽然行政组织、决策、执行与监督都是公共行政的内容，但是，这些并不构成公共行政的本质内容，因为它们都是为了实现公共利益而存在的，是为了在行政过程中解决公共利益与私人利益的冲突、维护和实现公共利益。具体而言，行政组织是维护公共利益的组织形式，行政决策为公共利益的实现提供合法依据，行政执行是把公共政策中“静态”的公共利益转变为“动态”的公共利益，行政监督则是通过追究行政决策、执行中徇私舞弊的行为人的责任来维护公共利益。“公共利益”贯穿了行政的整个过程，构成了公共行政的“本质内容”。

二 行政系络的治理活动：学科边界厘定

公共行政学的边界不清晰，已成为制约学科进一步发展与精细化研究的主要障碍，也是导致“学科危机”的因素之一。学科体系建构作为人类思维对客观现实的抽象过程，在学科逻辑起点的基础上，首先就应当明确学科的边界在何处。界定学科边界的标准很多，有主观认识与客观实践相统一的标准，也有学科的规训制度以及人员、机构角度相结合的标准。

① 李秀林等主编：《辩证唯物主义和历史唯物主义原理》，中国人民大学出版社 1992 年版，第 207 页。

传统的学科以是否有“独特”的研究对象、研究方法以及线型的“单向度”知识体系为区分标准。然而，随着学科之间的交融越来越多，研究方法互相借鉴等情况的出现，试图利用“独特”的研究对象作为厘定学科边界的愿望已成明日黄花，因为同一个客观对象不可能为一个学科所独占，其他学科完全可以基于自身学科的知识体系对该客观对象进行研究，传统的学科与研究对象之间垄断的、一一对应的关系现已消除。当然，独立学科不一定需要有独特的研究对象，并不意味着学科的研究对象不需要“独特性”，恰恰相反，研究对象的“独特性”才是明确学科边界的核心要素。具体而言，“这一独特选择只是关注客观对象的某一个或几个侧面，在主观上弱化或排除了对象的其他面而已”①。因此，假如把客观对象作为学科研究的“实质对象”的话，从客观对象的某一个或几个侧面来研究的“独特选择”是学科的“形式对象”，“实质对象”指的是“某种存在的现象”，“形式对象”是“指关于这种现象‘是什么’的专门考虑”②。任何学科都是建立在“实质对象”与“形式对象”相统一的基础上。

假如说公共利益与私人利益之间的矛盾是人类构建良好社会秩序的主要矛盾，则解决此矛盾的“治理活动”是所有人文社会科学研究的“实质对象”。不过，这个“实质对象”的存在只是标明了某一学科存在的基础要素，要成为一个可以辨识的、与其他学科相区分的独立学科，还需从“形式对象”着手，因为只有“形式对象”才能真正说明该对象“是什么”，也就是该矛盾的特殊性在哪里。例如，同样是为了解决公益与私益矛盾的“治理活动”，“市场机制”这一“形式对象”使得经济学成为一门独立的学科；“统治权力”与政治学、“权利本位”与法学等学科的构建亦与此同理。就公共行政学而言，与其他学科一样，其共同的“实质对象”是解决公益与私益冲突的“治理活动”，但是，“行政”是公共行政学区别于其他学科的“形式对象”。所以，笔者认为公共行政学科的边界就是行政系络的治理活动。

彰显公共行政学科特色、厘定学科边界的“行政系络”这一“形式对象”，其“独特性”表现如下。

“行政系络”的组织结构包括两大系统：政府与履行公共治理职能的

① 刘小强：《学科还是领域：一个似是而非的争论》，《北京大学教育评论》2011 年第 4 期，第 85 页。

② 陈桂生：《教育学的建构》，湖南教育出版社 2009 年版，第 6 页。

社会组织。政府在实践活动中，具体是指各级行政机关以及政府内部的行政机构。[①] 此外，随着国家与市民社会的相对分离，许多社会组织由于履行了社会公共治理职能，也成为“行政系络”中的主体之一。政府与履行公共治理职能的社会组织可称为“组织意义上的行政”，从纵向而言，此处的“组织意义”既指“组织内部管理”问题，也包括了“组织”与外部的行政客体关系问题，内外结合共同构成了“行政系络”的组织结构。从横向而言，国家与履行公共治理职能的社会组织之间相互分工、职责明确、共同协作，形成内部有机统一的“行政系络”。

“行政系络”形成的实质是行政权力的运作。与国家的立法权、司法权不同，政府的行政权力主要是一种执行权，执行国家法律、法规以及公共政策的权力，也包括决策权（行政立法权、公共政策制定权等）与准司法权（行政调解、行政仲裁等），这些权力或来源于法律、法规的直接规定，或来自法律、法规的授权与委托。“行政系络”中履行公共治理职能的社会组织，在法治国家的框架下，其治理权力也是一种行政权力——执行国家法律、法规以及公共政策的权力。这种权力若来自国家的授权或委托，可视为国家行政权力的一种延伸和拓展，若是来自社会组织内部的授权，则可将其性质界定为“社会公权力”。一般意义上而言，“行政系络”应当包括权力、组织、人员以及行政规则四种要素。其中，行政权力是连接主体、客体关系的中介，构成了“行政系络”运转的核心要素，“行政系络”的形成、运转过程就是行政权力的应用过程：作为客观力量的行政权力，通过法律、法规以及公共政策的确认，以组织权威（包括国家与社会组织）出现，借助“公共人”这一组织基本要素，在公共组织内部事务以及社会公共事务管理的实践中运用，达成权力实施的目的，从而形成一个循环往复、有机联系的“行政系络”。其形成、运转过程可形象地描述为：一种权力、两个主体，以实现公共利益这一核心目标为主导，依据治理规则，通过作为“公共人”的行政人员的治理活动，共同履行公共治理职能，提供公共物品，在互相协调、互相依赖的行政系统中共筑良好社会秩序的动态结构。

---

① 国内有许多学者将立法、司法机关的内部人事、财务管理等也归为公共行政学的研究对象，笔者认为，这不利于学科边界的厘定，过度扩展了学科的研究对象，因为“行政”的核心是指执行，立法机关是行使立法权、司法机关是行使司法权的机构，立法权、司法权与行政权在性质上有本质差异。此外，即使认为立法、司法机关也有组织结构设计问题，但是，这属于国家统治权力的配置问题，而不是权力行使问题，应当将上述问题归属于公法学。

“行政系络”中的行政活动与立法、司法活动相异。在国家依然是公共服务最重要主体的时代背景下，“行政系络”中的行政主体——政府、履行公共治理职能的社会组织——的行政活动与同属更宏大的“公共治理系统”中的立法、司法活动不同。(1) 形成性与延续性。行政活动的功能就在于通过解决公共问题，形构社会生活，从而实现公共目的，“故行政乃是一种不断向未来形成，而为一系列有延续性之社会形成过程。行政不仅是为过去服务，同时也是为现在、甚至为将来而服务之国家功能。……故行政之运作并非固定在过去的‘点’上，而是集‘点’成‘线’，连‘线’成‘面’，聚‘面’成‘体’”①。相反，立法活动由于议员或人大代表的任期限制，不具有延续性。司法活动是为了解决个案纠纷，法官仅重视当下的事实状况，该客观事实的过去与未来并不是他们所关注的。(2) 积极性与主动性。对社会生活的形构功能决定了，行政活动必须积极、主动地参与社会生活，在解决社会公共问题的过程中实现公共目的。立法活动虽有一定的积极性、主动性之特征，但是，鉴于现代社会立法议案的提出依赖政府，其主动性、积极性没有政府的行政活动那么强烈。就司法活动而言，“不告不理”依然是启动司法程序的金科玉律，因为司法权的谦抑品质决定了司法机关不宜主动、积极地介入社会纠纷之中。(3) 合法性与合目的性。在现代法治国家，立法活动是为了制定法律，为行政、司法活动提供规则支持。行政、司法活动均须受立法机构所制定的法的约束，“无法律则无行政”亦是现代法治精神在公法中的具体体现。不过，司法活动受法的拘束，其目的是在个案中真实地展现法的精神、宣示法的意旨，尊重法是司法活动的唯一目的。而行政活动遵守法律规定，满足合法性要求不是它的最终目的，其最终目的还是通过实施法律来实现行政目的，就行政目的而言，行政活动的合法性仅是手段——现代法治国家的行政目的就在于增进和实现公共利益。(4) 具体性与个体性。针对个案作出决定是行政与司法活动的共性，如行政处分与司法裁决等，目的在于实现个案正义而非普遍正义。立法活动与行政、司法活动不同，基于“个案法律禁止原则”，立法机构不能就某一个案制定具有普遍效力的法律规范，这违背了平等的法律精神。故法律的内容通常具有抽象性和普遍性，是针对不特定多数人的法律规范。(5) 整体性与层级性。为了因应复杂的社会情势，行政活动具有整体性，形成上下隶属、层级节制之构造，且以首长制为组织通例。在运作上，上级行政机关对下级机关

① 李建良等:《行政法入门》，元照出版有限公司2004年版，第6页。

有指挥监督权，下级行政机关则有服从之义务，上下配合、共同完成行政任务，实现公共目的。而司法活动中，上下级法院并不是垂直领导关系，而是业务指导关系，至于下级法院受上级法院意见的约束，仅是审级救济制度使然，与行政机关之间的层级节制关系不同。

“公共人”的人性预设何以能够得出“行政系络的治理活动”是公共行政学的学科边界呢？这是因为：首先，由于“活动”本身就是现实的人的存在方式，“人们的存在就是他们的现实生活过程”①。从事公共治理活动、解决公共问题、实现公共利益是作为“公共人”的行政人员的存在方式。其次，行政人员是行政系络中表达、执行行政意志的主体，这些行政意志的表达与执行其实质就在于增进和实现公共利益，并通过以实现公共利益最大化为职业准则的行政人员的具体治理活动来体现，以“公共人”为人性预设的行政人员的职业角色与实践活动，在行政系络的治理活动过程中得到了统一。最后，以“公共人”为人性预设之行政人员的公共伦理，确保了治理活动不至于走向行政的邪恶之途。因为“公共事务除了涉及——但不仅仅立足于——采取复杂的组织与管理技巧来执行公共政策，还必须——并且主要是——带入一种历史意识，能够从国家及其代理人员的角度了解可畏的邪恶潜力，同时还必须带入一种社会角色与身份，在其中不仅仅是要灌输个人与职业的伦理，更重要的是要灌注一种能够识别行政之恶伪装并拒绝与之同谋的社会与政治意识，或者说公共伦理”②。

第二节　公共行政学的主要议题

公共行政学“在本质上是一门如何通过有效的集体行动解决公共问题的科学”③。展开“集体行动”的行为主体是履行公共治理职能的行政人员。由于人的理念对人的行为具有指引与规范作用。因此，作为“公共人”的行政人员的价值理念决定了“集体行动”的路径、方式与效果。如何通过他们的治理活动解决公共问题、实现其价值理念——公共利益最

① 《马克思恩格斯选集》（第1卷），人民出版社2012年版，第152页。

② ［美］艾赅博、百里枫：《揭开行政之恶》，白锐译，中央编译局出版社2009年版，第20—21页。

③ 张成福：《变革时代的中国公共行政学：发展与前景》，《中国行政管理》2008年第9期，第9页。

大化，便成为公共行政学需要研究的核心主题。围绕这一核心主题，从“公共人”视角来看，构成公共行政学的主要议题有三：行政公共性、行政合理性以及行政责任。

一 获得行政公共性：价值层面

公共行政学自诞生以来，何谓“行政公共性”？学界并没有达成共识。随着公共哲学，尤其是行政哲学研究的繁荣，美国学者弗雷德里克森梳理了西方学界关于公共行政中“公共”的五种观点：“公共是利益集团（多元主义的观点）、公共是理性选择者（公共选择的观点）、公共是被代表者（立法的观点）、公共是顾客（服务提供的观点）、公共是公民。”①我国公共行政学界对“行政公共性”的解读观点多元，有学者将行政的“公共性”视为“公共精神”，包括民主、法治、公正以及服务四种精神②。有学者认为对行政的“公共性”理解有两种角度：从公共权力与公民权利的关系视角而言，行政公共性是指“政府的公共所有的属性”；从政府的作用范围而言，是指“政府作用的领域和范围被界定在公共领域，它解决的是社会公共问题，满足的是社会公共需要”③。有学者主张行政公共性是一历史流动的概念，既需要历史性的描述，也需要对其进行规范性考察。在规范性意义上，行政公共性的实质是对“公共利益的追求”④。还有学者认为行政公共性应从三个层面来理解：理念层面的行政公共性是指“行政活动应注重社会发展长期、根本的利益和公民普遍、共同的利益”；道德层面是指“每一个行政人员的职业态度、观念与信仰……实质上是要求公职人员具有公共行政道德责任”；过程层面“意味着公民能够通过有效的渠道参与到有关公共物品的决策制定中去”⑤。

“行政公共性”的概念之所以多元，一是源自此概念自身的复杂性，二是因为学者对此概念解读的角度差异。笔者认为，对“行政公共性”内涵之界定，必须是从“公共行政”这一限定词入手，“公共行政”的本

① ［美］乔治·弗雷德里克森：《公共行政的精神》，张成福等译，中国人民大学出版社2013年版，第21页。

② 张成福：《论公共行政的“公共精神”》，《中国行政管理》1995年第5期，第16—17页。

③ 冯英：《论公共行政之公共性及其何以可能》，《中国行政管理》2008年第5期，第50页。

④ 张雅勤：《公共行政“公共性”的概念解析》，《浙江学刊》2012年第1期，第88页。

⑤ 芮国强、乔耀章：《行政哲学基本问题探索与对话》，吉林人民出版社2006年版，第133—136页。

质属性决定了“行政公共性”的内容。“公共行政”是指行政主体解决公共问题、维护公共利益的一种治理活动。这种治理活动的产生和发展是为了解决人类共同体之间的私益与公益冲突，从而构建和谐有序的公共秩序。私益与公益的冲突在根本上属于人性的冲突。由此决定了“公共行政”的本质属性是构建一个相对稳定的社会秩序，解决个体与个体、个体与集体之间的利益冲突，满足人的“重生”“求强”及“逐乐”的人性需求，实现人的全面而自由地发展。可以说，人性冲突决定了公共行政的本质属性，人性需要是目的，公共行政是满足人性需求的手段。因此，从人性这一终极目的来看，行政公共性是公共行政的价值取向问题：是为了少数人的私利还是为了大多数人的共同利益？若为了个人私益，行政仅仅具有私人性，自无“公共行政”可言。所以，笔者主张“行政公共性”是行政主体以“公共利益”为至善追求的价值理念，是判断行政实践正当性、合理性与否的价值标准。“公共利益”作为涵摄面极广的概念，若以人性为参照标准，主要是指公共行政是否尊重了人的尊严，是否维护了共同体成员的根本、普遍性利益，是否保障了社会弱势群体的利益，是否创造了条件以满足人的生存权、发展权，是否超越了特殊利益集团的利益，是否满足了人的参与公共决策、分配公共资源之需求等。[①]

作为“公共人”的行政人员是行政系络中从事公共治理活动的行为主体，公共利益最大化是其价值理念，这与“行政公共性”在价值层面保持了一致性，从而使得行政责任主体（政府以及履行公共治理职能的社会组织）与行为主体（行政人员）在增进、维护以及实现公共利益方面达成了统一，共同构成了人与组织有机联系的“行政系络”。“公共人”“行政公共性”及“公共行政学”三者耦合的媒介就在于“公共利益”。具体表现在：公共行政学对象是行政系络的治理活动，该活动的本质属性是“行政公共性”，“行政公共性”在价值层面主要指治理活动的公共利益取向，而“公共人”作为治理活动的行为主体，增进、维护以及

① 张康之先生是系统论证行政公共性的学者之一，他认为近代公共行政的“公共性”主要表现为：公共利益的代言人；普遍的代表性；充分的开放性以及民众的广泛参与。当代公共行政的“公共性”在具体的表现方式上有所改进，体现在以下几个方面：从抽象的公共利益到公民的实际要求；从片面而狭隘的效率观到公共服务品质的考虑；从严密控制下的被动性到自觉遵守规范的主动性；从强制履行职责到树立行政伦理精神。参见张康之《论“公共性”及其在公共行政中的实现》，《东南学术》2005 年第 1 期，第 54—55 页。青年学者张雅勤认为行政公共性的具体形态是：行政精神的公共性；行政目标的公共性；价值基准的公共性。参见张雅勤《公共行政“公共性”的概念解析》，《浙江学刊》2012 年第 1 期，第 92 页。

实现公共利益是“公共人”的核心价值理念，并通过治理活动将其价值理念外化为“行政公共性”的获得之过程或结果，为行政系络的治理活动奠定合法性基础，也构成了公共行政学作为学科的独特品格与主要特征。

“获得”意味着一种努力的过程或结果，获得“行政公共性”既可指涉行政主体通过连续的治理活动实现公共利益的行为过程，也可意指公共利益相对实现的状态。作为公共行政价值理念的“行政公共性”，贯穿了公共行政的整个成长史，并引领着公共行政模式、学科建设未来的发展方向。它成为公共行政学的主要议题是因为：

获得“行政公共性”是行政模式转换的重要标志。在某种程度上，公共行政学就是研究行政模式转换规律的科学，行政模式的转换构成了西方公共行政学的百年发展历程。不过，无论是管理主义、宪政主义模式，还是传统公共行政、新公共行政、新公共管理、新公共服务等模式，在模式转换中无不涉及如何获得“行政公共性”这一核心议题，是否具有行政公共性成为新旧模式得以区分的重要标志。以政府是否具有“公共性”以及政府“公共性”的表现形态为标准，行政模式可区分为统治行政、管理行政和服务行政三种样态。统治行政的主要职能在于维护统治阶级的执政地位，是阶级统治的工具，代表了统治阶级的利益。行政权力与政治权力尚未分离，行政职能被统治职能所覆盖。政府即使履行少量的社会管理职能，也是为国家的统治职能而服务。统治阶级的利益凌驾于公共利益之上，因此，这种缺乏“公共性”的行政是一种阶级行政和统治行政模式。近代社会，随着市场经济成为主流的社会经济形态，公域与私域渐趋分离，公权与私权也随之分野，并以私权为本位，要求政府以维护私权为行动的宗旨。政治与行政在权利保障的价值理念下发生分化，政府履行社会管理职能，统治职能则是留给了政治国家。政府的社会管理职能取向使得行政模式由统治行政转变为管理行政，管理行政与统治行政不同，前者因其履行了社会管理职能，从而获得了一定的“公共性”：行政不再是为某一阶级服务，而是为共同体内所有成员服务。不过，管理行政的“公共性”是一种形式上的公共性，因为它过于强调了管理的技术因素，对人的尊严、人的权利与人性需求等公共价值关注不够，无论管理的主体还是客体，都成为行政物化的对象，抽空了行政的公共价值内涵。未来的公共行政模式应当是集形式“公共性”与实质“公共性”为一体的服务行政模式，该模式既突出管理的技术，也强调管理的公共价值意蕴，并以公共价值规范统领管理技术，真正达到增进、维护以及实现公共利益，满足人性需求的根本目标。服务行政是一种获得实质“公共性”的行政模式。从学科发展史来看，自19世纪80年代以来，公共行政学成为一门区别于政治学的独立学科，它是始于管理行政的，未来学科研究的中心就是探索、总结管理行政如何向服务行政转换的规律，以及如何建设服务行政等问题，确保公共行政获得以公共利益为核心价值的实质“公共性”。

获得“行政公共性”是解决公共行政学科危机的关键。学科危机除了研究品质的不足之外，更主要的因素是学科自身的理论体系不统一，无法达成共识导致学科身份危机的出现。从公共行政思想的演进历史来看，“宪政主义”与“管理主义”是两条支配西方公共行政理论发展的不同路径，其中，“管理主义”路径一直占据着主导地位。从传统公共行政到“新公共管理”都是“管理主义”在公共行政领域中的具体范式，“管理主义”路径及其相应的行政范式虽然为公共行政学科的独立奠定了基础，然而，由于其过于强调技术至上、效率中心以及价值中立等核心元素，使得公共行政被“矮化”为一种管理的技术或过程，只关注“工具合理性”，却无视“目的合理性”，一门仅注重“手段”而没有“目的”的学科注定不是一门成熟的学科，学科的身份危机在所难免。一言以蔽之，“管理主义”路径的公共行政学科危机产生的根本原因就是“行政公共性”的丧失。事实上，自20世纪40年代以来，西方公共行政学界开始从“行政公共性”角度，探讨如何解决“管理主义”路径的公共行政学科身份危机问题。譬如，达尔就主张公共行政学的研究应当将“公共行政问题置于伦理考虑的脉络背景之中”①。莱维坦认为“民主国家不仅必须要以民主原则为立国之本，而且要有民主的行政，以及贯穿于行政的民主理念”。② 20世纪50年代，沃尔多对公共行政的“公共”含义进行了解读，③ 把行政的“公共性”作为行政学的研究主题，从而实现了行政学研究方向的转换。20世纪60年代兴起的“新公共行政学派”，则是通过强调“社会公平”的价值观、服务的平等性、政治回应性、代表性以及民

① R. A. Dahl, The Science of Public Administration: Three Problems, *Public Administration Review*, Vol. 7, No. 1, 1947, pp. 1 – 11.

② D. Levitan, Political Ends and Administration Means, *Public Administration Review*, Vol. 3, No. 3, 1943, pp. 353 – 359.

③ 沃尔多对公共行政的“公共”含义的界定是：其一，从国家或政府的角度来定义，这涉及主权、合法性、普通福利等法律、哲学、政治学的概念与理论；其二，按照社会中人们的认识经验来定义，包括政府公共职能和公共活动；其三，根据政府所执行的职能或活动的常识性方法来定义。参见 Waldo, *The Study of Public Administration*, Double Day, New York, 1955, p. 15。

主行政等，倡导公共行政的“公共性”导向。随后，美国学者文森特·奥斯特罗姆明确提出应当以民主行政取代日益僵化的官僚制行政。登哈特夫妇针对新公共管理的技术理性，极力反对企业家政府的主张，提出了以公共利益为核心的新公共服务理论。总体上而言，西方公共行政学界从“宪政主义”路径对“管理主义”取向的行政学理论进行反思，弥补了公共行政重“手段”轻“目的”、重“管理技术”轻“公共价值”的不足，为解决公共行政学科的身份危机做出了杰出贡献，也为“行政公共性”成为学科研究的主要议题提供了理论依据。

获得“行政公共性”是为了避免公共行政实践走入误区的需要。现实的公共行政实践中，在功利主义价值观的冲击下，出现很多不良行政，例如，在人与自然的和谐关系中，由于唯“GDP”马首是瞻，过度掠夺自然资源，导致环境的恶化。在行政人员的职业伦理道德建设中，个人私利高于公共利益，权钱交易、腐败滋生，使得政府公信力急剧下降。在政府与公民之间，政府以命令者、恩惠布施者自居，公民仅是被命令者、利益的被动接受者，忘记了政府的权力来自人民的授予，为民服务的仆人反而成为人民的主人，政府的合法性受到侵蚀。诸如此类不良行政的产生之因，就是“行政公共性”价值观的衰微或沦丧。实践活动作为理论研究的源泉，实践中的问题也为理论研究框定了问题域，鉴于行政实践活动中“公共性”价值观的缺失，公共行政学应为解决行政实践活动出现的问题提供药方，故此，获得“行政公共性”成为公共行政学研究之议题也是实践的需要。

二　提升行政合理性：技术层面

获得“行政公共性”是行政系络中从事治理活动的“公共人”的价值理念，这就要求行政人员应当以增进、维护与实现公共利益，作为他们展开公共行动的价值取向。然而，公共利益是一个价值判断问题，具有整体性、抽象性以及客观性等特征。欲将公共利益从主观价值判断转化为具体的利益需求，则需借助行政技术这一媒介，通过客观的行政技术之运用，在行政实践的过程中把公共利益具体化，成为可被现实的利益主体所享有的利益。因此，以“公共人”为人性预设的行政人员，作为具体实施、传承与创新行政技术的行为主体，在公共利益的实现过程中与行政技术达成高度的统一：人与工具、手段与目的、过程与结果的统一。

在西方公共行政学的发展历程中，“宪政主义”路径继承了西方民主的传统，强调公共行政的民主性质，公共性价值是民主行政的本质特征。

与此相反，“管理主义”则借鉴了私人管理的方法，试图将公共行政的管理等同于一般管理，建立普适性的管理规律与科学是管理行政的目标。继承并创新“行政技术”成为管理行政的主导理念。从威尔逊的“政治—行政”二分、泰勒的科学管理、韦伯的官僚制、古利克的 POSDCRB，到新公共管理的政府流程重塑，都是技术主义的体现。从一般意义上而言，西方公共行政发展的历史，就是一部行政技术创新的历史。即使是主张公共行政规范性研究的沃尔多，也认为“行政管理就是在历史中发展且贯穿于历史的各种艺术、科学、态度和程序或多或少的相互关联。谈论行政管理的技术，可使我获得一个好的途径去辨明这些相互关联的艺术、科学等”①。公共行政的批判理论总结道，“在所有情况下，管理基本上都被看作一个技术领域，并且管理者所运用的技术都基于一个主要意向——以这样一种方式来控制人和物以保证得到可预计的结果”②。“被技术理性传统所限定的官僚体系，不是把政策过程看作一个通过沟通和对话从而达成共识性决定的过程，而是把它作为解决当下的问题而运用的一种技术规则。在这样的情况下，技术关怀将取代政治的和伦理的关怀，成为公共决策的基础，并因此将标准化事务转换为技术问题。”③

尽管“公共行政的主体部分本质上就是技术的”④，但是行政技术本身并不构成公共行政学科的主要议题，因为关注行政技术的目的是提升行政的合理性，行政技术是否优良、采用何种行政技术等问题，其最终标准在于是否提升了行政合理性。行政合理性构成了行政技术的判断标准，它才是公共行政学科的主要议题。公共行政学科所研究的行政合理性，从技术层面界定，主要是指政策制定、执行的有效性，行政效率是裁量行政合理性的核心标准。行政效率可分为两种：生产率与收益，生产率是组织内部效率，“反映的是投入和产出之间的关系；而收益则是外部效率，指的是组织绩效对他人所造成的影响”⑤。公共行政学界将行政效率“很谨慎地限定在内部效率或生产率上，因为它们是可测量的”⑥。威尔逊在奠定

① ［美］戴维·约翰·法默尔：《公共行政的语言：官僚制、现代性和后现代性》，吴琼译，中国人民大学出版社 2005 年版，第 138—139 页。

② 戴黍、牛美丽等编译：《公共行政学中的批判理论》，中国人民大学出版社 2008 年版，第 8 页。

③ 同上书，第 9 页。

④ ［美］戴维·约翰·法默尔：《公共行政的语言：官僚制、现代性和后现代性》，吴琼译，中国人民大学出版社 2005 年版，第 145 页。

⑤ ［英］简·莱恩：《新公共管理》，赵成根等译，中国青年出版社 2004 年版，第 70 页。

⑥ 同上书，第 71 页。

公共行政学科基础的时候，就明确了技术层面的行政效率是公共行政学科研究的重点，认为行政学研究的目标有二：一是明晰政府能够承担什么样的任务，二是搞清楚“政府怎样才能够以尽可能高的效率和尽可能少的金钱或人力上的消耗来完成这些专门的任务”①。因此，投入与产出之间的比例关系构成了行政是否合理的主要标准。另外，公共行政学从技术层面所界定的行政合理性，与行政法学中的行政合理性不同，行政合理性作为行政法学的基本原则之一，它所规范的对象是行政自由裁量权，防止行政自由裁量权的滥用侵犯公民的合法权益。行政法学界定行政合理性的标准在两大法系中有所不同，英国法采用主观标准：以界定“不合理”来明确什么是“合理性”。比如“如此荒谬以致任何有一般理智的人都不能想象行政机关在正当地行使权力时能有这种标准（格林法官语）”；“如此错误以致有理性的人会明智地不赞同那个观点（丹宁法官语）”。② 德国法则是运用“比例原则”来衡量行政合理性问题。我国学者主要采用主客观相结合的标准判断行政合理性问题：主观上要求行政行为必须出于正当的动机；客观上要求行政决定应当符合客观规律。总体上来看，公共行政学研究的行政合理性，强调组织内部的行政效率，是行政技术优良与否的反映。行政法上的行政合理性侧重行政主体的外部行为是否侵犯了公民权益，是一种价值判断。

“行政技术就是指行政主体在行政活动过程中为实现一定的行政目标而创造、掌握、运用的各种工具性、实践性的知识体系的统称。”③ 行政技术具体包括组织、决策、沟通以及控制等技术。作为一套实践性的知识体系，行政技术蕴含在行政组织的结构设计、组织内部管理以及政策制定等实践过程中，它是实现行政合理性目的的手段。若将公共行政模式划分为官僚制、市场式以及参与式三种模型，从行政组织结构、内部管理以及政策制定三个维度考察前述三种主要的行政模式，可知作为“公共人”的行政人员运用行政技术、改善行政效率、提升行政合理性是公共行政学的核心问题之一。

组织结构设计方面。“官僚体制的组织广泛传播的决定性的原因，向来是由于它的纯技术的优势超过任何其他的形式。”④ 官僚制行政认为单

① ［美］威尔逊：《行政学研究》，《国外政治学》1987 年第 6 期，第 30 页。

② ［英］威廉·韦德：《行政法》，徐炳等译，中国大百科全书出版社 1997 年版，第 79 页。

③ 苏曦凌：《行政技术论》，《内蒙古社会科学》（汉文版）2012 年第 5 期，第 11 页。

④ ［德］马克斯·韦伯：《经济与社会》（下卷），林荣远译，商务印书馆 1997 年版，第 296 页。

一的权力中心、借助层级节制等手段，可促使公共政策能够得到负责任的、统一的执行，提高行政效率。市场式行政模式与此相反，指出官僚制行政由于权力集中，必然导致行政部门的垄断地位，行政机构庞大且缺乏回应性，行政效率低下则是权力集中的结果。为了提高行政效率，确保行政合理性的提升，应当将集中的权力分散。具体方法就是分解庞大的行政机关，在政府内部设立多元、相互竞争的组织来提供公共服务与产品，每个独立、单一的小型组织均有决策、执行权。参与式行政模式与市场式行政模式一样，认为层级节制因为限制了行政人员的参与，降低了他们的努力程度，是导致行政效率低下的罪魁祸首。改进组织结构可以促进行政参与，是确保行政效率得以改善的有效途径。为此，应当减少行政组织内部的层级，变金字塔式的组织结构为扁平的结构形式，让低层级的行政人员能够直接参与公共决策，提高他们在执行公共政策时的有效性。

组织内部管理方面。官僚制行政认为“价值中立”的、经职业化训练的行政人员是构建“良好行政”的基础。资历是决定报酬的主要标准，相同资历获得的报酬相等。行政人员能否晋升取决于他们的工作成绩和能力。这种人事管理制度“减少摩擦、节约物资费用和人力……能达到最佳的效果”①。市场式行政模式对这种刻薄、僵硬的工资制度进行了批判，认为行政人员的工资水平应该取决于他们的工作成绩，成绩越好则其工资报酬应当越高，而不是依据资历、级别来定报酬。这对激发行政人员的工作热情具有刺激作用，有利于提高工作效率，也有助于行政合理性的提升。参与式行政与官僚制、市场式行政模式不同，主张通过拓宽行政人员以及利益相关者参与公共决策的途径来提高行政效率。因为人不仅是“利益人”，还是“社会人”，渴望在参与中实现自身的人生价值才是促使行政人员积极、主动工作的内在动力。工资报酬、晋升等手段并不一定能够达到预期效果。相反，它们有时候被认为是控制行政人员的手段，增加行政人员对组织的疏离感，降低了行政效率。

公共政策制定方面。官僚制行政的“单一权威结构”决定了，只有处于金字塔尖的高级行政人员才有决策权，并通过民选机关的任命程序最终向拥有主权的人民负责，这就是典型的行政首长负责制。“市场模式提倡将官僚体制的职能分散给多个‘企业型的’机关，这些机关被授权独立自主地制定政策，这种分散职能的行为可能是根据来自于市场的信号而

① ［德］马克斯·韦伯：《经济与社会》（下卷），林荣远译，商务印书馆1997年版，第296页。

进行的，或者纯粹是建立在对组织领导人员的判断基础之上。打破反应迟钝的官僚体制枷锁的禁锢意味着决策得到了解放，也意味着公共部门能制定出更富有冒险精神和革新精神的方案。”① 与分散决策权的市场式行政模式相似，参与式行政赋予底层行政人员的参与决策权，因为他们直接和民众打交道，拥有第一手资料，相比较政治家和高级行政人员，他们对政策具有相当大的影响力。与官僚制行政“自上而下”的行政决策不同，参与式行政的决策可以说是“自下而上”的一种决策模式。

三　行政责任的实现：制度层面

“责任一词最基本的含义是，以他人或团体名义行动的人要向这个人或团体汇报工作，或者以某种方式对这个人或团体负责。”② 随着人民主权理念的确立，处于整个国家治理体系中的行政系统如何承担责任，现已成为民主国家不能绕开的问题。“任何政府都需要建立一套责任机制，只有这样才能获得广泛的社会支持。对任何主张民主的社会来讲，责任都是一个基本要素。”③ 自20世纪40年代卡尔·弗雷德里克与芬纳两位学者就行政责任的主、客观性质展开争论以来，对行政责任的定义、性质、特征以及如何实现行政责任等问题，公共行政学界至今尚无定论。目前，绝大多数学者采综合一说，即行政责任既是客观责任，也是主观责任。如美国学者马歇尔·迪莫克、格拉迪斯·迪莫克两位学者就认为：“负责意味着负责任地行动，也就是说，意味着按照预定的合宜标准来行动。不过，对于公共行政官员来说，负责不仅仅只是一个礼貌和习惯的问题；它是一个法律的问题。负责还描述了一个不能够依靠的人。对于行政官员来说，这就意味着了解自己的职责并且履行自己的职责——诚实并且正直的行动。因此，负责的合成现代意义就是职责，不仅包括法律责任而且还包括道德责任。”④ 费斯勒以及凯特尔主张行政责任的双重属性，认为“官僚责任有两种基本要素。一是责任：忠实地服从法律、高级官员的指令。另一种是符合伦理的行为：遵从道德标准，避免出现不

① ［美］B. 盖伊·彼得斯：《政府未来的治理模式》，吴爱明、夏宏图译，中国人民大学出版社2014年版，第42页。

② ［澳］欧文·E. 休斯：《公共管理导论》，张成福、王学栋等译，中国人民大学出版社2007年版，第276页。

③ 同上书，第279页。

④ ［美］珍妮特·V. 登哈特、罗伯特·B. 登哈特：《新公共服务：服务，而不是掌舵》，丁煌译，中国人民大学出版社2010年版，第90页。

道德的行为”[1]。当代著名的行政伦理学家特里·L. 库伯是研究行政责任的集大成者，其对行政责任的界定影响深远，他主张行政责任分为客观责任与主观责任两种，客观责任“包括对某人或某集体负责，也包括对某一任务、下属员工人事管理和实现某一目标负责。前者是职责而后者是义务”[2]。主观责任“根植于我们自己对忠诚、良知、认同的信仰。……是职业道德的反映，该职业道德是通过个人的经历而建立起来的”[3]。

鉴于行政责任的主、客观两种属性，如何实现行政主体及其人员的责任也有两种途径：内部控制与外部控制。内部控制强调行政人员的职业道德对实现行政责任的价值，认为在技术优势、信息垄断以及官僚组织庞大的当代社会，通过法律法规等外部责任追究途径，很难真正实现行政人员的责任，因为行政事务无穷而法律法规是有限的。只有通过行政人员自身的职业修养和道德，将外部约束内化为自身的价值追求，才能真正落实行政人员在公共治理活动中的责任。与此相反，外部控制主张利用国家法律法规、工作纪律、道德规范等刚性的标准来约束行政人员，使他们不越权、不越轨，忠实地实现人民的“公意”。单纯依赖行政人员的自我修养来解决行政责任问题，“也许就像依赖于官员的帮凶或同谋者来监督官员”[4]，“在公共行政中，我们必须像谨慎地防范太坏的人那样谨慎地防范太好的人；他们都有可能以他们自己的方式向公众提供公众并不想要的东西”[5]。

笔者认为，从制度层面而言，内、外两种控制途径真正要发挥作用，必须借助相对科学、合理的制度来规范行政人员的行为，实现行政责任。因为制度的刚性可为行政主体的职责范围、权力行使程序以及奖惩措施等内容作出明确界定，确保外部控制有制度支持，减少权力寻租的机会以及追责的社会成本。同时，通过公务员的选拔、培训、考核以及职业伦理道德等制度建设，可增强行政人员的职业修养，为内部控制途径提供基础性的伦理规则。事实上，就外部控制而言，现代民主国家无不注重制度建设，比如权力分立、预算控制、职务轮调、公众参与、信息公开、内部稽核、司法审查等，都是通过制度的建构来明确行政责任的实现问题。与此

---

① ［美］詹姆斯·W. 费斯勒、唐纳德·F. 凯特尔：《行政过程的政治：公共行政学新论》，中国人民大学出版社 2002 年版，第 429 页。

② ［美］特里·L. 库伯：《行政伦理学：实现行政责任的途径》，张秀琴译，中国人民大学出版社 2001 年版，第 63 页。

③ 同上书，第 74 页。

④ 颜昌武、马骏编译：《公共行政学百年争论》，中国人民大学出版社 2010 年版，第 15 页。

⑤ 同上书，第 17 页。

同时，内部控制也开始了相关的伦理立法，使得行政人员的自我职业修养外化为可操作的制度规范。比如美国政府伦理局在1997年便颁布了《行政机关公务员伦理行为标准手册》，该手册的涵盖范围很广，包括外界馈赠、内部馈赠、财物利益冲突、公正执行职务、在外兼职、滥用职权、在外活动、相关法令规章等[①]，其他相关国家也在公务员法中对行政人员的伦理行为进行了原则性规定。

“行政责任的实现”作为公共行政学的主要议题，从价值规范层面分析，是源于“公共人”的人性预设。“行政系络的治理活动”作为公共行政学的研究对象，实质上是指作为“公共人”的行政人员的具体活动。“公共人”实现公共利益最大化的价值理念仅是一种应然的、规范性描述。事实上，“公共人”也是社会中的人，也有“重生”“求强”“逐乐”的人性需求，况且，他们还是掌握“公共权力”的人，在追逐私利的人性驱使下，若没有相应的责任制度，难免“公共人”不会堕落为滥用权力、寻求权钱交易的人。正如古希腊哲学家柏拉图所言，“如果谁有了权力而不为非作歹，不夺人钱财，那他就要被人当成天下第一号的傻瓜”[②]。在行政系络的治理活动中，“行政管理的生命线是权力，权力的获得、保持、增长、削弱和丧失是行政实践者和研究者不能忽视的。忽视了这一点，其后果几乎肯定是丧失现实性和导致失败”[③]。因此，行政权力的

---

① 美国的《行政机关公务员伦理行为标准手册》中，最基本的是共计14条的“伦理行为通则”，内容如下：1. 公共服务系为公众信托，公务员必须超越个人利益，忠于宪法、法律以及伦理通则。2. 公务员不得图谋违背职务责任之财务利益。3. 公务员不得利用未经公开之政府资讯，从事财务交易，亦不得不当使用前述资讯增加个人利益。4. 公务员不得向下列对象，索取、收受馈赠或其他有价物品：（1）要求公务员执行职务者；（2）与公务员有业务往来者；（3）从事受到机关管制之活动者；（4）明显受到公务员职务作为或不作为影响者。5. 公务员应本诚信执行职务。6. 公务员不得故意对外发布未经授权之任何宣示或承诺，以图拘束政府。7. 公务员不得假借职务，谋求个人利益。8. 公务员应公正执行职务，不得给予任何私人组织或个人特殊待遇。9. 公务员应保护，撙节公有财产，用于法定途径，不得挪为他用。10. 公务员不得在外从事违背政府职责之兼职或活动。11. 公务员应向权责机关，揭发浪费、诈欺、滥权以及贪污之情事。12. 公务员应忠诚履行公民之义务，包括一切财物义务，尤其是各级政府依法课征之税赋。13. 公务员应依法给予全体国民公平之机会，不得因种族、肤色、宗教信仰、性别、血缘、年龄或伤残而有差别待遇。14. 公务员应全力避免违背法律或伦理标准之情事发生，至于是否由特定环境而导致前述之违法背伦行为，则应自熟悉相关事实知识之明理人士的观点认定之。转引自林钟沂《行政学》，三民书局股份有限公司2001年版，第656—657页。

② ［古希腊］柏拉图：《理想国》，郭斌和、张竹明译，商务印书馆1986年版，第48页。

③ ［美］理查德·J. 斯蒂尔曼二世：《公共行政学：概念与案例》，竺乾威、扶松茂等译，中国人民大学出版社2004年版，第158页。

"公共性"与私人占有之间的矛盾决定了，行政系络的治理活动过程就是一个赋权与限权的过程。如何在赋权与限权的过程中确保行政人员的"公共性"，真正做到权为民用，离开了"行政责任"的制度化，则只能是一种对"公共人"会主动实现公共利益最大化的价值理念之"迷思"。所以，规约"公共人"所占有的行政权力是保障行政"公共性"的关键之举。将行政责任制度化，通过制度的明确性、规范性以及强制性，实现行政责任、提升公共行政的合法性，在民主法治国家，成为制约行政权力的核心问题。

"行政责任的实现"作为公共行政学的主要议题，也是源于公共行政理论范式演变规律的总结。无论是以"价值中立"为人性预设的传统公共行政、"经济人"的新公共管理，还是以"社会人"为人性基础的新公共服务，这三种主流公共行政范式的转换，从某种程度而言，正是因为不同的人性预设而构建不同的行政责任实现机制，从而引发了不同范式的转换。众所周知，传统公共行政基于"政治—行政"二分框架，严格控制行政人员的自由裁量权认为是确保行政责任的关键。所以，在制度建设上突出正式、层级节制、外部控制的机制。譬如，通过法律法规明确组织权限、固定有序的上下级关系、形成正式的决策文书、依照规程办事的运作机制、适应工作需要的专业培训、合理合法的人事管理等制度。这种制度安排使得实现行政责任的关系明晰、运转有效。但是，在新公共管理看来，传统公共行政由于强调"政治—行政"相分离，导致行政仅仅是认真地执行由政治领导人确定的公共政策而不负任何责任，"如果出了问题，那就是政治领导人的过错。官僚可以通过匿名的方式躲避责任"[①]。"这种责任机制的目标是回避错误，因此它鼓励逃避风险的行为"[②]。在实现行政责任的制度安排上，首先，新公共管理认为管理者应当被赋予裁量权，以便增强政府的回应力，对行政效率的测量不是投入而是结果，传统公共行政之所以效率低下，就是因为它测量的是投入。其次，新公共管理通过合同形式明确管理者的目标，突出有别于组织责任的个人责任，这是一种更现实的责任机制。而传统公共行政只有最高层负责。最后，建立一套绩效责任的追溯机制。总体上，新公共管理是一种市场化的行政责任实现机制。新公共服务对新公共管理的行政责任实现机制提出批判：一是新

① [澳] 欧文·E. 休斯：《公共管理导论》，张成福、王学栋等译，中国人民大学出版社2007年版，第284页。

② 同上书，第285页。

公共管理的民营化缩小了政府的责任范围，二是没有适度地强调公法规范，三是忽视了诸如公平、正义、参与等民主原则。因此，“在新公共服务中，责任被广泛地界定为包含了一系列专业责任、法律责任、政治责任和民主责任。……以一种负责并且是对民众负责的方式来平衡这些因素的关键在于公民参与、授权以及对话”①。为了让行政人员承担公共责任，既要突出公民权的主体地位、将民主价值内化为责任追究制度建设的指导纲领，也要强调行政人员的自我道德修养。在内、外控制相结合的制度体系中，确保行政责任的实现。总之，从行政责任实现的维度考察前述三个理论范式的转化，三者有相同之处，也存在路径差异。传统公共行政与新公共管理都强调了：客观责任和外部控制，但是，传统公共行政的外部控制主要是指行政系统内部的制度设计，对行政系统外部的监督力量（公众、市场等力量）不信任。新公共管理则是突出了市场的钳制力量。而新公共服务更全面，既主张行政人员的主、客观责任，也认为应当通过内、外部控制途径的制度化来实现行政责任，这是未来公共行政在责任实现路径方面的发展趋势。

综上所述，公共行政学是一门专门研究公共行政现象与活动的学科，对公共行政实践的理论抽象构成了学科的知识体系。“公共人”的行政实践活动首先需要以其价值理念作为行动的先导，因此，“获得行政公共性”在价值层面成为公共行政学研究的主要议题之一。同时，“公共人”的行政实践活动是系统地解决公共问题、增进以及实现公共利益的治理活动，治理活动的成效高低除了依赖于正确的价值观，还要借助优良的行政技术提高行政效率。所以，技术层面的“提升行政合理性”也是公共行政学的主要议题之一。然而，“行政公共性”的价值观是否能够真正外化为追求“公共利益最大化”的实践活动，“行政合理性”的技术评定是否能够切合行政实践的需要，都需要通过行政人员的主观意识和客观行动来验证。而“公共人”的人性不完美总会影响他们的价值判断和行为选择，为了避免不当的价值判断和行为选择，就需要借助外部的规训机制——责任制度。通过制度建设确保“行政责任的实现”，构成了公共行政学的主要议题之一。因此，“价值观—技术—责任”形成了内在统一、相辅相成的逻辑体系，也是“公共人”之维的公共行政学研究绕不开的三个主要议题。

---

① ［美］珍妮特·V. 登哈特、罗伯特·B. 登哈特：《新公共服务：服务，而不是掌舵》，丁煌译，中国人民大学出版社 2010 年版，第 98 页。

第三节 公共行政学的范畴体系

范畴是人类思维对客观对象的本质反映。“行政系络的治理活动”作为公共行政学的基本范畴，还需要其他的普通范畴，从各方面、各层次、各环节对其进行诠释，全面理解公共行政现象，从而形成一套有机联系的范畴体系，建构相对成熟的学科知识体系。“行政系络的治理活动”之实质就是作为“公共人”的行政人员增进、维护与实现公共利益的活动。围绕“行政系络的治理活动”这一基本范畴，对“谁”的活动？“公共人”活动的“客体”是什么？“公共人”活动的“价值取向”是什么？“公共人”将怎么“展开”其治理活动？“公共人”采用何种“方法”才能实现其价值目标？如何确保“公共人”活动的“责任”之实现？等等，这些主要问题的研究，就构成了公共行政学的范畴体系。

一 行政主—客体范畴

行政主体[①]是行政系络治理活动的发起者，没有行政主体的治理活动就没有公共行政的发生。行政主体的行为作用对象就是行政客体，它规定了治理活动的行为方向。二者各自的本质内容及其辩证统一关系构成了公共行政学的主—客体范畴。

（一）行政主体

“谁”的活动是指何为行政主体的问题。人类的生存经验揭示了，任何治理活动都是人的一种实践活动，人是治理活动得以发生的前提条件。由于治理活动的职权性，在现代民主法治国家，从事职权性治理活动的人总是隶属一定的社会组织。治理活动的职权性决定了从事治理活动的主体是一种公共组织，是能以自己的名义对外行使治理职权和承担责任的公共组织。作为具体履行公共组织治理职能的人员，因其隶属公共组织而具有“公共人”属性，但他们仅是治理活动的行为主体，而不是行政主体，这是由于他们在治理活动中表达、执行的是公共组织的意志，而不是他们私人的意志，在忠实地执行公共组织意志的行动中，也不需要承担个人

① 行政主体是依法享有行政权，能以自己的名义代表国家对外行使行政职权、履行行政义务，并独立承担行政责任的组织体。行政相对人是行政主体行政行为影响其权益的个人或组织。在行政管理过程中，二者的关系是管理与被管理关系。

责任。

作为行政主体的公共组织主要包括：政府和履行公共治理职能的社会组织。政府主要是指依据宪法或行政组织法规定而设置的行使行政职能的国家行政机关，是一种“狭义”上的政府。除了国家行政之外，公共行政还包括非国家的公共组织行政。非国家的公共组织履行公共治理职能，发挥服务社会、协调关系、动员资源和民主资政等功能，具备非营利性、志愿性和公共性的特质，可概括为“履行公共治理职能的社会组织”，它们也是公共行政的主体。公共行政学之所以应当将其作为行政主体，是现代社会多元治理结构使然。20 世纪 90 年代，“公民社会”成为颇具影响力的社会思潮，“政治国家”和“公民社会”不断分离，社会组织被赋予了某些社会管理职权，同时政府转移或委托社会组织承担部分公共服务职能。此外，政府失灵要求社会组织成为公共物品的提供者，社会组织自主性、专业性和灵活性等优势为其发挥主体作用创造了有利条件。可见，社会组织具有获得行政主体资格的历史条件、行政环境和治理能力。这些社会组织主要包括三类：官办社会团体，如工会、妇联和共青团等；半官半民的社会组织，如各类工商业协会、福利事业团体等；基层群众性自治组织，如村委会、居委会等。作为行政主体，政府与履行公共治理职能的社会组织存在不同之处：一是本质特性不同，政府的本质特性是阶级性，合法性来源于阶级统治，社会组织的主要特性是社会性和公共性，合法性来源于为社会服务。二是权力属性不同，政府行使的是国家公权力，为统治阶级服务，社会组织行使的是社会公权力，为组织成员以及与其发生管理与服务关系的其他社会成员服务。两者虽彼此独立、监督制衡，但应立足于公共利益，建立相互信赖、良性互动和合作共赢的伙伴关系，共同承担社会管理和公共服务的职责。

无论政府还是社会组织，从功能上而言，它们都是一种履行公共治理职能的组织。如何进行科学的组织设计、以便有效地达成公共治理的目标，便成了公共行政学的研究内容。主要包括：（1）组织构成要素。如组织成员、物质因素、组织目标、机构设置、职位设置、权责划分、规章制度、技术和信息等。（2）组织的结构。它是“一个组织系统内部各构成部分或组成要素之间有机结合、整体运行的方式”①。垂直领导的直线结构、水平领导的参谋结构、垂直与水平领导相结合的直线—参谋结构、矩阵结构是比较典型的组织结构。另外，组织管理层次与控制幅度的比例

① 彭和平：《公共行政学》，中国人民大学出版社 2012 年版，第 53 页。

关系也是影响组织结构的主要因素，合理配置二者之间的比例关系对提高组织内部的管理效率具有重要作用。（3）组织的职能。它是确定组织行使职权活动和作用范围的基础，是从事公共治理活动的依据。根据划分标准的不同，组织职能有多种分类，从公共治理角度而言，需研究的主要有五种职能：计划、组织、控制、指挥以及协调职能。（4）组织的机构设置。它是组织整体结构的存在基础，是根据组织目标、职能范围在组织内部分工的结果。现代组织中，机构设置大致包括领导决策、执行、参谋辅助、监督以及信息反馈等机构。

鉴于政府在公共治理活动中的主导地位，从行政主体而言，需重点研究三个问题。（1）行政权力。它是行政机关履行公共治理职能、实现公共利益目标所需要的支配性力量。具有公共性、手段性、自主性、实效性等特征。包括行政立法权、行政决策权、行政组织权、行政命令权、行政决定权、行政强制执行权、行政监督权、行政处罚权、行政司法权等内容。这些权力的结构性分配、功能性分配方式以及逐级授权的分配途径，行政权力行使的基础、手段和程度，均是行政权力研究的主要问题。（2）政府职能。它是政府管理国家和社会公共事务方面的基本职责和功能，具有执行性、多元性和动态性特点。现代政府的基本职能有：政治、经济、文化教育和社会服务职能，运行职能包括决策、组织、协调和控制等，二者相互渗透、相互交叉，共同构成政府的职能体系。行政权力的行使与政府职能的履行是一个有机整体，密不可分，政府职能是行政权力的外在表现，行政权力是政府职能的内在力量，行政权的行使范围即是政府职能范围。（3）人事行政。高素质行政人才是确保政府正确履行职能、合法行使行政权力的前提条件。因此，人事行政居于政府行政管理的核心地位。人事行政中的公务员制度，包括公务员的范围、权利义务、职务与级别、录用、考核、奖励与惩戒、培训、交流与回避、辞职、退休与申诉、控告等内容，则是人事行政研究的重点对象。

（二）行政客体

“公共人”的活动“对象”是指行政的客体问题。客体是主体行为作用的对象，公共行政的客体是公共事务，这是由“公共人”的公共性特质决定的。“所谓公共事务，是指为了满足社会全体或大多数成员需要，体现他们的共同利益，让他们共同受益的那类事务。”① 公共事务的“公

① 周义程：《公共利益、公共事务和公共事业的概念界说》，《南京社会科学》2007 年第 1 期，第 80 页。

共性”承载并体现公共行政的“公共性”，其目的在于满足公共需要、实现公共利益。公共事务伴随人类社会的产生而产生，据其性质、功能和目的可知，它的产生来源于人的社会性。人是天生的社会动物，社会性是人的本质属性，人的本质由社会关系所赋予，个人离不开社会生活。人的生存和发展使其产生各种需要，这些需求只能在与他人的共同生产、相互交换中才能实现，单靠一人之力是无法满足的，故个人只有在社会中才能满足生存需要、获得全面发展。人与社会之间在需要满足过程中所产生的事务就是公共事务。

公共事务的类型可依据不同的标准做不同的划分。从主体角度而言，公共事务分为国家公共事务、政府公共事务和社会公共事务。国家公共事务主要包括维护主权和领土完整、维护国家独立地位和国内社会秩序等。政府公共事务包括政治选举、外交关系、人事预算和政府机关内部事务等。社会公共事务主要是科技教育、文化艺术、医药卫生和社会公用事业等事务。从历史发展维度考察，公共事务可分为“历史全程性公共事务”与“历史阶段性公共事务”两类，前者是贯穿人类社会始终的公共事务，后者是人类社会某一历史阶段发生的公共事务。[①] 从事务性质划分，包括政治公共事务、经济公共事务和社会公共事务。亚当·斯密深入剖析了公共事务的作用，一是保护社会，使其不受其他独立社会的侵害；二是保护社会中的个人，使其不受其他人的侵害；三是建设并维持某些公共事业和公共设施。[②]

（三）行政主—客体关系

公共行政主—客体之间绝非孤立的，二者之间存在对立统一的辩证关系，共同构成有机联系的主—客体范畴。首先，二者是对立的，相互之间不能互相替代，行政主体就是行政主体、行政客体就是行政客体，它们分别具有不同的质的规定性。行政主体是治理活动的作用者，行政客体是行政主体活动的承受者，二者不可混淆。其次，二者相互依存、互为前提。“行政主体是相对于行政客体而言的，反之亦然。行政主体的质要通过行政客体来界定。行政主体所以居于主体地位，是因为存在着可供他们指挥、管理的客体；行政客体所以成为被支配的客体，是因为必须追随、服从行政主体。在行政活动中，人不是处在行政主体的地位，就是处在行政

---

① 颜佳华：《行政哲学研究》，湘潭大学出版社 2009 年版，第 138 页。

② ［英］亚当·斯密：《国民财富的性质和原因的研究》，郭大力、王亚南译，商务印书馆 1974 年版，第 253 页。

客体的地位，绝对没有介于二者之间或超越二者之为的人。”[①] 再次，二者相互转化。行政主体通过自身的实践活动作用于行政客体，使得行政客体打上了行政主体的烙印，是行政主体自身的本质力量的对象化。而行政主体在认知、把握行政客体发展规律的过程中，也会受到行政客体的反作用，吸收了行政客体的某些因素，具备了行政客体的某些属性。最后，二者在对立统一中共同发展。“行政主体和行政客体作为矛盾的双方，它们的发展不是孤立的。它们共同发展的动力来自于行政主体和行政客体的矛盾运动。”[②]

二 行政价值范畴

行政系络中的“公共人”从事公共治理活动之最终目的，就是满足人的需要，比如“重生、求强、逐乐”等需求。在满足人的需要之实践活动中，行政主体和行政客体之间形成了价值关系。行政价值关系是一种需要满足之关系。“即客体以其属性满足主体需要和主体需要被客体满足的效益关系。”[③] 行政价值关系中的主体是“人”，包括履行公共治理职能的“公共人”以及其他社会中的自然人。行政价值关系中的客体就是“公共人”从事的公共行政活动本身。从人的需要满足而言，公共行政的价值包括目的性价值与工具性价值。

（一）工具性价值

1. 秩序

秩序在公共行政价值体系中处于基础地位，是其他行政价值的前提。由于公共行政是人的实践活动，解决的是人与自然、人与社会以及人与人之间的矛盾和冲突。公共行政所要建构与维护的秩序应当是：以人为中心，包含秩序要素协调以及秩序主体平等两大内容的可持续性秩序。以人为中心，就是坚持人作为主体的原则，依靠人设计和构建可持续的秩序，使秩序服务人、满足人类生存和发展需要。秩序要素协调可分为平行要素的协调以及宏观秩序和微观秩序的协调，前者如经济、政治和法律秩序之间的协调，后者如类与群体、群体与个体之间的协调，秩序要素的协调程度决定着可持续秩序的完善程度和人类需要的满足程度。秩序主体平等包含共时态主体平等和历时态主体平等，前者是指作为同时代秩序主体的群

---

① 颜佳华：《行政哲学研究》，湘潭大学出版社 2009 年版，第 150 页。

② 同上书，第 151 页。

③ 李秀林、王于、李淮春：《辩证唯物主义和历史唯物主义原理》，中国人民大学出版社 2004 年版，第 306 页。

体和个人在追求自身秩序时不能损害其他主体的利益，后者是指当代人对秩序的追求不能以牺牲下代人的利益为代价。

构建可持续的秩序有两方面原因：一是深植于人类精神世界的有序心理倾向，“人具有重复在过去被认为是令人满意的经验或安排的先见取向”①，将产生于长期生活实践且符合广大人民利益的安排规定为人们应遵守的秩序。二是为了满足人的需要。首先是人的生存需要，人只有在秩序中才能找到自己在世界中的坐标，通过秩序及其规定的社会关系获得真实存在感和自我认同感。同时，安全是人类生存的前提，人的安全感在行为预期中产生，明确什么样的行为能得到认同以避免自身行为招致责难，预测他人会采取什么样的行动以预防自身受到侵害，而秩序则是解决这些问题的正解。其次是人的认知和实践需要，社会的确定性和连续性赋予其可认知性，秩序是一切科学认知的基础。而且，秩序是人类改造世界的前提条件，它为人类的实践活动提供了稳定环境和社会关系。再次是人的价值实现，“生活本身是变动不定的，但是生活的真正价值则应从一个不容变动的永恒秩序中去寻找”②。在可持续的秩序中，人的行动意义才有评价标准，人的自我价值和社会价值才能得到实现和尊重。最后是人类的发展需要，当今社会是一个个性张扬、利益多元的社会，差异性个体的社会互动难免会引发竞争、矛盾和冲突，这些将损害公共利益、阻碍社会发展。构建和维持可持续的秩序，能保障社会良性运行，促进人类社会向前发展。

2. 效率

效率是传统公共行政的核心价值，认为“在行政科学中最重要的‘善’就是效率。一些非常无效的制度安排在一个民主体制中可能是必要的。……但这种与效率相冲突的安排不应该被用来消除效率，因为效率是行政科学得以建立的基本价值理念”③。效率是指以更少的投入获得更多的产出。这种效率本质上是一种组织效率观，侧重于研究公共组织如何配置资源以履行职责、提高效率，人只是行政官僚机器的零件，机械地执行组织决策。由于这种机械的效率观将人与组织对立起来，忽视了人的主体性价值，所以备受诟病。从人与公共组织的主—客体、目的与手段的辩证

---

① ［美］博登海默：《法理学：法律哲学与法律方法》，邓正来译，中国政法大学出版社1999年版，第226页。

② ［德］恩斯特·卡西尔：《人论》，甘阳译，上海译文出版社1985年版，第12页。

③ Gulick Luther, *Science*, *Values and Public Administration*, Institute of Public Administration, 1937, p. 193.

关系来看，公共行政的效率价值应当是既要强调公共组织自身的效率问题，即通过人、财、物的合理配置实现投入更少而产出更多的目的，更应以提高个人的生活质量，并促进人类社会发展的能力为其核心内容。这是一种组织—结果双向建构的整体性效率观。组织和结果两种取向相辅相成、不可偏废：没有组织效率，人的生存和发展所需的物质资料难以得到保障，遑论人类的生活和幸福；没有生活质量的提高和人类社会的发展，组织效率将失去其工具价值和提升意义。

公共行政整体效率价值观的人性依据有两个维度。一是“如何生产”，就是寻找以更少投入获得更多产出的最佳方式。其人性基础源于两方面：一方面，人类需求无限性和资源有限性的矛盾。人是自然存在物和社会存在物，“重生”“求强”和“逐乐”是其本性，人不仅有生命需求，还有发展需求和享受需求。马克思认为人性是自然、社会和精神三种属性的统一，表现为自然需要、社会需要和精神需要的满足。人类需求呈现多元化趋势，导致其需求的无限性，人们满足需求必然要向外界索取物质和能量，但物质资源是有限的，对于人口的不断增长而言是稀缺的。为了解决这一矛盾，必须寻求合理配置资源、减少资源浪费以提高效率的最佳生产方式，满足人类的多样性需求。另一方面，公共事务复杂性和个人生命有限性的矛盾。公共行政的问题之多、领域之广、治理之难，塑造了公共事务的复杂性。烦琐冗杂的行政工作必须由行政人员完成，但是行政人员作为生命体是有限的存在，个人的时间更是不可再生的稀缺资源。于是，产生了如何在有限的时间、精力或生命中完成更多行政工作的问题，进而对效率提出了要求。二是“为谁生产”，它解决了效率价值的指向性问题，将个人生活质量的提高和人类社会发展能力的增强作为最高宗旨，使效率的终极价值回归到人本身及其发展，体现了公共行政的人文关怀精神和伦理道德底蕴。

3. 公平

在批判传统公共行政“效率至上”价值的基础之上，新公共行政学引入社会公平价值以重构价值体系。新公共行政学认为，效率和经济不是核心目标和终极追求，效率必须以社会公平为前提，公平比效率更为重要，它才是公共行政的核心价值和公共目的。新公共行政学派引用罗尔斯的“作为公平的正义”的思想体系阐述社会公平：公平和正义是每个人的基本权利；公平和正义既是伦理价值又是法律、社会制度和社会结构体系；作为公平的正义包含两个原则，“第一个正义原则：每个人对与所有人所拥有的最广泛平等的基本自由体系相容的类似自由体系都应有一种平等的权利（平等自由原则）；第二个正义原则：社会的和经济的不平等应这样安排，使它们：（1）在与正义的储存原则一致的情况下，适合于最少受惠者的最大利益（差别原则）；（2）依系于在机会公平平等的条件下职务和社会地位向所有人开放（机会的公正平等原则）”[①]。弗雷德里克森指出：“社会公平包含着对包括组织设计和管理形态在内的一系列的价值取向的选择”[②]，强调政府提供服务的平等性、行政人员在决策和组织过程中的责任和义务、公共行政管理变革以及对公众要求的积极回应等。

相对于人的需要满足而言，公共行政只是满足人的需要之手段与形式，人的生存、发展与享受的需要才是目的和内容。因此，公共行政中公平价值应当是指规则公平（机会公平）与分配公平（结果公平）的集合体。规则公平是指社会为其每个成员提供均等的生存、发展和享受机会，不能以不合理的规则剥夺某些人的机会，确保社会成员获得地位、权利和财富的机会都是均等的。分配公平是指对满足人类生存、发展以及享受需要的物质生活资料分配上，政府应当秉承比例原则，依据“同等情况同等对待、不同情况不同对待”的标准，把各人应得的东西归于各人。规则公平是一种形式公平，是社会公平的前提基础和首要标志，追求个人的人格平等。分配公平则是实质公平，是社会公平的本质内涵和最高层次，追求人的贡献和回报的均衡。

公共行政追求公平价值的原因有三。第一，本质上由公共行政的公共属性所决定。公共性要求政府在伦理层面上秉承公平公正的价值，在权力运用上体现人民主权，在行政过程中扩大公民参与，决定了公共行政必须以公平作为核心价值取向。第二，客观上是为了个人和社会的发展需要。“公平只是起源于人的自私和有限的慷慨以及自然为满足人类需要所准备的稀少的供求。”[③] 人与人、人与社会之间的冲突难以避免，需要公平来保全生命、化解冲突、协调利益，为社会发展和人类幸福提供保障。第三，主观上在于人的内在欲求。一方面是人的心理根源，“人的平等感心理根源之一乃是人希望得到尊重的欲望。当那些认为自己同他人是平等的人在法律上得到了不平等的待遇时，他们就会产生一种挫折感，亦即产生一种他们的人格和共同的人性遭到了侵损的感觉。……另一方面，对于交

① ［美］罗尔斯：《正义论》，何怀宏等译，中国社会科学出版社1988年版，第7—8页。

② ［美］弗雷德里克森：《新公共行政学》，美国亚拉巴马大学出版社1980年版，第6—7页。

③ ［英］休谟：《人性论》，关文运译，商务印书馆1980年版，第536页。

换对等之平等的要求，很可能源自一种均衡感”[①]。另一方面是人的类属性和现实性之间的冲突。人是有意识的类存在物，作为人类的一分子，每个人都应受到公平对待。但在现实生活中，人的类本质逐渐被掩盖，每个人都是有个性的人，社会互动中的冲突会引发许多不公平问题，使个性存在遭遇不平等困境。为了解决人的类属性和现实性的冲突，公共行政应运用公共权力和管理权威，通过制度安排、公共政策、协调机制和民主行政等手段，维护社会的机会公平和分配公平，使个人自由地展现个性，在公平的环境中自我解放、自我发展。

（二）人的整体发展：目的性价值

社会发展的最高层次是人的发展，人的发展的最高境界是“完整的人”。“完整的人”是公共行政的终极目标和最高宗旨，“人的整体发展”成为公共行政的目的性价值，秩序、效率和公平等工具性价值都服务于“人的整体发展”这一终极价值，这是由公共行政的公共属性和服务属性所决定的。“人的整体发展”就是人的自由、全面的发展。但是，人不能完全脱离自然和社会，人的发展依赖于现实物质条件，因而人的整体发展是依托于客观现实的自由而全面的发展。

何谓人的自由发展？恩格斯曾言：“人终于成为自己的社会结合的主人，从而也就成为自然界的主人，成为自身的主人——自由的人。”[②] 首先，“人的本质不是单个人所固有的抽象物，在其现实性上，它是一切社会关系的总和”[③]，社会关系决定着一个人的发展程度。人成为自己的社会结合的主人，就是成为自己社会关系的主人。人能明确与自己交织的社会关系，掌握社会互动和社会发展的客观规律，主动利用社会中的积极因素发展自身。其次，“自由就在于根据对自然界的必然性的认识来支配我们自己和外部自然”[④]。人成为自然界的主人，便能从自然界的支配、压迫和束缚中解放出来，从自然界获取自身发展所需的物质资源。最后，人成为自己的主人，按照自己的兴趣爱好开发自己，根据内在本性主宰自己的生存状态和发展道路，发挥独特个性和内在潜能，真正成为自己命运的主人。人的全面发展，不仅是指个人的素质和能力得到充分提升，还意味着全体社会成员的彻底解放，不仅是全面发展的状态，还意味着发展的协

---

① ［美］博登海默：《法理学：法律哲学与法律方法》，邓正来译，中国政法大学出版社1999年版，第288页。

② 《马克思恩格斯选集》（第3卷），人民出版社2012年版，第817页。

③ 《马克思恩格斯选集》（第1卷），人民出版社1995年版，第60页。

④ 同上书，第456页。

调和可持续，总而言之，人的全面发展是个体人和全体人的全面、协调、可持续发展的统一。人的自由发展和全面发展是彼此依存、相互促进的。人的自由发展是重要条件，规定着全面发展的可能性；人的全面发展是逻辑前提，影响着自由发展的选择范围。自由发展造就了人的"独特性"，全面发展塑造了人的"全面性"，共同推动了人的整体发展。

三　行政过程范畴

"公共人"实现公共利益的治理活动是一种过程。哲学意义上的"过程是事物发展变化的连续性在时间、空间上的表现"①。公共行政学意义上的行政过程是指行政主体为了增进、维护与实现公共利益之目的，依据治理规则，实施一系列行政活动而构成的过程。② 具有目的公共性、动态连续性、整体统一性等属性。（1）目的公共性是指行政过程以增进、维护与实现公共利益为目的，这是行政过程获得正当性之基础。行政过程的目的公共性源于各具体行政活动的公共性：活动的主体是作为"公共人"的行政人员、行政活动的客体是公共事务以及活动的依据是公共规则。（2）动态连续性是指行政过程的实质就是由一系列具体行政活动依次展开的动态过程，各具体行政活动之间表现为时间上的前后相继和空间上的连续不断之状态。公共事务自身的动态连续性决定了行政过程的动态连续性。（3）整体统一性是指行政主体在统一的行政目的支配下，承担不同行政任务的行政组织构成统一的组织体系，并从不同方面实施行政活动来实现共同的行政目的。在行政组织与活动交错统一中，构成了整个行政过程的整体统一性。

行政过程的提出，相对解决了目前行政学界在行政活动范畴设计中，仅注重静态的职能划分而忽视动态的行政过程、注重"点"的行政活动而忽视由"点"到"线"再到"面"的整体行政活动之不足。从公共行

---

① 湛中乐：《现代行政过程论：法治理念、原则与制度》，北京大学出版社 2005 年版，第 26 页。

② 公共行政学界有学者把行政过程等同于政府的行政过程，认为政府行政过程"是指行政主体及其他行政参与者（如立法机关、政党、利益集团、大众传媒、公民等）行使各自权力（或权利），相互影响、相互作用，设定并最终实现政府公共政策目标的活动过程"。参见张立荣《中外行政制度比较》，商务印书馆 2002 年版，第 287 页。笔者认为此定义过于狭窄，因为行政主体不仅仅只有政府，还有其他履行公共治理职能的社会组织。也有学者主张"行政过程就是行政管理活动的过程"。参见高小平《现代行政管理学》，长春出版社 2000 年版，第 174 页。笔者认为此定义突出了行政学的特点，但是，它没有揭示行政过程的实质就是实现公共利益的过程，定义过于简单，有同义反复之嫌。

政的实践来看，构成行政过程的主要范畴有行政领导、行政决策、行政执行与行政监督。

（一）行政领导

公共行政作为解决公共问题、实现公共利益的治理活动，为了获得行政公共性以及提升行政合理性，必须有统一的领导。“没有成功的组织。目前的问题无法解决；缺乏有力的领导，组织绝不可能成功。”[①] 因此，领导是执行公共行政权威的基本条件，是行政过程的起点。从活动角度而言，“行政领导就是通过指挥和说服等途径影响组织内的个体和群体，在一定条件下实现组织某种目标的活动过程。……它是领导者、被领导者、环境相互作用和相互结合以实现群体目标的过程”[②]。行政领导作为职权性活动，具有等级性、权威性、综合性以及服务性的独特性质。行政领导的结构、方式和内容是决定行政领导能否实现行政目的的关键要素。（1）行政领导结构有正式结构、非正式结构两种。正式结构就是一般意义上的科层制，强调领导的正式规章制度、职能明确、权力分层与节制，任职资格、选拔以及考核的法定化等。非正式结构突出的是科层制之外的人际沟通问题，因为过分的层级机制有可能导致科层制的失败，而人是情感动物，利用组织内部的人际关系等非正式结构，有利于实现组织目标。（2）行政领导的方式可依据不同的标准做不同的分类。以行政领导的主体为标准，可分为首长负责制和合意制。其中前者由一人掌握最高决策的权力，后者则由两个或两个以上的人掌握最高决策权。以行政领导的取向为标准，可分为任务取向的行政领导与人员取向的行政领导，前者以行政效率为核心，突出组织设计和职权分工、注重任务的完成，但是忽视人的情感因素，人仅仅是完成任务的机器。后者强调人的主观能动性在行政活动中的作用，尊重下属的情感和需要，注重良性人际关系的培养。（3）行政领导活动的内容大体一致，无论是政府机关还是履行公共治理职能的社会组织，其行政领导活动的内容包括计划、组织、指挥、控制、协调与监督等。

（二）行政决策

行政决策是行政过程的核心，它为行政执行提供了政策依据和评价的标准。从广义上而言，行政系络中的“公共人”所从事的治理活动就是一种不断作出决策并执行决策的活动，它对于公共行政价值的实现具有基

① 林钟沂：《行政学》，三民书局股份有限公司 2005 年版，第 261—262 页。
② 竺乾威：《公共行政学》（第三版），复旦大学出版社 2008 年版，第 74 页。

础性作用。行政决策是指享有决策权的行政主体针对公共问题，运用决策方法，依法、依规作出公共决定的活动。它具有公共性、法定性以及强制性等特征。行政决策的主体是享有决策权的行政主体，在我国主要指政府机关，履行公共治理职能的社会组织若得到法律授权，在授权范围内也可成为行政决策的主体。决策的内容是公共事务，包括国家、政府以及社会公共事务。决策的价值取向是增进、维护与实现公共利益。决策的结果一般表现为公共政策、行政法规以及行政决定。为了获得行政公共性以及提升行政合理性，行政决策的程序、机制与方法是实现决策科学化、民主化以及法治化的关键问题。（1）行政决策程序是展开行政决策过程的基本步骤，程序科学化有利于提高行政决策的合理性。具体的步骤是提出问题、收集信息、确定目标、拟订方案、分析评估以及最后抉择。当然，这些步骤不是一成不变的，而是根据实际情况灵活机动地作出选择。（2）行政决策机制是指决策机构设置、职能配置以及责任分担等制度与运行机制的综合。一般而言，现代行政决策机制是以决策系统为中枢，以信息系统、咨询系统为辅助的相互配套、协调有序的机制。（3）行政决策方法是指享有决策权的行政主体在具体决策过程中所运用的各种手段、工具和技术。传统公共行政的决策主要依据决策者的行政经验，现代公共问题的复杂性要求行政决策者必须采用科学方法，才能作出科学、合理的行政决策。现代行政决策方法有两种：定性和定量决策方法。定性决策方法包括德尔菲法、头脑风暴法、综摄法、K・J 法和列举法等。定量决策方法有决策树法、模拟决策法和动态规划法等。

（三）行政执行

行政执行就是落实行政决策方案的活动，包括执行法律法规、公共政策以及行政决定等活动。行政执行的主体是具有执行权的行政机关以及法律法规授权的社会组织。执行的最终目的是公共利益，直接目的是通过解决公共问题，实现行政执行的公共职能。执行的途径多元，既可以由行政机关单独执行，也可以通过委托、合同外包等方式由社会组织来执行，还可以由行政机关与履行公共治理职能的社会组织联合共同执行。行政执行处于决策与评估的中间环节，是行政过程的关键要素。这是因为行政决策作为行政价值确立的阶段，这些行政价值的实现则需依靠行政执行活动，它是解决行政决策过程中暴露出来的诸多矛盾的手段，也是检验公共政策合法性、合理性以及可行性的重要标准。

从行政活动演变阶段来看，行政执行是行政过程中的一个独立环节，是由相互衔接的三个阶段、多种活动构成的系统。（1）准备阶段。该阶段是为行政执行奠定基础、创造条件的阶段。包括计划准备、思想准备、组织准备以及物质准备等活动。（2）实施阶段。它是行政执行过程中最关键、最具有实质意义的阶段。实施的效果直接决定了行政目标能否实现这一重大问题。该阶段包括行政指挥、行政沟通、行政协调、行政控制等具体行政活动。行政指挥的本质是一种权威与服从相统一的关系，目的在于通过行政领导及其工作人员的活动，统一目标、统一行动以实现行政目标。行政沟通是建立在信息共享基础之上的，通过纵向与横向沟通、双向与单向沟通，实现信息共享，在相互理解的情境下实现行政目标。利益的不同导致了行政执行过程中的冲突，这不利于行政执行效率的提升。行政协调借助正式的、非正式的制度结构，协调行政系统内部机构之间、人员之间以及行政环境之间的关系，解决各要素之间的冲突，提高行政组织整体效能、实现行政目标。由于认识的不同或利益的分殊，行政执行过程难免不会有偏差，这就需要行政控制，纠正执行过程中的偏差，最大限度地实现行政目标。行政控制包括事先、事中和事后控制三个失序，控制的对象有行政人员、公共财物、工作进展、信息传递以及组织绩效等。（3）总结阶段。该阶段“是指在行政执行工作结束后，对整个行政执行工作进行全面而认真的总结”[①]，内容包括回顾和检查、科学评价以及总结经验教训。目的是肯定成绩、检讨不足，将感性认识上升到理性认识，并在此基础上改进执行工作。从行政技术而言，行政执行是行政主体运用多元执行方式实现行政目标的活动。具体包括行政干预、经济手段、法律手段、奖励与惩戒、行政诱导等，这些行政执行方式根据执行对象的不同各有侧重，共同构成一个相互联系、相互依存的行政执行方式网络，从技术上保障行政执行的合理性、科学性与效益性。

（四）行政监督

行政监督是获得行政公共性、提升行政合理性、实现行政责任的保障，也是监测行政主体的行政领导、决策、执行等活动是否能够增进、维护和实现公共利益这一核心价值目标的关键环节。行政监督有广义、狭义之说，狭义上的行政监督主要是指行政系统内部的检查与督促。在整个国家的政治生态环境中，狭义的行政监督不利于提高整体的行政活动绩效。因此，国内学界一般采广义一说，认为行政监督是相关国家机构、社会组织和公民对行政主体的公共治理活动所实施的监督。首先，行政监督的主体多元，包括立法机关、司法机关、行政机关、政党、社会组织以及公

① 楚明琨：《公共行政学》，高等教育出版社 2013 年版，第 231—232 页。

民。其次，行政监督的对象特定，是各级行政机关、履行公共治理职能的社会组织以及它们的组成人员。再次，行政监督的内容广泛，包括组织层面的行政活动合法性、合理性监督，组织成员的行政道德、遵纪守法以及所运用的行政手段效能的监督。最后，行政监督的依据法定，行政监督是依法行政的需要，对行政主体的行为监督也应当遵循法律法规的实体性、程序性规定，做到有法必依、违法必究。之所以对行政主体的行政活动进行监督，一是人民主权要求拥有社会治理权力的行政主体必须忠实地实现人民的意志，而不能以私害公。二是人性的不完美总会诱导手握大权的行政人员滥用权力，谋取私人利益、置权力的公共性于不顾。现代民主法治国家，行政监督制度由五个层次构成：立法机关的行政监督、行政机关的内部监督、司法机关的行政监督、社会力量的行政监督以及政党监督。行政监督方式主要包括质询、弹劾、不信任表决、申诉与控告、报告与汇报、预算、决算与审计、检查、调查与视察等。

四　行政方法范畴

“公共人”采用何种方法履行公共治理职能、实现公共行政的价值是公共行政学的基本问题之一。正如威尔逊所言，“行政管理学的目的就在于把行政方法从经验性实践的混乱和浪费中拯救出来，并使它们深深植根于稳定的原理之上”①。行政方法是指行政主体为了实现行政目标，提升行政绩效而在行政活动中所运用的各种办法、手段和方式的总称。它寓于行政活动中，是行政主体与行政客体辩证关系发生之中介，是联系行政目标与行政绩效的桥梁。尽管行政方法处于具体行政活动的脉络中，并随着行政活动的变化而变化。但是，行政方法是一个独立的范畴，因为相对于实体的行政活动而言，行政方法是行政活动具体展开的程式。相对于行政价值而言，行政方法是实现行政价值的手段。所以，有学者认为，“从技术和操作的意义上讲，行政方法就是将行政决策、行政实施中的各种行政行为进行通约之后的必然结果，在这里，行政行为是自变量，行政方法构成了因变量，用数学公式表示就是：AM = f（ABa、ABb、ABc……）。这里，AM 代表行政方法，ABa、ABb、ABc……分别代表行政行为 a、b、c……函数法则 f 表示求同即取交集。”②

“技术没有共同的追求普遍性和解释的目标，也不会强求对广为接受

① ［美］威尔逊：《行政学研究》，《国外政治学》1988 年第 1 期，第 44 页。

② 张国庆：《公共行政学》（第 3 版），北京大学出版社 2007 年版，第 287 页。

的科学程序提出根基的要求，它只是想运用已经知道为何的知识。”① 因此，作为手段的行政方法是可选择的。从“公共人”视角而言，选择最有利于实现公共利益的行政方法是获得行政公共性、提升行政合理性的必然要求。按照民主原则，行政系络中从事公共治理职能的行政人员是人民权力的受托者、是人民的公仆，为人民服务是他们履行公共治理职能的宗旨。现实中，由于行政主体及其工作人员具有选择行政方法的先天优势，而组织利益、私人利益与公共利益存在对立统一之矛盾，在利益冲突中，行政主体及其工作人员难免不选择对他们有利的行政方法来维护他们的利益，损害人民的利益。人民的利益表现为公共利益，而不是政府利益或私人利益。因此，为了维护公共利益，作为“公共人”的行政人员在具体行政活动中，应以公共利益作为选择行政方法的根本标准。

自 20 世纪 80 年代以来，国内行政学界开始研究行政方法问题，取得了一定的成果。但是，绝大多数成果将行政方法和行政活动联系在一起，认为行政方法仅仅是推进行政活动的方式而已，并没有将行政方法作为一个独立范畴来研究。所以，这种研究思路制约了行政方法的创新。随着国家经济、行政以及社会体制改革的深入，建立服务型政府的战略目标要求创新行政方法。借鉴国内已有的研究成果，笔者认为行政方法范畴包括三个方面的内容。

（一）行政基本方法

行政基本方法是指行政主体及其成员在公共治理活动中所普遍采用的措施、办法或手段，是一种定性管理方法，并随着行政主体职能的发展而渐趋复杂化和系统化。行政基本方法主要有两种：强制性行政方法、诱导性行政方法。

强制性行政方法是以事为中心的行政方法，具体包括行政指令方法、法律方法和经济方法。（1）行政指令方法。此方法是行政主体及其成员运用组织权威，根据层级节制而采用命令、指示、规定、条例、决议等措施进行公共治理活动的方法。它具有权威性、强制性、层级性、具体性等特征。该方法在公共危机管理中运用具有一定的优势，可以迅速稳定社会秩序。但是，该方法也有一定的劣势，比如不利于充分保障行政相对人的合法权益，容易出现行政物化的现象。也不利于充分发挥社会的自我管理能力以及下属行政人员的积极性和创造性。在市场占据分配社会资源的主

① ［美］戴维·约翰·法默尔：《公共行政的语言：官僚制、现代性和后现代性》，吴琼译，中国人民大学出版 2005 年版，第 140 页。

导地位情况下，该方法的适用范围应当逐渐缩小。（2）法律方法。它是行政主体及其成员借助法律、法规等公共规则来管理的方法。法律方法在针对大多数行政客体、具有普遍性的公共问题时，效果最佳。在建设法治政府的行政理念支配下，法律方法的运用范围应当扩大。因为该方法除了具有强制性、权威性的特征之外，还有稳定性、规范性和公开性等属性，这对保护行政相对人的合法权益、形成稳定的行为心理预期具有积极意义。（3）经济方法。此方法是指行政主体及其成员根据客观经济规律，运用价格、税收、信贷、利息、工资等经济杠杆，通过调整不同利益主体之间的利益冲突来实现公共治理目的的行政方法。间接性、关联性以及有偿性是经济方法的典型特征，该方法适合行政主体解决市场领域中的公共问题，但在公共危机管理中应当与指令、法律方法相配合才能速见成效。

诱导性行政方法是一种以人为中心的、非强制性的行政方法，注重利用行政人员和社会公众的心理作用来履行公共治理职能、实现行政价值。包括思想政治教育和行为激励等方法。思想政治教育的途径有情理交融法、普遍自我教育法、个别现象教育法、以身作则教育法、刚柔相济法。这种方法主要依靠行政人员、社会公众的“内省”，从而主动地引导、参与公共治理活动，有助于充分调动相关人员的积极性。然而，人的自然惰性有时候会成为该方法适用的障碍，必须与强制性行政方法相结合，才能取得更好的行政效果。行为激励方法是一种“通过有计划地设置一定的条件和情境，激发人们的行为动机，使之产生某种特定的行为反应”①。与思想政治教育方法侧重于人的思想不同，该方法侧重于人的行为。行为激励的方式有目标激励、奖励激励、竞争激励和反激励等。

（二）行政程序

广义的行政程序是指行政管理的整个过程，包括组织、人事、决策、执行、监督与信息反馈等行政活动。作为行政方法的行政程序是指行政主体按照行政活动发生的时间先后顺序而展开的工作步骤与次序。就是一般意义上的政府工作流程。行政程序按不同的分类标准有不同的类型。按时间来划分，行政程序有事前程序、事后程序；按重要性程度划分，可分为手续性程序和决定性程序；按选择程度划分，有强制性和任意性行政程序；按适用的范围划分，行政程序包括内部与外部行政程序。行政程序的具体内容应根据不同的行政活动而定。依申请的行政行为，一般步骤包括申请、受理、决定、送达、纠纷处理等。依职权的行政行为，如行政处

① 张国庆：《公共行政学》（第3版），北京大学出版社2007年版，第292页。

罚，其一般程序包括立案、调查、决定、制作拟处罚决定书、说明理由并告知权利、当事人陈述和申辩、正式裁决、行政处罚决定书的送达以及执行。非职权的行政行为，如行政指导，其程序包括告知、听证、终止和备案。

设置行政程序必须遵循合法、合理、公开、公正、参与以及效率等基本原则。行政程序的科学化，一方面可提升行政效率。合理的行政程序有利于行政主体与行政相对人进行良好的沟通，减少摩擦，便于行政活动的展开，从而提高行政效率。“对行政机关而言，遵守程序会耗费一定的时间和金钱，但如果这能减少行政机构运转中的摩擦也是值得的。因为程序促进了公正，减少了公众怨苦，其作用促进而非障碍了效率。”① 另一方面有助于保护行政相对人的合法权益。行政活动作为一种权力活动，其实质就是公平地分配社会公共资源。然而，权力滥用总是伴随着行政活动的整个过程，滥用的行政权力损害了公共利益，也直接影响到行政相对人的合法权益，因为私人利益与公共利益休戚相关。行政程序的公开、公正以及参与等性质，将行政权力关进制度的笼子里，有助于保护行政相对人的合法利益。行政程序尽管对行政管理的科学化具有重要意义，但是，应当注意行政程序仅仅是实现行政价值的工具和手段，不能唯程序而程序，将程序置于行政目的之上，要以行政的价值为最终标准，克服文牍主义，简化并创新行政程序。避免出现美国学者法默尔所担心的危机，该危机是“公共行政学的基调或技术基调，常常因追逐时尚而自降身份。对作为技艺的技术的强调更是火上浇油，使时尚追逐变本加厉，朝秦暮楚，无有定所”②。

（三）行政技术

行政技术是指行政主体及其成员运用自然科学、工程科学中的技术，治理公共问题，实现行政目的的一种行政方法。与侧重人的行政基本方法不同，行政技术偏重于科学技术在治理活动实践中的应用，它比行政基本方法更具体。如果说行政基本方法是一种软性的、定性的行政方法，则行政技术就是一种硬性的、定量的行政方法。根据我国有关部门的推荐，至少共有 18 种技术方法可供选择，它们是系统工程、价值工程、投入产出技术、网络技术、预测技术、决策技术、控制技术、ABC 管理法、线性

① 杨梅坤、黄学贤：《中国行政程序法典化——从比较法角度研究》，法律出版社 1999 年版，第 74 页。

② ［美］戴维·约翰·法默尔：《公共行政的语言：官僚制、现代性和后现代性》，吴琼译，中国人民大学出版社 2005 年版，第 147 页。

规划法、滚动计划法、目标管理法、可行性研究、盈亏平衡法、全面质量管理法、正交设计法、看板管理法、群组技术和计算机技术。①

行政技术的进步无疑可促进公共行政的发展，尤其在社会日趋发展、公共问题频发的时代。这些借助数理工具的行政方法，对分析重大而复杂的社会公共问题，在此基础上进行有效的公共决策、执行决策是有益的。但是，人是价值主体、公共行政仅仅是满足人的需要的一种手段，这个基本价值关系绝不能因技术的进步而遭到忽视。在技术系统总想获得自己的本质趋势下，应当谨记人与技术的关系是：技术为人而服务，不是技术控制人。正如有学者担心的那样，“说技术的问题现在已成为人类及其文化的普遍命运问题，这一点也不夸张。在这个精神堕落的时代，当不仅古老的宗教信仰而且19世纪人文主义的信条都已经被动摇时，文明人唯一强有力的信仰就在于对技术科学的能力及其无限发展的可能的确信。技术是人类最后的爱，因为这一确信，他准备着改变他本身的形象。当代事件仅仅是强化了这一信念。为了信仰，人类曾渴求奇迹，尽管怀疑其可能性；现代化见证了技术确实能创造‘奇迹’。这是一个令人担忧的难题”②。

五 行政责任范畴

作为“公共人”的行政人员理论上应当善用自己的公共权力，实现公共利益。然而，现实中的“公共人”可能会是权力的寻租者。正如先哲们所言人不是天使，“如果人都是天使，就不需要任何政府了，如果天使统治人，就不需要对政府有任何外在或内在的控制了”③。所以，就需要利用“责任”机制来监督行政国家的“护卫者”们。“责任”的语义即是指分内之事。行政责任是指行政主体及其成员基于公权地位和公职身份，依据国家法律、法规、行政伦理规范之要求，在公共治理活动中所必须履行的义务以及因违反相应义务而承担的不利后果。其具体内涵包括：(1) 行政责任的承担者是行政主体及其成员。行政主体主要是指国家行政机关以及履行公共治理职能的社会组织。行政机关、履行公共治理职能的社会组织中的成员，一旦运用行政权力从事行政活动，也是行政责任的承担者。构成行政主体成员中的行政领导主要承担政治责任，而一般行政

① 张国庆：《公共行政学》（第3版），北京大学出版社2007年版，第309页。

② ［美］戴维·约翰·法默尔：《公共行政的语言：官僚制、现代性和后现代性》，吴琼译，中国人民大学出版社2005年版，第102页。

③ ［美］汉密尔顿、杰伊、麦迪逊：《联邦党人文集》，程逢如等译，商务印书馆1980年版，第264页。

人员承担的行政责任是具体的事务责任。从“公共人”视角而言，作为“公共人”的行政人员之所以应当承担行政责任，是因为他们是行政活动的行为主体，是具体运用行政权力的行为主体，有遵守相应法律、法规以及行政伦理规范的义务，尽管他们在履行职务过程中执行的意志是行政主体的意志。（2）行政责任发生的基础是运用行政权力、执行公务的行为。在行政权力运用过程中，行政主体及其成员与行政相对人所发生的关系是一种行政关系，具有单方意志性、不平等性。不是平等主体之间发生的民事关系，在行政关系中所承担的责任是行政责任而不是民事责任。（3）行政责任确认的依据是国家法律、法规以及行政伦理规范等。在“权力法定”的法治行政中，任何影响行政相对人合法权益的行为都应当由法律、法规作出明确规定，防止行政权力的滥用。这是行政主体及其成员承担客观行政责任的依据。同时，随着公共行政从消极行政走向积极行政，作为“公共人”的行政人员除了遵守客观法之外，还应当提高自身的行政修养，充分调动自身的主观能动性，积极运用人民赋予的权力为人民谋福利。所以，行政伦理规范也是确认行政责任的依据。（4）行政责任是一种不利的后果，即是对行政主体及其成员行政活动的否定性评价。这种否定性评价包括行政系统内部的纪律处分、行政处分等制裁，也包括行政系统外部的司法审查、刑事责任、国家赔偿等约束。

行政主体及其成员承担行政责任，从理论层面而言，一是保障人权的需要。人权是人之为人的权利，是人的自由。对人权的侵犯除了不可抗力的自然规律之外，政府的权力滥用是人权的最主要威胁。若要规范行政权力，既使之不侵害公民的人权，又促使它积极地创造条件实现人权，离开了行政责任的规训，则无法实现这些目标。“对于宪政发展历史上的宪政开拓者而言，尊重人权是人民同意政府统治的条件，是政府合法性的基础。”① 通过行政责任的追究，确保政府保障人权的职责得以实现，也为公共行政的合法性奠定基础。二是人民主权观念现实化的客观要求。人民主权观念认为人民是国家的主人，人民成立国家的目的是保护全体人民的利益，任何政治制度的设计应当以人民主权为依归。然而，由于人口规模、地域以及参政技术等方面因素的制约，人民中的每一分子不可能都直接参加国家重大决策，所以，间接民主成了现代民主国家中的人民行使主权的制度形式。间接民主的委托—代理关系假设人民的代表会忠实地反映人民的意志，会以公共利益作为自己行使人民所赋之权的标准。然而，人

① ［美］L. 亨金：《权利的时代》，信春鹰译，知识出版社 1997 年版，第 108 页。

民的代表也是现实中的人，人性的缺陷总会驱使人民的代表滥用权力，违背了人民主权的精神。因此，需要一种制度设计约束人民代表的权力，需要一种道德规范提升人民代表的职业修养，在内外相结合的权力制约机制中，确保人民代表行使权力的公共属性。行政责任就是这种权力制约机制中的核心内容。三是实现行政法治的重要保障。现代公共行政应当是法治行政，法治的关键是“治权”与“治吏”，是政府依法行政。依法行政则要求政府在运用公共权力、解决公共问题的行政活动过程中，做到权责统一，践行法律精神，遵守法律的实体性、程序性规定。这就要求加强行政责任机制的创新，监督和制约行政权力的运行。从公共行政的实践来看，除了遏制权力腐败之外，行政主体及其成员应当承担行政责任，是为了防止行政人员由于专业分工不同而曲解公共利益的需要。“如同其他专业人士一样，公共行政官员可能对公共利益产生狭隘的理解，他们会强调自己所做事情的重要性，从而忽略他人或其他事务。他们会发展出一种‘只见树木、不见森林’的思维模式，使人们很难理解到其他替代途径，很难认识到共他竞争性价值存在之可能。”① 通过行政责任机制，促使作为“公共人”的行政人员，不可以组织利益、私人利益代替公共利益。并且从整体上考虑利益的共享性，实现行政公共性。

作为范畴的行政责任，是由相关概念构成的有机整体，这些相互联系的概念从不同角度诠释“行政责任”这一核心命题，形成逻辑统一的概念体系，这一概念体系主要包括以下内容。

行政责任的类别。不同的划分标准可得出不同的行政责任类别。以行政行为的状态为依据，行政责任分为作为和不作为行政责任。前者是指行政主体及其成员依据国家法律、法规以及行政伦理规范的规定，处理公共事务时，因违反了相应的义务而承担的责任。后者是指行政主体及其成员本应履行相应的公共治理义务而没有履行，损害了私人的合法权益以及公共利益，由此而承担的行政责任。以责任追究的依据为标准，行政责任分为法律性行政责任和道义性行政责任。法律性行政责任的评判依据是国家法律、法规的明确规定，是否构成行政违法、如何承担行政责任以及责任的区分等，都将依据法律、法规来认定。与此相反，道义性行政责任是依据行政伦理规范来评定，侧重于行政人员的主观认识以及工作经验对行政行为的影响。以行政责任的范围为依据，行政责任有内部、外部行政责任

① ［美］戴维·H. 罗森布鲁姆、罗伯特·S. 克拉夫丘克：《公共行政学：管理、政治和法律的途径》，张成福等译，中国人民大学出版社2002年版，第554—555页。

之分。内部行政责任是指行政主体及其成员在处理行政系统内部事务时，因行为不当或违反法律规定而承担的责任。外部行政责任是行政主体及其成员在处理行政系统外部的公共事务时，因行为不当或行为违法而承担的责任。

行政责任的构成要件。行政责任的构成要件有主体、客体、主观与客观要件。主体要件包括行政主体及其成员，行政主体是指行政机关或者经法律、法规授权的履行公共治理职能的社会组织。行政主体成员是指具体运用行政权力，实施行政行为的行政人员。客体要件是指受国家法律、法规以及其他规范性文件所保护的社会关系。这些社会关系一旦受到行政主体及其成员的不法或不当行为之侵犯，就构成了行政责任的客体。主观要件是指行政主体及其成员在实施行政行为时存在主观上的过错，包括故意或过失的心理状态。客观要件是指行政主体及其成员实施了违反国家法律、法规以及行政伦理规范的行为，该行为产生了不利于行政相对人的后果，且违法或不当行为与不利后果之间存在直接或间接的因果关系。

行政责任的承担方式。行政责任的承担方式根据责任主体的不同可分为两种，一是行政主体——行政机关与履行公共治理职能的社会组织——承担行政责任的方式。包括通报批评、赔礼道歉、承认错误、恢复名誉、消除影响、返还权益、恢复原状、撤销违法的行政行为，纠正不当的行政行为，行政赔偿等。二是行政人员——行政机关的工作人员以及履行公共治理职能的社会组织中的工作人员——承担行政责任的方式。包括通报批评、行政处分、赔偿损失、辞职、罢免等。

行政责任的追究途径。追究行政责任的主体有国家权力机关、司法机关、行政机关以及公民。追究的途径有：一是国家权力机关的问责。我国主要是各级人大对行政机关及其成员的问责。这是因为人民主权决定了行政机关是由人民的代议机关产生，并向代议机关负责。依国家法律规定，人大具有重大事项决定权、人事任免权以及监督权等权力，针对行政主体及其成员的不法、不当行政行为，可以启动行政问责程序，行使质询权、调查权、弹劾权、罢免权、撤职权等权力，追究行政主体及其成员的行政责任。二是司法机关的问责。我国主要是通过行政诉讼途径。人民法院依据法律、法规，对行政主体及其成员的行政行为的合法性、合理性进行司法审查，监督行政权力、保障行政相对人的合法权益。三是行政机关的问责。这是“同体问责”的形式，包括行政机关内部的审计机构、纪检监察机构对行政主体及其成员的行政行为进行审查。四是公民的问责。公民通过举报、信访等方式，对行政主体及其成员的行政行为进行监督，并对行政行为或行政作风问题提出批判建议。在自身合法权益受侵犯的情况下，还可以借助行政复议、行政申诉以及行政诉讼等途径，检举、控告行政主体及其成员的不法或不当行政行为。

第四节　公共行政学的方法论

方法论的特殊性构成了学科独立性的前提。某种程度而言，一门学科是否具有科学的地位，不是由其内容来观察或评定的，而是由其方法论来统合的。选择方法论的依据在于不同的人性预设，因为只有现实中的人才有通过认识世界、改造世界，为自身福祉服务的需求与冲动，这就需要利用科学的方法论作为认识世界、改造世界的思维工具。事实上，人类在社会科学研究中，正是基于不同的人性预设，形成了不同的方法论。比如，在“价值中立”的人性预设下，实证主义成为传统公共行政的主流方法论。私利最大化的人性假设，使得个体主义构成了古典经济学的主导方法论。实现公共利益最大化的“公共人”作为公共行政的人性基础，其整体的人性观以及塑造人性的复杂行政环境决定了，公共行政学的方法论是多元整合的。

一　个体主义与整体主义的统一

方法与方法论不同，方法主要是指做某件事情的方式、技术或过程，注重实现目的的工具、手段与方式之类。方法论是指对给定领域中进行探索的一般途径的研究，涉及研究角度、对象、途径、手段以及目的等内容的限定和选择，其功能在于“引导如何从事科学研究，而不是指导平庸的科学如何工作”[①]。因此，方法论选择的恰当与否直接决定了研究结论的合理性程度。

个体主义方法论，也可称作方法论的个人主义，约瑟夫·熊彼特在1908年提出这一术语，并首次区分方法论的个人主义和政治上的个人主义。个体主义方法论认为，个人对社会具有先在性和优先性，社会只是保障个人自由和权利的工具，其核心思想是强调以个体的人为分析基点，通过研究个人的动机、行动和相互关系，解释社会现象并寻求研究对象的内

---

① ［英］伊·拉卡托斯、艾·马斯格雷：《批判与知识的增长》，周寄中译，华夏出版社1987年版，第32页。

在规律。马尔科姆·卢瑟福将个体主义方法论的关键假设总结为三点：只有个人才有目标和利益；社会系统及其变迁产生于个人的行为；所有大规模的社会现象最终都应只考虑个人的气质、信念、资源以及相互关系。① 个体主义方法论可追溯到古希腊的原子论哲学，其中已蕴含个体主义方法论的思想雏形——整体只能从其个体获得解释，如恩培多克勒采用部分说明整体的方法解释生命现象。中世纪的个体主义方法论以唯名论的身份不断发展，唯名论认为，唯有个体是真实存在的，作为共相的社会只是个名称，个体优先于共相，个体才是分析方法的出发点。自霍布斯以来，个体主义方法论逐渐成为公共行政研究的一种主流方法论。霍布斯将个体主义方法论系统运用于政治领域，推理演绎社会契约论，试图从个体出发构建政治社会和国家。韦伯是个体主义方法论的忠实拥护者，他认为个体及其行动是唯一真实的实在，国家、民族和社会之类只不过是“单个个人的现实的或可能的社会行动的某种发展”②。

整体主义方法论认为，社会虽由个人组成，但它不是简单的个体聚集，其本身就是一种先于个人的实在。社会在形成和发展过程中会产生新的特质和结构，社会特质能塑造个人的意识和行为，社会的外在强制性约束着人的活动。个人是实现整体利益的手段，国家利益高于个人利益。因此，整体主义方法论强调社会现象异于个人现象，不可能从个体角度获得解释，唯有从社会整体着眼，才能说明其普遍的、抽象的本质和规律。整体主义方法论可追溯到古希腊的柏拉图和亚里士多德。柏拉图从整体主义角度定位城邦和个人的关系，认为城邦高于个人价值，人要通过城邦生活才能获得自足和发展。亚里士多德指出，人是合群的、社会性的、政治性的动物，个人是深植于社会整体中的一部分，只有在国家和社会中才能实现自我价值。整体主义作为一种社会科学的方法论，是近代才发展起来的，迪尔凯姆系统阐述了整体主义方法论，提出“通过社会去解释社会现象”的著名论断。马尔科姆·卢瑟福认为整体主义方法论有三大特征：一是整体大于部分之和，二是整体影响和制约其部分的行为或功能，三是个人行为应从社会系统的法律、目的、力量以及个体在整体中的地位演绎

① ［英］马尔科姆·卢瑟福：《经济学中的制度》，陈建波等译，中国社会科学出版社 1999 年版，第 38 页。

② Max Weber, *Economy and Society——an Outline of Interpretive Sociology*, Bedminster Press, 1968, p. 14.

而来。[①] 卢梭运用整体主义方法论构建人民主权理论，全体个人结合而成的共同体是主权者，个人必须服从共同体和公共意志，“不论是谁，如果他拒绝服从普遍意志，那么整个实体将强迫他服从”[②]。

在探究公共行政的过程中，个体主义方法论和整体主义方法论在分析基点上存在对立，前者以个体的人为原点解释公共行政现象，而后者则以社会整体作为始基。两者分别预设的“个体本体”“社会本体”均具有一定的逻辑性、合理性和系统性，但都存在缺陷。个体主义方法论主张通过个体行动解释社会现象，便先预设个体是完全理性且具有行动能力的个人，将社会整体化约成“个体的集合”，社会可还原为个体。片面强调社会无法脱离个体而存在，而忽视个体对社会的依赖，摒弃社会决定论的立场，使个体成为超越历史、摆脱社会、非现实的、抽象的神秘个人，而不是现实的、具体的社会—历史人。原本抽象化的个人又被个体主义加以实体化，个体进而踱入了物象化的困境。整体主义方法论以社会为本体，忽视个体作为社会要素的解释功能，从而难以在发生学的层面上演绎社会结构的形成，因为社会结构由个体的行动构建而成，社会整体失去个体的支撑将成为超验化的抽象实体。皮埃尔·布迪厄曾深刻指出其危险性：“由于它未能考虑这些规律生成方面的原则，所以就容易从模式滑向现实。这就是说它将自己建构的各种结构看作自主实体，赋予它真实的行动者那样‘行为’的能力，从而使抽象的结构概念物化（reify）了。”[③] 这是从个体主义与整体主义方法论的本体论预设而言。从二者的价值论归因而言，个体主义方法论认为个人的自由和权利是天赋的，不依赖于外界的授予，个人价值对政府具有决定性作用，政府仅仅在维护个人价值方面才有存在的意义。整体主义方法论主张社会整体价值的客观性与独立性，不能化约为个体价值。相反，个人价值依靠社会整体价值才能存在，后者是前者的基础。事实上，公共行政作为对社会性价值进行权威分配的治理机制，既有维护社会整体价值的义务，也不应该忽视个体价值对人的生存、发展之意义，应该是二者的一种平衡而不是对立，对任何一方的忽略都是片面的，违背了公共行政的公共性精神。另外，个体主义方法论采用的是“分解主义”思维方式，主张任何行政现象都可分解为“原子”式的个体，忽

① ［英］马尔科姆·卢瑟福：《经济学中的制度》，陈建波等译，中国社会科学出版社 1999 年版，第 33—34 页。

② ［法］卢梭：《社会契约论》，杨国政译，陕西人民出版社 2006 年版，第 15 页。

③ ［法］皮埃尔·布迪厄、［美］华康德：《实践与反思：反思社会学导引》，李猛、李康译，中央编译出版社 1998 年版，第 8 页。

略了综合与直观的分析方法，当采用“原子”式的分解主义方法来解释公共行政现象时，极易导致公共行政作为整体治理活动现象的“结构”信息之丢失。相反，整体主义方法论由于将公共行政视为整体性的社会治理活动，其运用的是“综合主义”和“直观主义”分析方法，这有利于理解公共行政的全面性以及综合性等特征，但是，由于缺乏对公共行政活动中个体行为进行分析的方法，无法了解公共行政活动“结构”的形成过程，导致了公共行政的神秘化。

“行政研究不仅包含了以行政人员的途径来获得与问题解决相关之社会现象的知识，同时也牵涉了行政人员如何与他人分享所得知识之方法。”① 作为“公共人”的行政人员角色地位决定了，研究公共行政需克服个体主义方法论与整体主义方法论的对立，应当采用个体主义与整体主义相统一的方法论。这是因为：以“公共人”为人性基础的公共行政既不是“个人”本体，也不是“社会结构”本体，而是一种“行政关系”本体。“公共人”所构筑的“行政关系”是集个人与社会、宏观与微观、行动与结构为一体的关系网络或“场域”。首先，“公共人”是一个具有独立意志和行动能力的现实个人，但是，其意志与利益诉求受社会的制约，并在社会环境制约中形成他的意志、实现其利益诉求。其次，“公共人”作为承担具体行政工作的个体，相对于政府所有的治理活动而言，他的行政活动是微观的。不过，“公共人”的行政活动必然反映了政府宏观公共政策的要求，是对宏观公共政策的具体执行，在执行过程中实现了宏观与微观的统一。最后，“公共人”的具体行政活动是一种自知的、面对未来的行为，这些行为的途径、方式与方法等蕴含了作为“公共人”的行政人员的理念、价值观等心理因素，即使是在控制严密的官僚行政模式中，行政人员的心理因素也会凝结在他们的行政活动中，只不过是被动的投射而已。正如“公共人”的个性受社会环境制约一样，行政人员的行政活动也要受到公共组织、社会整体结构等客观因素的规约，必须实现公共组织的使命、反映社会整体结构的价值追求。公共组织的设计、公共决策以及政策的执行等行政活动就是这种行动与结构统一关系的现实化。因此，对“公共人”所构筑的“行政关系”，无论单一的个体主义方法论还是整体主义方法论，都无法全面地理解。因为个体主义方法论只能分析“行政关系”中的个人、微观与行动面向，整体主义方法论则相反。这种

① ［美］Jong S. Jun：《公共行政：设计与问题解决》，黄曙曜译，五南图书出版有限公司2001年版，第295页。

理解是片面的，所形成的公共行政知识也是孤立的。只有将二者统一起来，才能从“点”到“面”、从“单向度”到“多向度”地整体把握“行政关系”，由此形成的公共行政知识才是全面、普遍联系的。

二　理性主义与非理性主义的耦合

作为方法论，理性主义是指运用理性方法探寻事物发展规律、获得知识的一种途径。“理性方法是一种建立在逻辑推理尤其是精确计算基础上的科学方法”①，具体包括分析与综合、归纳与演绎等方法，自觉性、逻辑性、程序性、系统性是理性方法的主要特征。理性主义方法论以及理性方法的根基就是人的理性。自古希腊的柏拉图、亚里士多德开始，途经培根、笛卡尔，直到康德和黑格尔，基于“人是理性动物”这一基本预设，理性主义构成了西方古典哲学主流的方法论，认为整个世界是依据理性运行的合理结构，而人又是理性的存在物，因此，人类能够利用独一无二的理性来把握客观世界，获得有关世界的真理知识。对非理性在认识客观世界中的作用不重视，甚至认为非理性因素是阻碍人类认识、把握客观世界规律的障碍。如柏拉图就认为“感官知觉不能揭示事物的真相，只能显露现象。意见有真伪，仅仅是意见，毫无价值。它不是知识，而是建立在信念和感情之上的。……真正的知识是以理性为基础的，这种知识知道自己是知识，即能确证自己为真的知识”②。亚里士多德也主张构成知识范畴的基本概念就是理性本身，是由理性的直接直觉得来的。理性主义集大成者的黑格尔则将理性置于至高无上的地位，认为世界万物就是“绝对精神”的有序展开，认识过程无非是理性因素自己认识自己的过程而已。与理性主义方法论不同，非理性主义方法论是指运用人的直觉、灵感、信念、顿悟、冥思等认知形式把握事物生成规律，获得知识的一种途径。自发性、非逻辑性、非程序性、非系统性是其主要特点。奠定非理性主义方法论的基础是人的非理性因素，强调非理性因素在人类认识世界、驾驭人的行为方面的决定性作用，是对至高无上的理性作用之否定。近代以来倡导非理性主义的主要思潮有叔本华的唯意志论、尼采的权力意志论、弗洛伊德的本能论、波普尔的证伪主义、费耶阿本德在认识论方面的“无政府主义”等。他们批判理性主义，揭露理性本身在认识客观世界过程中

① 张晓峰：《理性的缺憾及对理性主义政策分析的反思》，《政治学研究》2004 年第 4 期，第 100 页。

② ［美］梯利著，伍德增补：《西方哲学史》，葛力译，商务印书馆 2009 年版，第 63 页。

的不足，弘扬非理性在人的认识活动以及实践活动中的重要性。叔本华在阐述意志与理性的关系、论证意志在认识客观世界中的作用时，就主张“意志统帅知觉、记忆、想象、判断和推理；……我们的论证总是为意志作辩解。按存在的阶梯、从人类到矿物往下看，我们观察智慧逐渐退居幕后；但是，意志保持为一恒常和持续的因素”[①]。纵观西方哲学的发展历程，各执一词的理性主义与非理性主义是两种相互对立、相互依存、相互融通的方法论，二者共同铸就了人类认识的完整形式，对人类认识世界、改造世界均起着不可替代的作用。

公共行政学百年发展、演变的历史中，在技术理性支配下，逻辑实证方法作为公共行政学的核心方法，其直接贡献就是为公共行政学成为一门独立的学科奠定了方法论基础。然而，无论是逻辑实证方法自身还是依据该方法所建构的理性行政模型，存在一定程度上的局限性，不能有效地探寻公共行政现象和活动的发展规律，进而获得科学、合理、全面的公共行政知识。详述之，由于逻辑实证方法强调“价值中立”，将行政现象等同于自然的物质现象，忽视了行政活动中人的要素。事实上，人既是行政活动的主体，也是其客体，行政活动归根结底是人的一种实践活动。逻辑实证方法“醉心于科学化，其研究无关于道德、伦理面向的探讨，此即脱离现实，成了经验上的保守主义，只能在既成环境中从事经验的或量化的研究，而无批判现状的反省能力”[②]。同时，逻辑实证方法将人的行为化约为可观察的外在行为，不追寻行为背后的价值和意义，极易导致行政物化问题。以此方法构建的理性行政模型也饱受批评，比如该模型将政治问题技术化，忽视对社会和良好社会关系的探讨。将人性单一化，行政人员成为官僚制体系运行的工具。对“效率”价值的强调而忽视了其他的行政价值，“理性模型由于强调效率的价值，欲以客观的、可以计算的方法来达到目标，并隐含目标是价值问题，效率是事实问题。……效率一旦成为行政决定的主要价值，它就非‘事实描述’，反而成为规范的描述，因此排除了其他抽象概念的思考，例如公道、平等和正义问题的思考能力。这样一来所发展的行政实证理论，就无力解决远为深刻的道德和价值问题”[③]。正是看到了逻辑实证方法在公共行政学研究中的局限性，20 世纪 70 年代以来，有学者开始运用非理性方法研究公共行政问题，将人的意

---

① ［美］梯利著，伍德增补：《西方哲学史》，葛力译，商务印书馆 2009 年版，第 530 页。

② 吴琼恩：《行政学的范围与方法》，五南图书出版股份有限公司 2006 年版，第 128—129 页。

③ 同上书，第 186 页。

志、需求、信仰、情感、欲望、无意识等非理性因素引入具体的公共行政活动中，在公共组织设计、公共决策、政策执行以及行政责任承担的过程中，注重发挥人的非理性因素在行政活动中的重要作用。从方法论的完整性角度而言，非理性主义方法论的融入，可以更全面地对公共行政现象和活动进行研究。但是，若与理性主义方法论一样，将非理性主义方法论视为单一的、至高无上的方法论，则是片面的。因为非理性主义方法论也存在固有的弊端，例如过分夸大直觉、顿悟、无意识以及灵感等非理性因素在认识中的作用，有可能使人们“认识不到通过各种非理性方法所获得的认识常常具有随机性、不确定性、表面直观性甚至虚假的特征”①。

研究客体的本质性规定决定了方法论的选择。“公共人”及其治理活动作为公共行政学的研究客体，他们的理性与非理性因素相统一的本质属性，决定了公共行政学研究应当采用“理性主义”与“非理性主义”相耦合的方法论。

就“公共人”这一研究客体而言，作为现实的生命个体，他们是完整的人，是集理性与非理性于一身的社会人，理性的沉思、激情的冲动贯穿整个生命历程。理性方法可以通过观察他们的外部行为，并预测行为规律，从而达到规范他们的治理活动之目的。这对建构行政模型是有价值的。然而，“公共人”的治理活动有些是出于主观原因，饱含了自身的个体属性，这些治理活动的价值和意义并没有外显，理性方法对此则无能为力，因为理性方法只能描述行为的状态是什么，但不能揭示这些行为为何会发生等意义问题。对这些主观性的治理活动，研究人员唯有通过同为“人类”的生命意志、感悟、信念、信仰以及无意识等非理性因素，去体验“公共人”的这些治理活动，才能把握其意义和价值。因此，单一的理性主义或非理性主义都不能完整地认知“公共人”，二者的耦合才是正确的方法论。

就“公共人”的治理活动这一研究客体而言，也需要理性主义和非理性主义方法论的耦合，才能正确揭示治理活动生成之规律。首先，“公共人”的治理活动既是技术活动，也被视为一种艺术。技术运用隐含了理性主义与实证的偏好。对艺术的追求，则要求行政人员除了具备必要的技能之外，还应当拥有丰富的想象力、创造力等非理性因素。治理活动是技术与艺术、理性与非理性的完美统一。其次，“公共人”的治理活动是一种承载价值意义的活动。即使是理性主义取向的“效率”价值观，也

① 张之沧：《非理性主义辨析》，《江苏社会科学》1994 年第 5 期，第 63 页。

不仅仅是成本—收益这种简单的数字计算问题，而应当从社会整体的价值观来评价。正如美国的公共行政学者沃尔多所言，“效率，是真实的，且亦是公共行政的主要目的，但其必须自‘社会面及人性面来诠释’。效率是一种品质，缘此‘量化及机械的评估方式’，必然是不完整的”[①]。对公共行政价值的认知与评价，理性方法存在固有的缺陷，需借助非理性方法，在社会互动的过程中作出合理的评价。最后，“公共人”的治理活动包括人与自然、人与社会以及人与组织三方面的内容，在人与自然的关系中，理性方法假设人类行为与自然事件一样，具有秩序，“如果资源和技术许可的话，人们可以通过改变条件来促使某事发生或者阻止某事发生”[②]。因此，理性方法对揭示人与自然的关系、预测两者之间的关系走向，实现人与自然相互和谐的目标是有利的。人与社会的关系则和人与自然的关系不同，价值与意义是人与社会关系的主体内容，比如增进人的自由、提升公共行政的代表性、维护人的尊严、改善人的生活品质等。这些公共行政价值需通过人的非理性因素才能真正体验，并作出合理评价，以此促进公共行政的完善。人与组织的关系是公共组织理论的核心问题，技术理性支配下的理性行政模型，行政人员是无欲无求的政策执行“机器”，认为有价值追求的行政人员反而不利于提高政策执行的效率。利用理性方法来解释、预测并控制这些“机器”的行为，从而科学设计行政组织，改善组织结构，就可以实现公共行政知识增长的目的。从政策执行的层级控制而言，理性方法是可以实现效率这一目标的。然而，该效率目标是机械性的，是一种不能反映社会真正需要的效率。相反，忽略行政人员的情感、信仰、信念等非理性因素在公共政策执行中的作用，则使得人与组织产生疏离感，组织成为人的“异化”物。在人与组织对抗的过程中，降低了行政效率。人与组织的完美关系应当是在控制与尊重、组织价值与人的自我实现之间达成统一，这就需要同时运用理性方法和非理性方法才能解释二者的关系。

三 诠释主义与批判主义的衔接

20 世纪 70 年代前后，诠释主义、批判主义作为方法论进入了公共行政学领域，直接目的是纠正逻辑实证主义方法论存在的不足之处。诠释主

---

① ［美］Jong S. Jun：《公共行政：设计与问题解决》，黄曙曜译，五南图书出版有限公司 2001 年版，第 74 页。

② ［美］杰伊·D. 怀特、盖·B. 亚当斯：《公共行政研究：对理论与实践的反思》，刘亚平、高洁译，清华大学出版社 2005 年版，第 36 页。

义方法论是一种通过考察行政活动的意义，理解行政生活，从而获得行政知识的研究途径。其以德国的观念论为思想渊源，代表人物有康德、狄尔泰、胡塞尔和韦伯。在与逻辑实证主义的对立中，揭示了诠释主义方法论的主要特征：一是诠释主义认为人文科学不同于自然科学，因为人文科学必须深入行动者的内心去理解，而不是外在观察者所能理解的，因此，人文科学不能用自然科学的方法来研究。二是人文科学的研究对象是具有精神特质的人，只能从整体上把握，而不能利用分析方法、将整体的人分割为原子式的个体来理解。三是认为社会环境由人的主观经验所创造，并非客观存在的实体。所以，人具有主动创造意义的能力，并非被动地由社会环境所摆布。四是诠释主义突出哲学与社会科学的统一性、不可分离性。在具体建构行政理论时，诠释主义主要采用归纳的推理方式，借助语言符号的呈现方式，叙述行政人员的具体行政活动。在叙述过程中，形成行政概念、理论，借以揭示日常行政生活中“人们所形成的生活规则、意义、价值和诠释他们的经验框架”①。简而言之，实证主义强调主—客、心—物、事实—价值的分离，诠释主义则是三者的统一，客观主观化。

鉴于逻辑实证主义过度客观化、诠释主义过于主观化的局限性，批判主义方法论是一种通过自我反思、辩证地思考，揭示社会整体结构中的矛盾、冲突，消除错误的行政意识和行为，建构包括民主、自由、公平等价值在内的行政秩序，实现人们追求美好生活社会理想的研究途径。正如美国批判理论家霍克海默所言，“批判的思考在今天的宗旨是要去做这样的努力：真正地超越这种紧张关系，并且废除在个人意图、自发性行动、理性，以及工作过程关系（社会就建立在这些关系之上）之间存在的矛盾对立。批判的思想认为，除非能够去除这种矛盾对立，否则人自身也存在着冲突”②。因此，公共行政学既不是实证主义的规则取向，也不是诠释主义的意义取向，应当是批判主义的行动取向。辩证行动构成了公共行政学的核心范畴。批判主义方法论在公共行政学的运用，主要集中在行政物化、异化、工具理性以及意识形态等方面，认为公共组织中的物化现象使得行政人员成了政策执行的工具，缺乏自主性；组织与成员之间产生的异化现象，导致行政人员之间的无力感、无规范感以及自我异化等问题；工具理性的膨胀，实证主义、科学主义、阶级统治等意识形态的霸权地位

① 严强、魏姝：《政治学研究方法》，凤凰出版传媒集团、江苏教育出版社 2007 年版，第 71 页。

② ［美］罗伯特 · B. 登哈特：《公共组织理论》（第 3 版），扶松茂、丁力译，中国人民大学出版社 2003 年版，第 185 页。

等，都是当代资本主义社会理性化发展过程中的矛盾冲突的体现，公共行政学应当以批判的方法，检视这些问题产生的原因，并发展行动理论，重构当代有批判精神的公共行政学理论，使公共行政学真正成为服务于人民的行政理论典范。

诠释主义方法论是和“公共人”的人性预设相契合的。一方面，“公共人”作为现实的个人以及人的群体，本身就是各种价值与意义的统一体，是知、情、义的有机结合。诠释主义方法论主张“人是精神科学分析的起点和终点”。人与人之间存在共同的“客观精神”，它在研究者与研究对象——公共人——之间搭起了沟通的桥梁，所以，借助诠释主义方法论主张的共同的人性体验，可以更好地理解作为“公共人”的行政人员存在之意义。另一方面，“公共人”的治理活动既处在行政系络中，也包裹在社会整体系统里，对治理活动意义的探寻必须在这两大系统中进行。诠释循环方法：整体解释部分以及部分解释整体，为理解“公共人”的治理活动提供了方法。诠释主义认为，个人是主动、积极的，是有意向性的。“公共人”的意向性赋予了他们治理活动的意义，这些活动意义不能经由外部观察者附加而来，只能在一特定的情境（行政系络以及社会整体结构）中，在“面对面”的交流、互动过程中，通过建构“我们”（不是“我”和“你”）的关系理解行政活动，形成关于个例性而不是通则性的公共行政知识。因此，诠释主义方法论在理解“公共人”的职业角色，以及他们的治理活动之意义方面是有价值的。

然而，诠释主义的“思维方式是建立在组织成员、利益相关人和公民各种观点的基础上，组织成员、利益相关人和公民凭借关注他们的经验、价值观、对话与话语体系，凭借对他们语言和故事的阐释形成了各种观点”。[①] 由于每一个社会主体受自身的经验、知识、价值取向以及利益诉求等“先在”因素的制约，对共同的行政现象可作出不同的理解，多元意义的解读难免使得公共行政滑向相对主义之泥沼。此为诠释主义方法论的弊端之一。弊端之二是对规约“公共人”的治理活动意义的行政系络、社会结构，没有作出明确的界定；对未意料的行动后果之形态没有解释，导致理解行政活动意义的参照物不明确，无法解决特定环境中的公共问题。弊端之三是假定从事公共治理活动的“公共人”是自我了解的、具有共同的社会意识，且彼此之间具有行动的内在一致性。因此，主张构

① ［美］全中燮：《公共行政的社会建构：解释与批判》，孙柏瑛等译，北京大学出版社2008年版，第37页。

建行政秩序是一个由相关行动者创造的、突发的过程，现实的行政生活无非是人的意识的产物。这种客观主观化的思维方式忽视了行政秩序的渐进、变迁的客观发展过程。事实上，现实的行政生活还是有其确定的本体，优与劣、好与坏等价值判断还是可以通过行政实践作出合理的选择，并不是诠释主义视野中的相对主义，否则具有客观意义的公共行政制度无法建构。同时，“公共人”的治理活动之意义，需通过特定的参照物才能界定，才能解决公共问题，因为治理活动是否达成了公共目的、公共问题是否得到解决，唯有借助相关参照物才能得到合理评价。另外，现实的行政生活是客观的，不是完全主观的意义世界。影响行政生活的各种因素都是现实存在的，因素之间的差别、矛盾以及冲突构成了现实行政生活的深层结构，正是对这些矛盾、冲突的解决，公共行政产生了，并在一个渐进、变迁的过程中演化。所以，诠释主义与实证主义一样，都是一种单维度的行政理论，仅对复杂行政现象的一部分进行了较为合理的解释。无法为行政现象提供一幅完整的图景。

所以，批判主义与诠释主义方法论的衔接，是解读“公共人”之维的完整行政图景的必要之举。因为批判主义方法论“把我们从单维度的认识论（或者理论）中解放出来，超越了当前不完善的行政理论。……如果我们能够尝试着解决各种对立观点，比如功能主义认识论和解释主义认识论、实证论和非实证论、客观和主观、效率和参与、集权和分权、稳定和变化、消极和积极等，那么，我们理解行政现象的过程就会极其丰富。即便我们不可能批判性综合的目标，但我们仍可以获得对问题、差异性和社会现实的更好理解”①。这是基于批判主义方法论固有的整体性、价值性、批判性等本质属性之考虑。

① ［美］全中燮：《公共行政的社会建构：解释与批判》，孙柏瑛等译，北京大学出版社2008年版，第41—42页。

第五章　“公共人”之维的公共行政实践转型

缺乏实践指导与反思能力，这是公共行政学界提出学科“身份危机”的理由之一。之所以这样，重要原因就是学界在研究具体问题时，过于注重制度的建构，却忽视了制度建构背后的人性要素，建构出来的制度因无法满足人性需求，也就无法取得良好的实际效果，所以，才有公共行政实践危机问题的产生。“公共人”的规则意识、服务品格、协同理念以及人文精神，要求公共行政实践应当从人治行政、管制行政、垄断行政、行政物化走向法治行政、服务行政、民主行政以及人本行政，这是研究人性之维的公共行政哲学基础的实践价值。

第一节　从人治行政走向法治行政

公共行政是一种规则行政，因为公共行政的公共性要求依“规则”治理公共事务，防止权力的滥用，侵犯公民的合法权益以及公共利益。作为“公共人”的行政人员应当具有规则意识，并在治理活动中践行其规则意识，将个人意志置于规则权威之下，使权力服从于规则，实现从人治行政向法治行政的转型。

一　“公共人”的规则意识

“规则是社会体系的基本因素。”① 新制度经济学家诺思把规则分为正式规则与非正式规则，正式规则主要指法律、规章，非正式规则是指习

① ［美］维纳·桑多兹：《全球化与规则的演进》，载梁展编《全球化话语》，上海三联书店2002年版，第159页。

惯、习俗、道德。[①] 基于统一性要求，韦伯认为规则就是人们在社会生活中的行为规范和标准，包括习俗、习惯、习惯法、道德、法律等。借鉴学界成果，笔者主张“规则”是指人类共同体制定的、规范社会成员从事实践活动所应遵循的行为准则。具体包括宪法、法律、法规、公共政策以及社会自治规章等行为规范。因为人处于规则之中，一切规则都是人类意识活动和实践活动的产物，规则与规则意识是密不可分的，规则意识是规则的精神和灵魂。因此，“规则意识”指的是个人对规则发自内心的认知、理解、敬畏和遵从，进而形成一种深入人心的力量，引导自己自觉地将规则当作自身行为准绳和价值依据的社会意识。它是人之所以为人的内在行为德性，具体表现在个人生活的方方面面，如热爱国家、遵纪守法等，最终成为一个具有规则意识的良好公民。“公共人”作为社会系统的成员之一，社会系统的规则要素塑造了他们的思维方式和行为方式。故此，“公共人”的规则意识是指履行公共治理职能的行政人员，在治理活动中应当自发自觉地遵守治理规则，实现其追求善治之目标的社会意识。换言之，“公共人”的治理活动应当遵循宪法、法律、法规、公共政策以及社会自治规则，形成一种自发自觉的规则认同感和自律意识，将规则内化为自身行为德性，彰显公共行政的“公共性”和“规范性”。

“公共人”应当具有规则意识。一是源于“公共人”所占有权力的公共性。“公共人”的治理活动在本质上是一种权力活动，权力的强制性要求权力必须在规则允许的范围内行使，防止权力越过规则的限制，侵害私人合法权益以及公共利益。在规则所设定的“藩篱”中，“公共人”合法、合理地运用公共权力，治理公共问题，增进、维护并实现公共利益，真正使权力成为人民的“福祉”而非“梦魇”。二是因为“公共人”行为的公共性。“公共人”的公共性品质决定了他们的治理活动应当遵守治理规则，实现公共利益这一优先的社会价值。具体而言，“公共人”的政治行为、廉政行为、业务行为和职业道德行为要求“公共人”必须在各种规则（如宪法、法律、政策、规章等）的规范和指引下，抛开个人私利的干扰，追求公共利益。逐一而论，表现在：“公共人”政治行为的公共性要求其思想先进，带头遵守宪法、法律、法规以及组织的各项规章制度；“公共人”廉政行为的公共性要求其廉洁自律，时刻以规则约束自己的行为，以获得社会成员的公共信任和支持；“公共人”业务行为的公共性要求其在处理公共事务的过程中，快速准确地依照规则所规定的程序，

---

① 陈忠：《规则论——研究视域与核心问题》，人民出版社2008年版，第35—36页。

提高办事效率和质量；“公共人”职业道德行为的公共性要求其在规则的引导下，忠于自己的岗位，热心服务群众。三是由于“公共人”履行治理职能的公共性。职能的公共性是指作为“公共人”的行政人员，其不可推卸的职责就是在法律所规定的范围内履行其社会治理职能，以实现善治的终极目标。然而，在履行其职能的过程中，无论是对公共利益的维护，还是对善治的追求，都要求“公共人”必须将宪法、法律、法规等规则内化为公共治理的最高准则，因为没有“公共人”对规则的认同和遵守，善治的目标就无法实现。也就是说，“公共人”作为政治国家与公民社会的桥梁，其必须是规则的认同和遵从者，必须是公共利益的维护者而非公民权利的侵害者，必须把实现善治作为自己的奋斗目标。从这个意义上来说，在履行职能、实现善治目标的过程中，公共行政人员必须是责任、廉洁、公正、守法的管理者，一言一行都必须以规则来约束和规范自己，做到知法守法、不以权谋私，最大限度地履行其职能以维护公民的公共利益，推动善治这一核心目标的实现。

二 意志至上的人治行政之反思

人治行政是指公共行政活动中，宪法、法律、法规、公共政策以及社会自治规章等各种治理规则，不是管理国家和社会公共事务的最终依据。相反，个人权威才是公共行政活动的主导，当个人权威与规则权威相冲突时，个人意志置于宪法、法律、法规、公共政策以及社会自治规章等治理规则之上，个人权威支配治理规则，治理规则成为个人权威的“侍女”。人治行政过程中，由于行政活动的展开往往受到领导者个人意志的影响，导致公共治理所需的各种规则往往具有不稳定性，行政活动过程也暗藏着寻租现象，公共利益亦会受到损害。这种意志至上的人治行政之缺陷主要表现在以下方面。

（一）权威源于个人，缺乏监督和制约

人治行政模式中，领导的权威具有至高无上性，下属只能无条件地服从上级，人民群众的利益和福祉完全取决于领导者个人的才能和德性。在这种模式下，宪法、法律等各种治理规则的权威被置于个人权威之下，领导者个人的意志就是权威的来源，在这种缺乏监督和制约的行政体制中，因过度强调领导者个人在公共治理活动中的作用和地位，必然会损害人民群众的公共利益，不利于社会的稳定和经济发展。

首先，从能力观的角度来看，领导者凭借着有限的认知能力，其判断和决策并不总是能从公共利益出发，往往带有很浓的主观色彩，因此，就

会出现某项决策考虑不周全甚至是完全错误的现象，执行错误或不当行政决策的结果势必会损害公共利益。其次，从利益观的角度来看，在这种信息封闭、个人权威至上的行政体制中，人民群众的呼声并没有得到有效的上传，信息失真的可能性非常大。一方面，导致公共决策无法体现公民的切实利益需求。另一方面，政策执行过程中的信息封锁，使得社会公众无法监督行政人员的行为是否遵守公共规则，追逐私利的权钱交易等腐败现象成为政策执行中难以避免之“痛”。

（二）权力大于法律，政策代替法律

行政裁量权滥用是人治行政的另一缺陷。具体表现在“权大于法，以政策代替法律，而在政策制定过程中领导者个人又起着决定性的作用”[①]。滥用行政裁量权构成了对公民权利、自由及社会公共利益的巨大威胁。

首先，在人治行政中，领导者具有绝对的权威，法律的制定与执行完全是根据领导者的喜好和需求来定。在立法的过程中，领导者的意志对法律的创设起着决定性的作用，同时，生效的法律对他来说并不会起到任何约束作用，反而会随着领导者意志的变化而变化。司法上，领导者的个人行为亦不受任何程序的规约。这种“无限自由裁量权是残酷的统治。它比其他人为的统治手段对自由更具破坏性”[②]。权力的无限制性，使得领导者的专制与腐败难以避免，“苛政猛于虎”的社会现象得以发生，社会秩序无法稳定，人民群众的利益势必受到损害。其次，由于不受法律的规范和调整，行政机关的领导者和工作人员并不是根据法律来行使职权，因此，政策代替法律成了司空见惯的事。同时，在政策制定过程中，领导者个人起着决定性作用，决策过程排除了社会成员的参与，往往领袖的某次讲话甚至某一句话就是关键性的政策创议或者就是政策本身。[③] 久而久之，公民逐渐失去了独立的人格和民主意识，阻碍了我国的民主化和法治化进程，损害了政府的形象和公信力。最后，由于领导者的权力大于法律，政策代替法律，法律与公共政策的权威和作用被弱化和随意化了，势必会造成治国规则和体系的混乱，整个社会都会陷入混乱的渊薮，造成社会的动荡和不稳定。

---

① 芮国强、常静：《公共精神型塑下的行政转型》，《学术界》2007 年第 6 期，第 60—61 页。

② ［美］施瓦茨：《行政法》，徐炳译，群众出版社 1986 年版，第 567 页。

③ 胡伟：《政府过程》，浙江人民出版社 1998 年版，第 254—255 页。

（三）行政运行过程中个人权威至上

如前所述，在人治行政模式中，行政运行过程并非以宪法、法律、法规、规章等治理规则作为领导者决策的参考和依据，而是采取一种个人权威至上、道德说教服从个人权威的方式。所谓道德说教，是指“建立在抽象的主观理想和愿望之上，脱离客观实际的对社会现象的一种道德评价和道德教育。不理解社会现象的实质就作出的这种道德评价和教育，通常是把道德意识的原则和标准生硬地公式化地套用在丰富生动的实践活动上面，往往导致得出主观评价与事物的客观发展规律和客观意义截然相反的结论”①。这种道德说教服从个人权威的行政方式阻碍了社会的进步和发展，最终损害人民群众的利益。主要表现在：一方面，这种主观抽象的道德意识原则和标准往往不适应客观的实际的行政实践活动，更加不能代表公民的公共意志，无法迎合广大人民群众的利益诉求，势必会造成人民群众的不满，影响社会稳定。另一方面，在这种以个人权威至上的行政过程中，领导者都具有自然和社会属性的双重人格，在实际的行政实践活动中，个人的私欲往往会蒙蔽行政主体的双眼，再加上主观的道德说教服从其个人权威，势必会导致愚昧行政的产生，造成社会的动荡和不稳定。

三 走向法律至上的法治行政

法治即法律主治。法律有广义、狭义之分，广义上的法律是指“由某个国家所制定的全部规范性法律文件和认可的习惯法和判例，包括宪法、法律（严格意义）、法规、地方性法规及相应规章，以及国家所认可的习惯法、判例法在内，如国内法律、本国法律称谓”②。狭义上的法律是“一国国家立法机关制定的某一类特定地位的规范性法律文件，在中国即指仅次于宪法的规范性法律文件，如宪法、法律、法规并称时的‘法律’”③。笔者采用法律的广义之说，即将法律定义为包括宪法、法律、法规、地方性法规、自主或半自主机构和组织的章程与规定的规范总和。在此基础之上，可将法治行政理解为：在公共行政实践活动中，法律是处理国家以及社会公共事务的最终依据，具有至高无上之属性，各级行政机关和履行公共治理的社会组织必须在法律所规定的范围内履行职权。其特点如下：第一，法律面前人人平等。在我国，法律代表了广大人民的根本

① 李水海：《世界伦理道德辞典》，陕西人民出版社1990年版，第1194—1195页。

② 孙国华：《中华法学大辞典·法理学卷》，中国检察出版社1997年版，第90页。

③ 同上书，第90页。

利益，在执法与守法的过程中，法律是权力主体和公民必须共同遵守的行为准则，二者的地位平等。任何人都没有超越法律的特权，包括作为公共行政主体的“公共人”在内，都必须在宪法、法律法规的规范之下从事公共行政活动，没有任何特权。第二，法律权威的至高无上性。行政机关和履行公共治理职能的行政人员的一切行政活动都必须得到法律的授权，行政裁量权的行使亦必须在法律规定的范围内进行，否则，缺乏法律依据和授权的行政活动都是无效的。在人民当家做主的社会主义国家，任何组织或个人都没有超越国家法律的特权，作为人民公仆的行政人员更不能扰乱法治秩序、践踏法制尊严、触犯法律底线。第三，行政运行过程权责统一。作为“公共人”的行政人员必须根据法律精神、内容、程序管理国家与社会公共事务。在这个过程中，“公共人”的治理活动受到法律监督，要求权责一致，一旦违反法律规定、损害公共利益，作为“公共人”的行政人员应受法律的制裁。

“公共人”的规则意识与法治行政具有逻辑统一性。首先，法治行政是“公共人”规则意识生成的基本前提。一方面，法治行政要求“公共人”必须在宪法、法律、法规等规则所规定的范围内行使权力，管理公共事务，做到不失职、不越权，运用法律的手段，依法保障人民的公共利益，规范自身执法行为，逐渐引导其规则意识的形成。另一方面，推进“公共人”法治行政能力建设，需要“公共人”严格按照法律法规的要求行使其权力，履行职责权限，从而切实保障公民的合法权益，成为一名具有规则意识的合格的行政人员，提高公共行政主体的公信力。其次，“公共人”的规则意识是法治行政运行的基本状态。依行政生态学的观点，行政应有主动性和创造力，应主动和创造性地对行政环境作出反应……法律精神、原则、规范制约着行政的自由、灵活和创造，使其不会滑向行政专横和恣意。① 因此，在公共行政活动中，“公共人”规则意识的拥有，正是践行法治行政的结果。最后，法治行政是“公共人”规则意识的制度保障。“公共人”规则意识的培养和巩固，需要在法治行政的规范和指引下，管理各种社会事务。在现代社会中，作为法治行政主体的公共行政人员，其权力行使直接关系到人民群众合法权益的实现程度，关系到社会的稳定和长治久安。也就是说，无论是国家还是社会公共权力组织中的公共行政人员，他们的意识和行为直接关系到公民权利和利益的实现程度，因此，在行政运行的过程中，一旦出现个人意志至上、偏私利己、损害公

① 肖金明：《法治行政的逻辑》，中国政法大学出版社 2004 年版，第 54 页。

共利益的行为和现象，法律就会发挥其制约和监督的作用，使得公共行政主体重新走向法律至上的规范行政，在这个层面上，法治行政是“公共人”规则意识拥有实现的制度保障。总之，“公共人”的规则意识为法治行政的实现提供了认识论基础，而法治行政将“公共人”的规则意识制度化，规范公共权力的行使，实现公共行政的合法性、合理性之目标。

“公共人”规则意识与法治行政的逻辑统一关系，揭示了从意志至上的人治行政走向法律至上的法治行政，是“公共人”之维的行政实践之目标。法律至上的法治行政建设过程正是“公共人”规则意识的培养和塑造的过程。从“公共人”的规则意识视角，又当如何建构法治行政模式呢？笔者认为宜从以下几方面着手。

加强立法工作：法治行政的前提。党的十八大报告指出：“要推进科学立法、严格执法……完善中国特色社会主义法律体系，加强重点领域立法，拓展人民有序参与立法途径。”加强立法工作，亦是“公共人”法治行政、依法行政的前提和依据。在加强立法工作的过程中，应当做到：第一，坚持依法立法的原则。所谓依法立法，是指各项行政法的确立要以宪法、法律及上级行政机关制定的行政法为依据，必须符合法定程序，否则行政立法就是无效的，从而在法律上确保了行政法的合法性，确保了在行政执法中有法可依原则的实现。同时，在依法立法的过程中，各项法规、规章的制定，在保证不与宪法、法律、法规相冲突的前提下，还应当从实际出发，坚持立法的民主性与科学性，保证立法符合广大人民的根本利益。既然设立法律的目的在于保障人民群众的公共利益，而“公共人”作为公共组织和公民社会沟通的桥梁，公共利益的最大化亦是其最终目标，因此提高立法的民主性与科学性，广泛听取民意、专家及学者的意见，已然成了保证各项法规能更全面和准确地反映人民群众利益，推进“公共人”公益优先价值取向的实现和民主社会法治化进程的必然选择。第二，健全行政法体系。法治行政，要求公共行政主体的权力必须来自法律的授予，并受法律的监督，因此，健全行政法体系是不可或缺的，这样一来，各级政府及其职能部门的职能、职权、机构的设置及人员编制都会有法律作为指引和规范，同时，公共行政人员的行为方式和工作程序也会受到法律的监督和制约，公民的合法权益和公共利益自然也受到了法律的保护。具体而言，健全行政法体系，主要包括：健全行政组织法和行政程序法，规范各级政府与职能部门的行政职权、行政行为和行政执法程序，以维护公民的公共利益免受行政主体的侵犯，提高行政的效率和政府的公信力；健全监督法，对行政机关及其组织的行为进行监督，在公共行政活动中，以法律权威规范“公共人”的行为，维护行政监督法的公正性和权威性；建立一套完善的法律、法规体系，使得法律更具实践性和可操作性，更能反映人民群众的利益诉求。第三，提高立法质量。正如亚里士多德所言：“法治应包含两重意义：已成立的法律获得普遍的服从，而大家所服从的法律又应该本身是制订得良好的法律。”[①] 法律的修改和制定亦应符合经济和时代的需求，首先，法律的生命力在于其质量，因此，立法应当符合广大人民的根本利益，废止那些阻碍社会进步和发展的法律法规，以适应人民群众的需求和时代的需要；其次，各项法律法规应当简明扼要、便于操作、遵守和执行，以有效解决人民群众的实际问题，增进行政立法执行的效益；最后，通过提高立法的质量，进一步规范公共行政主体的行为，使得“公共人”的行为有良法为依据，更好地维护人民群众的公共利益。

严格行政执法：法治行政的关键。严格行政执法，要求公共行政主体必须在法律的监督和制约下依法履行其职能，这不仅直接关系到宪法、法律法规等各项规章制度的实现，也直接关乎人民群众利益的维护，影响到人民群众的生活和政府公信力。因此，作为法治行政的关键环节，必须采取相应的强化措施。第一，加强公共行政主体的队伍建设，以适应法治行政的要求。行政人员作为法治行政的行为主体，其思想品质、业务能力和法律意识直接关系到法律权威和政府尊严的维护，因此，注重公共行政人员素质的培养，加强其队伍建设和作风建设，增强其依法行政理念，确保执法队伍的廉洁性，提高其行政执法的效率、水平和能力，是法治行政的必然要求。申言之，一方面，法律的执行和维护最终需要行政人员将其落实到社会生活中，因此，必须建立一支高素质的执法队伍，通过不断地学习、实践各项法律法规，增强自身依法行政观念，提高行政执法的水平和效率，避免领导者个人意志、权威至上现象的出现；另一方面，任何人一旦选择了公共行政作为其职业，成为行政人员，就必须提高自身的职业化水平，提高职业素养，把遵守法律的各项规定、实现法律法规的价值、维护法律的权威和尊严作为自己的职业追求和人生目标，全心全意地为人民群众的利益而服务。第二，强化行政执法责任。明确各公共行政部门和行政主体的职责，实行公开、公平的评议考核制度，把执法任务、目标和权责落实到每个岗位上的行政人员，公开行政原则和程序，增强行政人员工作的公开性和透明度，接受法律和人民群众的监督。一旦发现公共行政主

---

① ［古希腊］亚里士多德：《政治学》，吴寿彭译，商务印书馆 1985 年版，第 199 页。

体滥用职权、损害公民的公共利益，都会依法追究其责任，以期实现行政行为的规范化、合法化和公开化，建设与社会主义市场经济相适应的法治行政国家。第三，深化行政执法体制改革。在行政执法的过程中，行政人员的行为必须遵守法律的规范和制约，因此，必须建立一套民主、科学、精简的执法体制，首先，有利于简化执法层次，缩减或撤销一些不必要的行政程序，提高行政的效率；其次，有利于避免多头执法，规范行政部门内部各个岗位的职责，使得行政执法更具规范性；最后，有利于行政机关内部的监督，通过各部门间人员的相互监督和评议，确保行政行为的合法性。

强化行政监督：法治行政的保障。法治行政模式下的行政机关、履行公共治理职能的社会组织中的行政人员既非天使，亦非圣贤。在缺乏监督机制的情况下，权力滥用实难避免。因此，在公共行政实践活动中，必须加强对权力的监督，完善行政监督机制，这既是保证法律的践行和实施，推动法治行政的重要手段，也是公共利益得以最大程度维护和实现的保证。强化行政监督，第一，切实履行内部监督，并将其落到实处。所谓内部监督，是指在行政机关及其组织内部，上下层级间以法律为依据，对各自工作的过程和结果进行监督，形成一种严肃认真、无私无畏的监督氛围，同时，各级领导更应该带头接受和鼓励监督，创造出一种乐于接受监督的氛围。同层级部门间应当在自身责任和职权的范围内，互相进行有效监督，各部门之间展开互督互促，对双方工作进行一种积极有效的监督，以期规范公共行政主体的行为，形成一种更为积极有效的内部监督模式。第二，加强外部监督的力度，充分发挥其效用。首先，充分发挥国家权力机关的监督作用，各级人大及其常委会应进一步积极主动地对公共行政主体的行政行为进行监督，制定更为明晰和规范的监督法规，充分发挥法律的权威作用。其次，加强司法机关对公共权力行使的监督和审查，增强其独立性和权威性。再次，充分发挥社会舆论等非权力监督的作用。包括社会群众、新闻媒体、公民个人对权力机关的监督等，尤其应当充分发挥新闻媒体的监督，在监督过程中，充分发挥其及时性、广泛性的优势，正确地引导社会大众的是非观，勇于和善于发现甚至批评行政机关的违法行为，以期在法律的范围内实现对公共权力的更为广泛和有效的监督。值得注意的是，这里的社会监督均是指在法律允许的范围内的自由监督。因此，无论是公民个人的监督、还是新闻媒体等各种社会监督都必须有法律为依据，必须是符合当前我国国情的监督。

第二节 从管制行政走向服务行政

公共行政是一种服务行政，具有服务品格的“公共人”构成了服务行政的前提条件。而公共行政实践的发展要求政府和行政人员从以民为本的行政理念、公共政策价值取向、政府回应机制和政务公开制度等方面，积极采取措施塑造良好的“公共人”服务品格，构建权利优先的服务行政模式。

一 “公共人”的服务品格

公共服务是实质公共性的本质表现，行政系络中从事行政活动的“公共人”，实现公共利益是其核心价值理念。因此，“公共人”的服务品格可化约为：服务公民，努力实现公共利益最大化。“服务公民”意味着“公共人”要特别关注公民的需要和利益，应当依靠自身的职业素养和能力，排除社会等级差异以及政治、经济实力的差别，公平公正地为公民提供优质的服务，保证公民能够共享社会进步和发展的成果。“努力实现公共利益最大化”是指作为“公共人”的行政人员，在履行公共治理职能的行政活动中，应当超越各种特殊性利益要求，以公共利益优先于私人利益为其核心价值取向，规范他们的行政活动，维护社会公平和社会正义。事实上，“公共利益”与“服务公民”并不矛盾，因为公共利益包含了个体公民的私人利益，是共同体内所有公民能够共享的利益，公共利益的实现过程也是公民利益与需求之满足的过程。“为公民服务，而不是为顾客服务。新公共服务理论认为，公共利益不是由个人的自我利益聚集而成的，而是产生于一种基于共同价值观的对话。因此，公务员不仅仅是要对‘顾客’的要求做出回应，而且要集中精力与公民以及在公民之间建立信任与合作关系。”① 也就是说，“公共人”是政府和公民以及公民之间的桥梁，在执行国家意志时，要积极地在政府和公民、公民之间构建一个自由交流和协商的平台，建立一种信任合作关系，形成共同的公共利益价值观念，坚持权利优先，切实维护公民权利和提供优质的公民服务，为增进、维护以及实现公共利益创造条件。

---

① ［美］珍妮特·V. 登哈特、罗伯特·B. 登哈特：《新公共服务——服务，而不是掌舵》，丁煌译，中国人民大学出版社2004年版，第8页。

权力与权利的辩证关系、公共行政的公共性，共同决定了“公共人”的服务品格。

“公共人”的服务品格是公共权力和公民权利辩证关系的体现。首先，公共权力来源于公民权利。现代法治理论认为，公民权利是公民本来就应当享有的，不是来自国家和政府的恩赐，公民权利是公共权力的基础，政府的最终价值就在于确认公民的权利本位，公共权力的存在和政府的目的是实现公民权利，公共权力的存在和行使，应当以保障公民权利为出发点和归宿。其次，公民权利需要公共权力的保障。强制性是权力与生俱来的性质，权力本身具有充分的自我保护能力，而权利不具有强制性，权利的实现离不开权力的保障。作为“公共人”的行政人员是国家意志的执行者，是公共权力的具体实施者，要以保障公民权利为己任，坚持权利优先，提供公民期望的服务，同时接受公民的监督，努力实现公共利益最大化。

“公共人”服务品格是获得行政公共性之要求。公共性是政府的根本属性，是政府得以产生、运行的内在依据和合法性来源，决定着政府的目标和行政行为的价值取向。随着历史和时代的变迁，管制行政模式已经逐渐不能适应社会的变化，人们必须探寻新的社会治理模式来实现公共行政与“公共性”的契合，这种新的社会治理模式就是服务行政模式。服务行政模式下，公共行政的公共性实质上是公共行政对公共利益的追求，是一种基于公共利益至上原则的价值标准，也是公共行政人员对公民利益的维护。公共性在公共行政中一般表现为三个方面：一是注重政府行为的回应性，要求行政人员致力于对公民的具体需求做出及时回应；二是强调政府行为的开放性，让公民参与公共产品的生产流程，以公众评估来促进公共服务绩效的提高；三是强化公共人员的主动性，要求政府和行政人员树立积极主动的服务意识。换言之，“公共人”所从事的是一种特殊职业活动，要求其理念和精神建立在“公共”的道德基础上，在多元利益冲突中坚持公共利益的基点，保持自身的“超然地位”，不应任由强势利益集团对政治和经济进行操控，而应服务于公民，以达成公共利益的志业，实现治理国家和服务社会的伟大理想。

二 权力本位的管制行政之批判

管制行政是指以单一权力为中心，政府控制公共权力，一切行政行为及其制度安排都是为了达到政府所追求的政治秩序，从属于政权控制需要的一种公共行政模式。管制行政本质上是一种“权力本位”的政府行政模式，“权力本位”是指“权力成为分割社会财富的工具，拥有权力的个人可以通过权力获得超收入的利益，权力成为个人占有物质、精神财富的手段，从而在社会价值观念体系中产生权力崇拜，权力至高无上，权力成为人们追求的最高目标。在权力本位社会里，国家几乎夺走了社会中的全部政治权力，整个社会高度政治化，政治权力无所不及，全部社会生活都处于政治国家的直接控制之下，个人利益随时都可能遭到政治国家的侵犯，权力对整个的社会财富具有绝对的支配作用”①。在形式上，管制行政肯定和维系社会等级秩序，在政府内部和社会公共行政管理中，建立了一套权威的控制机制，追求确定性和稳定性。要求制度结构合理、行为统一规范，上层发号施令，下层服从执行，并通过规章和制度强化其管制的权力和强制性。在管制行政模式下，政府行政权力是管制行政的中心，其他一切行政行为只是权力运行的手段，附属于权力，行政行为在多大程度上有效，取决于支配这种行为决策的权力的大小。

权力本位的管制行政通过以权力为支配中心，构建了一整套严格的控制机制，试图通过政治控制来维持管制秩序，存在其固有的弊端。第一，对人性的抑制引发政府危机。一方面，在以权力为中心的金字塔式的官僚制行政组织中，下级完全服从于上级命令，行政人员必须最大程度上按照组织内正式规章制度行事，使行政人员成为组织的附庸、成为制度的奴隶。另一方面，在管制行政模式下，政府的管理就是管制，政府通过运用公共权力，用严密的组织机构、繁杂的规章制度控制被管理者。在这种理念下的公共行政管理，效率越来越低，成本越来越高，人们对政府的不满情绪越来越大，有时还可能引发政府危机。第二，权力的异化导致权力的滥用。权力总是反映了特定的利益关系，并为一定的利益服务。权力可以依据掌权者的利益指向造成一定的利益偏好，从而给一部分人带来利益，侵害另一部分人的利益，造成利益的冲突和分化。在管制行政模式下，权力占据支配性地位，在实际运行过程中若监督缺位，极易变成少数官僚操控政治经济的手段，导致权力滥用，滋生腐败行为。第三，权力崇拜致使公共行政价值的偏离。权力本位的管制行政对行政人员实行去人性化管理，人性被异常扭曲，公共行政人员不再是具有自由意志的主体，而是被权力所支配的工具。理性官僚制度越发达就越去人性化，从而使行政人员为了自身的利益或是规避责任，固执地遵循规则和程序，消极地变过程为目的，缺乏创新的活力，组织机制越来越僵化，缺乏灵活性。使公共行政

① 张永缜：《权力本位：中国现代化的绊脚石》，《理论导刊》2001年第2期，第44页。

人员的行政活动，偏离公共行政的价值。

三 走向权利优先的服务行政

从管制行政走向服务行政，要求转变以权力为中心的政府体制，实现权力本位到权利优先的转变。服务行政是一种坚持公民本位、权利优先理念，强调以社会公众为服务对象，满足公民需求、实现公共利益为导向的公共行政模式。与权力本位的管制行政不同，服务行政的本质是“权利优先”。“权利优先”即是指在国家权力与公民权利的关系中，公民权利是决定性的，公民权利优先于国家权力，政府以维护和保障公民权利为行动目标。具体而言，权利优先的服务行政包含以下四个方面的内容。

以服务为核心。管制行政的核心价值是秩序，政府依靠行政命令等手段实现其价值目标，属于权力行政的范畴。服务行政的核心价值是服务，秩序仅是其价值体系中次一层级的内容。服务行政通过新的权力服务功能定位，代替管制行政的权力控制，突出权利优先、为公共利益服务的价值理念。行政权力成为一种服务权，“权力仅仅是公共行政服务于社会的必要手段，而不是作为社会的异化物而存在；是各种社会力量、不同社会阶层和社会集团的相互冲突着的利益追求之间的整合力量”①，这种权力价值观的转变意味着政府拥有权力的目的是为公民提供服务，而不是控制公民，行政人员的身份和角色从社会的主宰者转化为人民公仆。人民公仆的角色定位和责任使命要求广大行政人员，必须致力于回应民意期待、满足群众诉求、维护社会公益。

重视公共利益。管制行政模式下，公共利益由掌权的政策制定者界定，公共行政官员以一种政治中立方式来为公共利益服务，其角色消极被动，工作重心放在了执行由立法权威确定的法律和规则，以及对公民的控制上。新公共服务理论认为，共同的价值和集体的公民利益应该指导公共行政官员的决策和行为，行政人员不能仅仅止步于对自我利益的满足，还应在公共价值的导向下，与民选代表和社会公民共同探寻与表达更为广泛的社会公益，并有效促进政府去实现这种利益。

注重公平。在公共服务的提供上，以权力为中心的管制行政以效率为主要导向，而权利优先的服务行政更多的是关注社会公平。在公民权利面前，每个人都是平等的，政府提供的所有服务都应该是公平的，不应区分公民的等级。管制行政模式的政府忽视社会公正原则，公民的社会地位和

---

① 张康之：《论公共领域中的能力本位》，《甘肃行政学院学报》2000 年第 3 期，第 4 页。

阶层身份严重不平等，因而在公共服务获取上呈现出较大差异。服务行政模式坚持人本导向，倡导建设服务型政府，要求公共服务供给分配必须坚持公平正义原则，作为行政价值主体的公众理应享有均等的公共服务和同等的权利待遇。并且，服务行政模式下的政府承担着社会公平和缓解社会矛盾的责任，应更加关注弱势社会群体需要，为公民提供更多的机会和渠道来表达和维护其利益，努力实现增进人民福祉，促进社会公平的目标，从而维护社会稳定。

公开透明。实践证明，行政权力掌控者及其行使权力的行为本身不会自愿接受法律约束，而不受监督的权力必然走向腐败。行政权力在行使过程中具有扩张和滥用的倾向，必须加以有效监督和约束。知情权是公民权利的起点，是公民依法享有的知悉国家事务、政府行为以及国家机关工作人员的活动，了解国家政策、法律法规的权利。公民权利构成了对行政权力的监督和制约，一个为公民服务的政府其行为和信息要公开透明，根据公民的需要提供政务信息。服务行政模式下，公共行政文化应是开放型的，政府在公共行政管理过程中，要摒除管制行政文化中的特权意识，公共行政官员和公民是平等的地位，公共行政官员要虚心听从和接受公众的意见和要求，自觉接受公众监督，实行政务公开、民主参与、结果反馈等举措，切实保障公众对公共行政的知情权、参与权和监督权，着力打造“透明政府”。

作为“公共人”的行政人员是公共行政的行为主体，其与权利优先的服务行政形成了有机联系的辩证关系。一方面，“公共人”的服务品格是权利优先服务行政的必然要求。行政人员是公共行政的行为主体，是推动服务行政发展的主导者，实现权利优先的服务行政要求行政人员塑造为公民服务，努力实现公共利益最大化的良好服务品格。以民为本是权利优先的服务行政的根本理念，以民为本的理念要求公共行政人员维护公民利益和权利，为人民群众提供更多更好的公共产品和公共服务，为公民对政策和管理决策进行最大限度的参与提供机会和渠道，切实维护社会公平正义和社会稳定，真正地为公民服务。另外，权利优先的服务行政重视公共利益，要求公共行政人员树立公共利益至上的价值观，追求和维护公共利益，为实现和扩大公共利益创造机会，同时也要维护和保障公民的个人利益。“公共人”的服务品格是对公共行政人员的一种职业道德规范，是权利优先的服务行政的必然要求。另一方面，“公共人”的服务品格是权利优先服务行政的前提条件，可以有效推动服务行政的发展。首先，“公共人”的服务品格的塑造有利于公共行政人员自身素质的提高。塑造良好的“公共人”服务品格可以使公共行政人员树立以民为本的理念，重视民主、公民、公共利益等价值观，提高自身道德素质和内涵。其次，“公共人”的服务品格的塑造有利于维护公共利益和公民权利。塑造良好的“公共人”服务品格可以使政府和公共行政人员关注公民利益和公民权利，抵制强势利益集团的控制，在维护公共利益的同时，维护和保障公民的个人利益和权利。最后，“公共人”服务品格的塑造有利于公共行政服务体系的完善，提高政府公共治理能力。“公共人”的服务品格是对公共行政人员的一种规范和要求，公共行政人员积极主动为公民服务，努力实现和扩大公共利益，可以有效地推动政府进行体制改革，增强政府的回应性和透明性，完善公共服务体系，塑造良好的政府形象，实现政府治理体系和治理能力的现代化。

“公共人”服务品格和权利优先的服务行政相辅相成、相得益彰，有利于建设一支高素质的公共行政管理干部队伍，完善政府公共服务体系，履行政府职能和公共行政责任，维护公民权利和利益，推动公共行政的发展和社会的进步。政府和行政人员应采取有效的措施推动“公共人”良好服务品格的塑造和权利优先的服务行政的发展。

第一是树立以民为本的行政理念。马克思主义认为，一切权力属于人民，政府及其行政人员是人民的公仆。所以，“以民为本”是权利优先服务行政的核心思想，政府在其行政过程中必须遵循“以民为本”的行政理念，为社会提供更好的公共服务，尽最大努力满足公民的需要，维护公民的权利。树立以民为本的行政理念，要从三个方面着手。一是着重加强公共行政人员培训，提升政府公共服务能力。根据“以民为本”的理念，重点建设行政人员的组织管理能力、诚信服务能力、联系群众办实事的能力、自我规范能力和高效行政能力，加强行政人员培训和学习，提高行政人员政治文化素质，将公共行政人员个体素质的提高和群体结构的调整与优化相结合，通过加强行政人员的公共服务能力建设，来提高政府的公共服务能力和公共服务水平。二是主动改进政府的行为方式和施政措施。政府在公共服务立项、公共物品生产、公共资源配置以及公共活动开展等环节中，必须时刻从人民群众的切身利益出发，在具体的行政行为和施政过程中，充分了解公民的现实诉求、智识水平和需求层次。还应以政府为主导，以市场和社会为主体，充分调动政府自身、市场、第三部门等各方面的力量，构筑全方位的无缝隙公共服务体系，实现公共服务的高效提供，为公民提供更加优质的服务。三是努力实现基本公共服务均等化。基本公共服务均等化有助于实行公平分配，实现社会公平和效率的统一。基本公共服务均等化不仅是服务型政府的责任使然，更是维护公民基本权利的具体表现。基本公共服务均等化要求服务内容、享有权利和参与机会的全民所有、全民皆有和全民均有。

在公共行政管理活动中，政府应当力戒出现公民发展机会和基本权利的享有不均以及社会阶层结构的过度失衡，着力保障公民各项生存权利和发展条件的一致平等，为公民提供基本的、在不同阶段具有不同标准的、最终大致均等的公共产品和公共服务。

第二是注重公平的公共政策价值取向。公共政策本质上是“政府对社会公共利益所做的权威性分配”，其产生的基础和存在的原因在于公共经济秩序的维护和公共产品的供给，具有公共性、合法性和权威性。依据公共政策的本质，公共政策应以维护社会公共利益为导向，以维护社会公平为根本价值。管制行政由于其存在的固有理论缺陷，对效率的过分偏爱和追求，导致行政过程局限于技术知识，过分地追求工具理性，最终将被社会和时代所淘汰。服务行政追求公平正义等民主价值，在为公民提供良好的公共政策服务的同时，注重维护社会公平和正义，体现了追求公共利益最大化和权利优先的理念。注重公平的公共政策的制定、执行和反馈过程中要做到以下三个方面。（1）要以公平作为公共政策的行为取向。公共政策的制定和执行都要立足于公平，保证公共政策本身的公平性和政策主体对公共权力运用的公平性，调节社会利益分配不均衡的问题，充分发挥其所具有的导向功能、调控功能、规范功能。（2）注重利益分配的公平性。由于社会群体和个人多元利益的存在，人们之间的利益冲突和矛盾是不可避免的，而政府在社会利益分配方面处于主导性的有利位置，因此，在公共政策制定、执行和反馈过程中，政府要承担宣传者和教育者的责任，加强对公共政策的宣传和教育，并积极引导公民有效地参与公共政策的制定和执行，以保证公共政策对社会公共利益的分配体现公平性。（3）积极完善社会主义基本经济制度。在社会主义基本经济制度环境下，发挥市场机制活力和经济杠杆功能，在公平竞争的前提下，充分激发广大人民群众的积极性，让一切创造社会财富的源流竞相迸发。同时，进一步发挥政府对经济发展的宏观调控职能，采取积极稳健的货币财政政策，对社会收入和公共利益进行有效调节，并通过再分配环节保障弱势民众的发展权益，最大限度地调动广大劳动者的生产积极性，让全体人民更具获得感和幸福感，最终实现共同富裕目标。

第三是建立政府回应机制。著名行政学专家格罗弗·斯塔林认为，“政府回应是指政府对公众是否接纳政策变革、对公众的需求和提出的问题做出反应，并采取积极措施解决问题”①。服务行政理论支撑下的“政府关注的是公民对公共产品的价值偏好，重视公民所反映的诸多问题，并且有针对性地加以负责解决，其职责的履行需要具备对公共需求和公民、市场、社会的问题诉求具备灵敏的感应能力和针对问题加以高效处理的解决能力——强回应能力”②，所以，服务行政应建立一个科学有效的政府回应机制。科学有效的政府回应机制，能够推动行政的效率化和服务的普遍化。推动服务行政的发展，在建立科学有效的政府回应机制中要注意以下三点。（1）加强政府和公众的互动。政府和公众不是相互分离的两个主体，要不断革除政府和公众之间沟通的制度障碍，稳步推进电子政务建设，加强公众对政府信息的了解和掌握，从而拓宽公众参与和民意表达的渠道。政府主动和公民进行交流沟通，能够加强政府对公民需求的了解，同时公众也能及时掌握政府的最新动态，从而最终提高政府的回应能力。（2）再造政府业务流程。再造政府业务流程就是改变官僚机构运作模式，并且对服务项目和内容进行优化整合，适时减少府际沟通层级，细化明确岗位职责义务，不断简化行政管理工作程序，切实提高行政效率和服务效果，在保证对公务员行为进行合理约束和监督的前提下，定期清理不合时宜的行政规章、减少繁文缛节带来的不必要的成本，保证管理与社会的内在一致性。（3）建立准确灵敏的反馈机制。政府可通过各种机制渠道与媒介方式与公民开展良好的互动交流，在对社会需求信息的捕捉中，及时了解民意期待、公众诉求以及社会矛盾，并根据社会发展需求和公众利益诉求，有针对性地提供公共物品和服务，切实提高政府回应效能。同时，也要疏通公民向上的沟通交流渠道，公民主动的沟通交流，能够使政府获取更为关键有效的社会信息，准确研判社会利益矛盾症结，科学决策部署经济社会发展宏观战略。

第四是推行政务公开制度。管制行政模式的暗箱行政、信息不对称和政务不透明，不仅造成了极高的成本，降低了行政效率，还为政府官员利用公共权力谋求私利提供了大量机会，服务行政“权利优先”理念要求政府和公共行政人员重视公民的知情权和监督权，实行政务公开制度，破除政府和公民之间的信息不对称，以提高公共权力运作的透明度。推进政务公开制度，加大政府工作的公开透明度，要从以下三点着手：（1）打

① ［美］格罗弗·斯塔林：《公共部门管理》，陈宪等译，上海译文出版社 2003 年版，第 115 页。

② 胡炎平：《论服务行政的基本内涵》，《南京工程学院学报》2006 年第 2 期，第 28 页。

造电子政务信息平台。加快网上政府建设，打造政务公开平台，开设“政府公报”“政府信息”等窗口栏目，公布职能部门的联系人员、联系方式和办事程序，通过电子政务信息平台发布政府工作信息，同时广泛地接收和吸纳公民对政府工作的要求和建议，加强政府和社会、公民和组织之间的沟通和交流，从而建立起政府与社会、公民和组织之间的双向互动。电子政务信息平台，不仅能够为社会公众提供政府工作信息和社会公共服务，同时也能够使政府更容易接受公民对其的监督，这样反过来也增加了政府行为透明度，推动政府从暗箱行政走向透明行政。（2）提高公民政治素质和公民权利意识。公共行政是为了实现公民个人和社会的共同利益，这就要求公民应积极主动地参与公共行政管理，参与政府决策和政策的制定等公共行政活动，发挥集体的智慧和力量，实现共同的利益目标。因此，扩大公民对政治的参与度，提高公民的参与意识和积极性，提高公民的政治素质和权利意识，从而在推行政务公开制度中，为政府和公民之间的良性互动提供条件，进而保障公民的知情权和监督权。（3）实现政务公开法治化。实现政务公开法治化首先要求制定和颁布政务公开方面的法律法规，对政务公开的主体、机构设置、方式、范围、程序和救济途径等相关内容作出明确的规定，其次逐步扩大政务公开的义务主体范围，不断深入研究政务公开的合理方式，并建立和完善政务公开制度的救济制度，使政府政务公开真正实现有法可依、执法必严、违法必究。

第三节　从垄断行政走向民主行政

公共行政是一种参与行政。公共事务的复杂性决定了单一行政主体已无法有效地解决公共问题、提供公共服务，应当借助其他社会主体的治理能力，在合作中实现公共利益。“公共人”的协同理念为参与式的民主行政奠定了理念基础，并在打破垄断行政的基础上，引导其他社会主体共同参与社会治理，变单一主体的垄断行政为多元主体协同合作的民主行政。

一　“公共人”的协同理念

协同，是指两个或两个以上的主体之间为达成共同目标所进行的相互信任的合作。这种合作是以相互信任为基础，多个主体之间分享彼此所掌握的信息、技术资源，通过协调、协作形成拉动效应，更加效率地达成共同目标。对双方或多方的主体而言，协同的结果能够使每个主体都获益，并且整体的利益大于个人利益之和。“公共人”的协同理念是指作为“公共人”的行政人员联合其他主体，以实现公共利益为目标而形成协同合作状态的观念。公共行政过程中，“公共人”应当具有协同理念。

一是因为参与治理公共事务的主体多元化，各自的利益分殊，需要“公共人”作为中介者协调各方利益，并最终增进、维护和实现公共利益。众所周知，人的行动目的在于满足自身利益诉求，在资源有限而人的欲望无限的情况下，参与公共治理过程的行为主体必然发生利益冲突。现代公共行政主要通过公共政策对多元主体的利益进行确认，“公共人”作为政府公共权力的掌握者，在公共政策制定过程中，将会面临错综复杂的利益关系。不仅需要参与各方的沟通，协调他们的利益冲突，还要使得在利益主体需求充分表达的前提下，着力促成共识凝聚和利益均衡，并据此制定符合各方利益主体要求的公共政策。因此，在这个利益博弈的过程中，“公共人”需具有协同理念，才能够联合多元主体共同协商，整合多元参与主体的资源，使资源利用最大化，并达成公共利益的共识。

二是因为“公共人”的有限理性决定了其在公共决策过程中所获得的信息资源有限，这就需要“公共人”协同其他行政主体，在信息资源共享的状态下达成合理的公共决策。在某种意义上而言，分配公共物品的公共决策就是信息资源的综合利用过程，在有限理性的制约下，任何行政主体所拥有的信息资源总是有限的，缺乏充分、完全信息的公共决策无法达成利益共识，从而行政主体所提供的公共物品和公共服务不能满足公民的需求。这就需要“公共人”协同各利益主体共同参与公共决策。在信息资源共享状态下，求同存异，制定能够满足各方利益需求的公共政策。

三是因为“公共人”的协同理念能够实现各利益主体合作增效的目的。现代公共行政的复杂性使得单一行政主体在处理公共事务方面的能力有限，不具备协同理念的单一主体在治理公共事务时，不能从全局出发考虑社会资源的配置，资源的不合理配置必然会导致资源的浪费。而行政主体之间缺少沟通，又会使得机构重叠，多个部门处理同一件事情，或者部门之间长时间僵持不下，造成推诿扯皮现象的同时降低了工作效率。具有协同理念的“公共人”可以有效地协调多元主体在资源配置上的盲目性，有效地配置和利用资源，使得不同主体之间相互学习和借鉴，协调机构设置和工作人员的协同合作性，共享处理公共事务经验，避免浪费，实现公共利益最大化。从而在公共物品和公共服务的提供上面，能使整体协作，达成高于单个行政主体自主活动相加的效果。

二 单一主体的垄断行政之反思

垄断行政是一种在封闭的行政系统中，由单一行政主体支配公共权力、分配利益的行政模式。其特点如下：第一，行政主体的单一性。行政主体主要由政府及其行政人员构成，崇尚精英权威统治，行政专业化，认为公民没有参与社会事务的能力。第二，行政结构的封闭性。垄断行政是一种封闭式的“金字塔”形结构，权力自上而下单向传递，层级节制，缺乏反馈机制。一方面，上下层级的信息资源不对称，强化了垄断行政的集权控制，在处理公共事务的过程中，下级对上级的绝对服从，抑制了员工的积极性和创造性。另一方面，当个人利益与公共利益相冲突时，领导者的个人意志并不总是能从公共利益出发，权力的集中很有可能会损害公民利益。第三，反馈机制的片面性。垄断行政中的监督机制和反馈机制不完善，或者说是形同虚设，公民无法通过正规的渠道进行反馈，这让公民参与社会事务难以实现，而公民社会的建设也无从谈起。

垄断行政实质上是由单一行政主体管控公共事务，通过崇尚精英权威统治、行政专业化的方式，排除公民参与。认为公民参与会分散公共权力，不利于满足行政主体自身的利益诉求。为了避免行政权力的分散，单一行政主体将行政参与权视为自身所有物，要求只有具备行政专业知识的人员才能治理公共事务，而一般民众无法达到精英的高度，从而将公民排除在参与公共事务之外，这样就巩固了垄断行政的地位。单一主体垄断行政的弊端主要表现在两个方面。

从垄断行政的行政主体内部运作来看：首先，权威统治致使信息受阻。在垄断行政中，行政主体都是通过“专业性权威”来实现岗位职责。“专业性权威”并非正式官僚体制的产物，而是基于非正式社会网络中的专业知识得以生成，主要强调对社会信息的掌控与利用。在正式的官僚层级结构中，上级行政主体为了维护自身权威和有效规控下属，倾向于采用信息垄断和层级节制等方式，垄断对决策信息的掌握，防止行政内部下级和行政外部主体对其行政行为的了解与监督，致使单一行政主体内部之间的信息壁垒高筑，科学民主决策无法实现。

其次，公共权力滥用的现象难以避免。一方面，政府作为一个政治组织有着自身的利益诉求，行政人员作为政府组织中的一员，亦有自身利益的诉求。在垄断行政过程中，单一主体掌握的具有极端稀缺性特征的公共权力就成了其实现自身利益的最有利的资源。为了维护既得利益或者扩大自身利益，寻租、设租行为、权钱交易、权力腐败等现象自然屡见不鲜。

另一方面，从生态学的角度来看，垄断行政处于封闭的行政系统中，政府机关对外界环境不能作出积极有效可行的反应，或者说不愿意对外界环境作出反应。政府官员为了自身利益而从政，只关心自身的提升，不考虑整个公众利益，利用对机关事务的垄断权力来最大限度地扩大个人利益。行政机关的自我权力扩张已非常普遍，同时也导致了权力集中、形式主义和机构重叠，最终损害到公共利益。

再次，缺乏竞争意识，行政执行不力。第一，公务员作为国家财政负担工资福利的工作人员，没有失业和竞争的危机意识，因此大多数官员没有公共危机的概念，处理社会事务只是例行公事，处理方法简单粗暴。第二，由于缺乏竞争意识的单一主体对于公共权力具有绝对的垄断权，使得组织和企业主为了自身利益不得不寻求权力庇护，从而滋生权力寻租和钱权交易等行为，这就破坏了经济主体之间的良性竞争。俨然，行政权力与金钱利益相勾结，政商之间互为附庸，将会极大地威胁社会公益和国家利益并危害社会公平正义；同时，垄断行政背后的行政腐败往往假借政府的名义从事违法乱纪活动，严重损害政府形象，降低政府公信力和群众满意度。

最后，层级节制导致思维固化。垄断行政采取严格的官僚等级制，这种组织结构将行政人员镶嵌在固定的行政层级和岗位，行政个体的权责义务由岗位职责所决定。下级行政人员必须遵循上级的命令指示，没有自主权，处理社会事务完全以上级指示为准，没有创造性，这种等级划分是刚性化和制度化的。在垄断行政模式中，行政主体凭借其专业权威极易在行政过程中拥有特权，这种特权在封闭严密的官僚组织下逐渐以合法化的形式存在，并且因官僚体制的排他性和独立性而拒斥外部主体的质疑与挑战。再加上垄断行政的绩效评估是自上而下的，由上级评价下级，政府部门的绩效是由上级来确定。行政人员为了自身绩效和晋升，必然会盲目服从上级指示。

从垄断行政主体与外部联系来看：首先，行政系统的封闭性，行政主体把自己的意志强加给社会。一方面，单一行政主体在行政系统中享有垄断地位，行政人员独自制定公共政策，支配公共权力，凌驾于社会之上。另一方面，在公共行政活动中，这种封闭式行政系统在自己内部，而非社会圈中寻找决定其行为方向的条件，因此，政策制定和执行并不会因社会圈的变化而变化，它会以行政主体自身的固有思维来抵制社会圈的变化，公民的需要难以进入行政系统。长此以往，行政系统就会承受越来越大的社会压力。因为系统的封闭性阻碍了人民群众呼声和利益诉求的传递，存在偏差甚至错误的公共政策难以及时得到调整，公共利益也会受到侵害。具体表现在：垄断行政中的决策者和决策对象是相对立的、单向度的，公民没有参与公共决策的权力。垄断行政模式下的民主参与被视为对行政主体权威的质疑和挑战，因而行政主体倾向于垄断信息并操纵民意，堵塞公众参与的渠道并设置诸多壁垒，不利于人民群众利益的表达和实现。

其次，信息资源不对称，缺乏有效的监督和反馈机制。从垄断行政组织的外部环境来看，随着现代信息技术的发展和行政事务的日益复杂化，公共治理日益呈现出精细化和专业化的特征，民主参与面临诸多的技术障碍和知识鸿沟，公共治理话语权被技术官僚和行政专家所把控。因而，在具体的公共行政过程中，民众智识水平有限、行政主体垄断信息，行政内外部主体之间的信息屏障无形之中得以构筑，民众无法真正参与行政过程，行政主体本身也在拒斥民众参与，极易导致行政实践过程中的实质不民主。因而，对行政系统外部的公民、第三组织等主体而言，参政议政的权力变相地被剥夺。公民没有其他的渠道可以进行投诉和监督，它不仅限制了公民对其所从事工作的参与，而且缺乏参与又让公民对政府官员和处理社会事务存在距离感，同时也弱化了行政人员对社会和公民的责任意识，降低了政府的公信力。

最后，专断的行政过程使得公民质疑政府。在政策制定的过程中，垄断行政的行政系统限制公民参与，剥夺其参政议政的权力，导致行政对象无权也无法影响决策过程。行政系统采用专断的行政方式，运用垄断权力进行管理，行政系统的方向、程序和运转都不公开，也不明确。群众对政府的不满很大程度上是由于政府在政策制定过程中过于疏远所造成的，而非群众对结果不满。而在行政管理过程中，由于行政人员消极不作为和贪污腐败造成的国有资产流失及损害公共利益等问题时有发生，导致政府行政效率低下、服务能力不足和政府形象受损，群众满意度降低，政府的合法性基础出现了动摇。

三　走向公民参与的民主行政

民主行政是指在平等的原则下，多个行政主体共同参与处理社会公共事务，承认公民在参与和处理社会事务方面的价值，维护公民参政议政的重要权利的行政模式。民主行政的基本内涵包括：（1）民主行政的原则是平等。公民的权利应该受到尊重和平等对待，不因教育水平、社会阶层、经济条件等因素而有区别。政府要维护公共利益，公民有权参加政府的一切公共事务，公民也有权监督政府行为。（2）民主行政的方式是公民参与。民主行政的根本要义即在于广泛实质的公民参与。唯此，公民才能够在参与公共事务的过程中，进一步深化对政府的认同和理解，也只有这样，政府的权威才具有合法性。才会有利于公共政策在制定和实施过程中坚持民主、科学决策。（3）行政过程是双向互动。民主行政的多元行政主体处在一个开放的行政环境当中，行政人员和公共服务的对象应该是双向互动关系。行政环境的开放性意味着不为特定的某些人所保留，所有的参与者有着相同的参与权力。公民作为公共服务对象，公共决策的制定及其执行与他们有着最直接的利益关系，公民参与可以及时地反馈服务对象对政策的满意度以及改善意见，能够有效地维护公共政策的正确性，同时减少公民对政策执行的抵抗意识，有利于政策的推行。

倡导公民参与的民主行政与“公共人”的协同理念有着内在的逻辑关系。首先，民主行政是落实“公共人”协同理念的基础。有了民主行政，公民参与才在制度上有了保障。公民参与使得民主行政的主体多元化，这为“公共人”协同理念提供了主体基础，因为单一行政主体是不存在协同的。多元主体在行政参与过程中所获取的信息资源，又为践行“公共人”的协同理念提供了物质基础。其次，“公共人”的协同理念是民主行政的必要条件。民主行政的主体多元化，各个主体之间利益分殊，容易出现为了自身利益损害他人利益的情况，或者是各自为政、机构重叠等弊端，而“公共人”的协同理念能够协调、统筹多元主体的利用冲突，避免资源浪费。最后，民主行政与“公共人”的协同理念能够相互促进。一方面，民主行政需要“公共人”的协同理念。民主行政保障了更广泛的公民参与，反馈和监督机制更为完善，信息资源也更为广泛，需要“公共人”协调各方利益。另一方面，“公共人”的协同理念又能进一步完善民主行政。落实“公共人”的协同理念能综合各方信息资源，反馈的信息能够完善民主行政的欠缺之处，使得行政活动的整体效果大于各个个体活动相加的结果。

公民参与的民主行政之于单一行政主体的垄断行政有着极大的区别。从行政主体来看，一方面，单一主体信息资源获取能力有限。因为“不论是公共部门还是私人部门，没有一个个体行动者能够拥有解决综合、动态、多样化问题所需要的全部知识与信息。也没有一个个体行动者有足够的知识和能力去应用所有有效的工具”①。政府与公民信息资源的不对称，使得公民只能被动地接受公共政策执行的结果，这势必影响了公民参与公

① B. Guy，Peters，*Management of the Future Governments*，Macmillan，London，2001，p. 79.

共政策执行的实效，也会造成公民对于政策执行的不满意。另一方面，多元行政主体信息资源的获取较为全面。民主行政能够保障公民参与的权力，而“公共人”的协同理念可以结合各个主体所持有的信息进行综合，为公共决策活动提供诸多有效信息，譬如利益主体诉求、利益矛盾焦点、利益关系状况等，这将有利于减少信息沟通障碍、降低行政决策成本甚至避免相关决策失误，然后实现政务公开、信息共享。

从行政对象来看，垄断行政的行政对象只能被动地接受行政主体所施行的决策。公民自身没有身为国家主人的意识，面对侵权行为逆来顺受。公民缺乏维权意识，“强政府”与“弱个人”之间的问题凸显。垄断行政的绝对权力容易导致绝对的腐败。由于政府对公共事务的垄断和公共权力的操纵，以及行政主体自利性的存在，极易滋生贪污腐败问题。相反，民主行政的行政对象能够能动将自身的利益诉求反映给行政主体。在民主行政模式下，公众通过有效实质的行政参与活动，合理合法地表达自身利益诉求，政府积极回应并着力实现民意期待，将极大提升公众满意度并逐步化解社会利益矛盾。只有这样才能保障公民个人利益诉求的实现，实现公民与政府的良性互动，参与到公共事务中，整个参与的过程实质上是公民向政府表达自身最真实的意愿的过程。

“民主意味着形式上承认公民一律平等，承认大家都有决定国家制度和管理国家的平等权利。”① 因此，民主行政最突出的特点在于平等参与性。从单一主体的垄断行政走向公民参与的民主行政，关键是应当尊重公民的参与权、拓宽公民的行政参与途径、保障公民有序参与公共事务的治理过程。

首先，培养公民的参与意识。罗勃贝拉曾说过，要建立公正、平等的社会，需要依靠公民理智地参与公共事务，并不断提供建设性的意见。只有培养公民的参与意识，才能增强公民作为国家主人的责任感，了解自身应有的权力和参与的具体方式，运用法律手段来维护自身的合法权益，对于行政侵权行为能够知道从何种渠道进行反馈。培养公民的参与意识：(1) 树立公民主体意识。学校教育把公民作为行政对象来进行授教，公民缺少实质性的参与，仅能够被动地接受政策。而公民步入社会之后，又缺少习得民主观念的契机。公民缺少主体意识，对于行政侵权行为无法抵抗。因此，公民参与首先要明确的是公民是国家的主人，是国家主体的意识，这是公民参与的基础。树立公民的主体意识，需要通过教育理念的改

① 《列宁全集》(第31卷)，人民出版社1985年版，第96页。

进和教育制度的创新，发展多层次、多形式的教育，不仅仅限于学校的教育，同时也应该发展社会教育，提升全民教育水平。（2）提高公众的民主道德水平。良好的道德素养能够使公民在参与社会事务的时候减少个人偏见，有利于社会和谐。通过民主道德教育，也能使公民具备一定的民主精神和观念，这样不仅能很好地主张自己的权利，而且能有效地监督行政过程。（3）营造良好的参与氛围。民主行政是处于一个开放的行政环境中，行政主体在影响行政客体的同时也受到行政客体的影响。只有在社会上营造一种良好的参与氛围，才能够让公民意识到公民参与能够切实影响到自身利益，而不仅仅是一个口号而已。参与社会事务人人有责，从而树立公民的维权意识，最终实现公民参与。

其次，拓宽公共治理的参与主体。公民参与社会事务，个体的力量是有限的，借助公共组织形式参与公共治理更有助于公共利益的实现。例如人民政协、基层社会自治组织以及其他民间社会组织等。（1）人民政协内部涵盖了我国各民主党派、不同的社会团体，囊括了我国各民族、各阶层和海内外各个方面的代表人物，形成了广泛的爱国统一战线。因其组织特性能够最大范围地、全方位地了解和反映我国各个社会群体的政治表达与利益诉求，是扩大公民有序政治参与的重要方式。政治协商、民主监督和参政议政是人民政协的三大主要职能，通过政治协商和参政议政，能够表达广大群众的心声，反映各社会群体的利益诉求，促进政治决策的民主化与科学化。以民主监督为保障手段，能够维护广大群众的切身利益，保障人民的基本权利，促使社会主义民主政治良性发展。（2）基层社会自治组织拥有广泛坚实的社会资源，可直接为公民提高公共服务水平。受各种因素影响，基层行政人员常常采用简单粗暴的手段去处理问题，而忽略公民的切身利益，因此，不信任感普遍存在于公民与基层行政人员之间，甚至对基层行政人员是否具有有效、公平地分配公共物品和提供公共服务的能力表示质疑。因此，应增加公民个人与基层社会自治组织中行政人员之间的直接接触和互动的机会，一方面使基层行政人员了解公民的需求倾向，另一方面促使公民积极主动地参与基层公共决策的制定和公共决策的监督。（3）其他民间社会组织作为一种自愿结合的有组织的社会力量，在利益需求表达上比公民个人具有显著的优越性。民间社会组织一般是从公共利益角度出发，能够介入社会各个领域，反映社会利益诉求。因其本身特有属性，例如民间性、志愿性、独立性和非营利性等特征，其更利于倾听和反映各社会群体的利益诉求，防止利益表达和利益整合出现“失真”或变形的情况。公民参与的根本目的是维护自身利益，但分散的利益表达形式可能引发参与的无序或社会混乱。民间组织作为公民自愿参与的一种利益团体，在利益表达与利益整合方面可以发挥一定的作用，进而推动公民的有序政治参与。通过民间组织实现公民的有序参与，不仅可以减轻政府的政治管理成本，而且更能凸显公民的主体性，更有助于表达民意和激发公民的参与热情，也更符合民主精神。

再次，拓展多样化的参与途径。公民参与方式不应仅限于选举行政人员代表自身利益，还可以通过其他渠道来表达自身的利益诉求。公民参与的途径主要有行政听证会、民主座谈会、互联网公共论坛等。（1）行政听证会广泛吸纳利益主体参与公共决策制定过程。通过发布行政决策信息和听证程序要求，公众广泛参与其中，能够及时了解公共决策的制定依据、执行过程和实施结果。行政听证会是公民有效参与公共行政的重要方式，不仅能够增强公共政策制定的合法性，而且能够强化公众对于公共政策的理解认知，降低执行阻力障碍。（2）民主座谈会能够建立各主体之间的信任感。公民在会议上各抒己见，对自身需求以及政策的影响提出个人意见，从而发现行政决策和执行中的不足点，整合各方的观点达到公共利益最大化。（3）互联网公共论坛是信息化时代的必然要求。当今社会通信技术发达，借助现代化的信息媒介手段，可以有效创新公民参与的方式途径。例如，通过网络评议政府、网络官民互动、政务微博传递、网络贴吧论坛等方式，能够实现信息传媒与民主行政的深度融合。与此同时，公民还可借助网络论坛、电视报纸、微信微博等媒介，监督检举行政人员的违法乱纪行为，并在社会舆论的推动下督促政府改进行政作风并提升行政效能。

最后，行政过程法治化。民主行政的参与机制有法律作为保障，行政主体方可在规章制度的约束下，确保行政行为的公益导向。这样才能从制度上确定公民参与的民主行政的合法性。行政过程法治化的重要意义在于，以刚性的制度规范约束政府的施政导向和行政主体的行为方式，并将行政主客体之间的关系以法律的形式制度化，切实维护公众参与的权利。这在一定程度上可以有效增强公众的参与意识，促进公共立法活动的公开透明，避免行政主体的立法偏私和恣意妄为，降低行政管理的“执法成本”。要做到行政过程法治化：（1）在行政决策方面，需要建立健全法规制度体系，逐步将公民决策参与纳入法治化轨道。这是保证政策民主化，减少决策的重大失误的必要手段。加强公民参与的法治化建设，明确规定公民参与公共政策执行的权利。规定公民参与的听政制度、申辩和质证制度、说明理由制度、资讯公开制度以及通知制度等，通过完善这些法治化的程序，公民的民主权利才能得以保障和体现。（2）在政策执行方面，要健全政府决策执行追踪制度。在公共决策过程中，即使政府最大限度地克服自身利益局限，并对决策进行合法性审查和专家咨询评估，但决策执行过程中的执行障碍和失误情况也时有发生。政府各级行政机关及其行政人员与公众发生直接的接触，尤其是基层工作人员，具体办事的行政人员的品格、行为和能力影响着公民对政府的判断。单一的垄断行政会造成行政人员的权威意识过剩，在处理社会事务的时候出现严重的侵犯公民利益的后果。而完善的法律机制能够规范行政人员的行为，避免执行偏差，公民对于自身参与的决策会更加容易接受。

第四节 从行政物化走向人本行政

公共行政是一种人本行政，是实现人性需求的工具。传统公共行政将人视为工具，是行政的客体，抹杀了人的主体性需要，导致公共行政产生了行政物化问题。具有人文精神的“公共人”，应当将人文关怀浇筑在公共行政活动中，努力避免行政物化现象，走向以人为本的人本行政。

一 “公共人”的人文精神

人文精神在人类发展和社会进步中长期积淀而成，是一种普遍的人文关怀。它是一个蕴涵深广、内核稳定、边界模糊的历史性概念。西方文艺复兴时期的人文精神是“把人或人性从天主教的神性观解放出来，确定人对自身的自主性，提出自由、平等、博爱的观念，弘扬人性，崇尚理性”①。国内学界一般认为，现代人文精神是在人的实践过程中，以理性为基础，肯定人的主体性，强调人的价值和尊严，重视对人的终极关怀，追求人类的全面发展。从哲学范畴思考，人文精神有三个层次，一是人性，追求人的幸福和尊严；二是理性，追求真理；三是超越性，追求生活意义。② 学者陆士桢和孟登迎则认为，人文精神不仅限于单个或多个学科，而是萦绕于各学科之间和社会交际之中，泛指“人们在各种认识和实践活动中体现出的对人类生存意义和价值的关注，是一种以人为对象、

① 郭垒：《人文精神是现代社会的创新之源》，《国家教育行政学院学报》2006 年第 3 期，第 32 页。

② 周国平：《人文精神的哲学思考——周国平教授在国家行政学院的讲演》（节选），载《文汇报》，2002 年 12 月 1 日，第 3 版。

以人为中心的价值追求"[①]。可见，人文精神的内核是一致的，即以人为主体和目的，弘扬人性和理性，重视人的关怀和发展。但其在不同的历史阶段、文化传统和学科范畴中，有着不同的意蕴。作为"公共人"的行政人员的人文精神是什么呢?

"公共人"的人文精神是行政人员在公共行政过程中，将人作为主体，强调人的价值和核心地位，崇尚人的理性和非理性，坚持以人为本，保障公民的合法权益和政治参与，实现人自由而全面发展的价值追求。其内涵主要包括四个方面：第一，以人为主体，肯定人的价值和尊严，这是前提。"公共人"维护人的主体地位，发挥自身在公共行政中的主导作用，并积极引导公民参与。明确人本身就是最高价值，保护人的独立人格和基本权利以维护其尊严，实现包括自身在内的人的价值。第二，崇尚理性和非理性，乃是基础。人文精神虽是一种理性精神，但也重视非理性的思想意识和精神体验。"公共人"不仅要通过规范的制度和严密的程序构建理性框架，用理性思维看待现实、解决问题，还要充分发挥其伦理自主性，挖掘人的精神价值，调动人的非理性意识。第三，以人为本，将人作为万物尺度，此乃核心。"公共人"将现实的人作为公共行政的出发点和落脚点，尊重人、关爱人、服务人、依靠人、满足人，以人民为根本，一切从人民需要和公共利益出发，尊重人的权利和自由，满足人的生存和发展需要，实现最广大人民的根本利益。将人作为指向和尺度，从人性、人文和人的需要等角度，评价现实世界和政府绩效，衡量社会发展和人类进步，促进人与人、人与自然、人与社会的和谐。第四，以人为目的，促进人自由而全面地发展，是其目的。"不论是谁在任何时候都不应把自己和他人仅仅当作工具，而应该永远看作自身就是目的。"[②]"公共人"也应如此，将人民福祉和人的发展作为目标，保障公民的合法权益，提升人民群众的物质生活和精神生活，提高人们的科学文化素质、思想道德素质和身体素质，为人的价值实现创造公正、平等、民主的社会环境，以实现人自由而全面发展的终极关怀。

"公共人"为何应秉承人文精神这一价值追求？原因有以下四个方面。

一是由"公共人"的权力来源所决定。卢梭基于自然法和社会契约

---

① 陆士桢、孟登迎：《人文精神与意义探寻》，中国社会科学出版社2005年版，前言，第4页。

② ［德］康德：《道德形而上学原理》，苗力田译，上海人民出版社1986年版，第86页。

论，首次提出人民主权理论，认为政府的权力是由人民让渡和授予的。洛克系统地阐述了人民主权思想，认为通过契约建立国家是为了保护人的权利，政府的合法性来源于人民的委托、认可和拥护，政府行使权力应遵循人民意志。国家和政府的权力来自全体人民，作为“公共人”的行政人员的权力亦来源于人民，人民委托政府及其行政人员行使公共权力，所以，“公共人”必须对人民负责，为人民服务，受人民监督。故而要求“公共人”在公共行政过程中，应重视人民群众的地位和价值，引导公民政治参与，广泛接受群众监督；坚持以人为本的执政理念，一切从人民需要和公共利益出发，全心全意为人民服务，实现最广大人民的根本利益。显而易见，这些要求正是人文精神内涵中“以人为主体”“以人为本”“以人为目的”的要义，“权力来源于人民”决定“公共人”应秉承人文精神。

二是与“公共人”的本质属性相契合。两者的契合主要表现在三个维度：首先，两者均坚持公共利益优先的价值序列，反对全盘抹杀行政人员的私人利益。“公共人”的价值取向是公益优先，在不损害公共利益的前提下，充分尊重其私人利益。人文精神的核心是以人为本，一切从公共利益出发，同时主张行政人员发挥主体作用，实现自身价值和自我发展。其次，两者均强调人的理性。“公共人”的认知能力是有限理性的，尽最大可能发现公共问题，追求“令人满意”的行动方案。人文精神崇尚理性，主张人运用理性和智慧解决问题、发展自己。最后，两者均要求公民参与。“公共人”的行动目标是实现善治，公民参与是实现善治的前提，作为“公共人”的行政人员是公民参与的促进者。人文精神以人为公共行政的主体和根本，行政人员引导公民参与也是其题中之义。

三是指导“公共人”行政行为所必需。公共行政的行为主体是“公共人”，公共行政的人文价值只有通过行为主体的行为才能实现，人的理念支配人的行为方式，“公共人”的行政行为必然受其价值理念的影响。随着行政改革的深入和政府职能的转变，目前有些行政人员正解构旧的价值观念，尚未完善新的价值体系，价值理念的混乱衍生出大量行政问题。人文精神是人内心强大的精神动力，“它是某种在使人之所以为‘人’的一切活动中所折射出来的精神气质，这种精神气质包容了科学精神、艺术精神和道德精神以及所有能给予人文关怀的思想”[①]。它是建构“公共人”

① 陆士桢、孟登迎：《人文精神与意义探寻》，中国社会科学出版社2005年版，前言，第4页。

的价值体系的必要基石，指导“公共人”在公共行政实践中，关注人民的生存状态，重视人民群众的作用，坚持“以人为本”，遵循执政为民、服务为本等原则，做到“权为民所用、情为民所系、利为民所谋”。只有“公共人”秉承人文精神，才能将其行政行为导向人文取向，才能实现公共行政的人文价值。

四是因应行政理念发展之潮流。首先，“以物为本”转变为“以人为本”的人本理念。以人为本“就是要以实现人的全面发展为目标，从人民群众的根本利益出发谋发展、促发展，不断满足人民群众日益增长的物质文化需要，切实保障人民群众的经济、政治和文化权益，让发展的成果惠及全体人民”①。其次，“管理行政”转变为“服务行政”的服务理念。政府的核心职能是为公民和社会提供公共服务，行政人员以服务为宗旨，与公民建立信任合作的关系，回应群众诉求，追求公共利益，以达到改善服务质量和人自由而全面发展的目的。最后，“片面发展”转变为“全面发展”的科学发展观，致力于人与人、人与自然、人与社会的和谐发展。

二 “人是工具”的行政物化之检视

“物化”作为哲学概念具有多层含义，通过梳理已有研究将其归纳为三个层次。第一，在人与物的关系层面上，物化是指物质利益本应是满足人性需求的手段，却演变为控制人的力量。第二，在人与人的关系层面上，马克思区分了两种“物化”，一种便是指资本主义社会中人与人的社会关系物化，“商品形式在人们面前把人们本身劳动的社会性质反映成劳动产品本身的物的性质……从而把生产者同总劳动的社会关系反映成存在于生产者之外的物与物之间的社会关系”②。第三，在人与自身的关系层面上，物化是“人自身的活动，他自己的劳动变成了客观的、不以自己的意志为转移的某种东西，变成了依靠背离人的自律力而控制了人的某种东西”③。

行政物化是指在公共行政过程中，行政人员丧失主体地位和主体意识，在效率至上的驱动下，物质财富成为行政目标，人的活动和精神均被组织、制度和技术等人类创造物所支配、奴役。它有如下特征：（1）物是主体，推崇物的价值。人们认为物质增长就意味着发展和强大，确立物

---

① 胡锦涛：《在中央人口资源环境工作座谈会上的讲话》，http：//news. xinhuanet. com/newscenter/2004 –04/04/content_ 1400069. htm。

② 《马克思恩格斯选集》（第2卷），人民出版社2012年版，第123页。

③ ［匈牙利］卢卡奇：《历史和阶级意识》，张西平译，重庆出版社1989年版，第96页。

在公共行政中的主体地位，发挥物在发展生产力、推动社会发展中的作用。人丧失主体地位和主体意识，成为物的附属甚至为物所役的物化存在。（2）物是目的，人是工具。公共行政的目的是物质财富的增长，政府专注于经济建设，期望通过经济建设提高人民生活水平、推动国家发展，同时，物质也成为包括行政人员在内的人所追逐的目标。而人本身成为创造物质财富的生产资料，人的行政行为和精神活动异化为改造客观世界的手段，人成为服务于物的工具。（3）物主宰人，物取代人。一则人盲目追逐物质财富，人的精神生活和自我发展被物欲遮蔽，人沦为物质世界的奴隶。二则政府以层级官僚体制为框架，围绕物的因素，设计等级制度、专业分工、制度规范和技术方法等，行政人员受这些人造物的支配和主宰，成为官僚体系庞大机器中的齿轮。人对物的依赖性越来越强，其功能和价值逐渐被人造物所取代，人与人的关系转变为物与物的关系。（4）物是尺度，效率至上。物质因素是衡量人的价值、政府绩效、工作条件等方面的评价标准，“只见物不见人”的标准吞噬了人的尺度。行政人员崇尚效率至上，围绕物的消耗和产出规划行政活动。

效率至上的传统公共行政，将人视为工具或手段，是行政物化的集中反映，它因抛弃了人的主体性地位，传统公共行政的合法性遭到质疑。行政物化的弊端主要有：

压抑人性，精神空虚。行政物化遵循工具理性原则，行政人员要严格按照制度规范、程序规则和技术方法办事，由人创造的客体（如制度、程序和技术等）反过来成为支配和控制人的异己力量，人被看作没有私益、欲求和情感并被迫服从的“机器”，被物化成实现物质目的的“工具”。可见，工具理性关注“物性”而排斥“人性”，忽视人的权利和精神，回避人的价值理性，导致公共行政失去人文关怀，行政人员迷失自我，人的价值和尊严被摧残，人的个性发展和人性自由受到严重抑制。同时，行政物化使行政人员深陷“效率至上、受物支配”的“物化世界”，重复进行调查、判断、归纳、计算和论证等冷冰冰的机械化工作。人丧失主体性意识，安于现状、不思进取，沉溺于物质追求和物质享受中，失去对信仰、理想、价值和人生的精神追求，精神生活被湮灭在物质关系、工具理性和技术主义之中，引起公务员队伍的精神危机。

机构臃肿，效率低下。行政物化以官僚层级制为组织框架，推崇效率至上、谋求物质的理念，行政组织专注于行政效率、机关预算和人事管理等问题，期望通过部门分工、增加人员和按章办事达到提高效率的目的。但是，公共行政所辖事务范围宽广、内容复杂、分支冗多，进行专业分工后，行政部门随之增加，对行政人员的需求量大幅上升，机构规模不断扩大，导致部门林立、机构臃肿的局面。有的行政部门之间为自身权益而争权夺利，有的因权责不清而推诿扯皮，有的因部门壁垒而缺乏沟通合作，导致行政效率低下。同时，等级化的科层结构耗费上传下达的时间，规范化的制度体系使行政程序烦冗复杂，按章办事的行为准则扼杀了行政人员的灵活性和创造性，可见，行政物化为提高效率而设计的手段反而成为阻碍效率提升的因素，出现了“效率悖论”的现象。

导致官僚主义，诱发权力腐败。行政物化颠倒了人与物的关系，不仅将行政人员作为追求物质目标的手段，还将人民群众作为工具而非行政目的，从而改变人与人之间的关系。一是政府机构内部上下级之间的关系等级化、权力化，二是人民与政府之间的主仆关系颠倒，这种关系认知严重影响行政人员在公共行政中的思想和行为。一方面，行政人员为了追求物质财富而忽视人民群众的生存发展，过滤人民群众的诉求，忽视社会民主与公平。将“官本位”思想凌驾于“民本位”思想之上，没有“人民公仆”的服务意识和亲民意识，将政府服务看成是对人民的恩赐，官僚主义甚嚣尘上。另一方面，行政物化以“经济人”为其人性基础，有些行政人员追逐权力、地位、声名和金钱等利益，侵吞国家财产，进行权钱交易，利用稀缺行政资源进行寻租，权力腐败现象屡禁不止、防不胜防。

限制行政人员自主性与个性发展。行政物化推崇物的价值和功能，人利用物去创造物，人本身也是一种物的存在，强调人的物性、机械性和人之于物的配合性。为了保证人之于物的配合性产生行政效率，便制定精密的规章制度、设计严格的行政程序、采取强硬的管理手段，预测、规范和控制行政人员的行为，实行公共行政的非人格化，人的主观意识被作为“巫魅”而祛除，行政人员失去自主价值判断和伦理选择能力，其伦理自主性被压制。同时，行政物化中的控制性组织结构无法满足行政人员的发展需要，遵循制度、按章办事的工作要求也使行政人员的发展受到限制，行政人员的个性难以得到发展，而盲目遵从、固化保守和随波逐流的行政人格在潜移默化中逐渐形成。

人与自然的关系失衡。行政物化以物为目的，人只是谋求物质财富的工具，政府将精力集中在经济发展上，忽视了人类本身的生存和发展，提前“透支”下一代的生存环境和发展资源。行政物化以物的尺度评价一切，用经济发展和物质财富衡量社会的发展，人们为了满足物欲，不断从自然界攫取资源，导致严重的生态赤字和环境污染。一些地方政府的GDP 政绩观根深蒂固，把 GDP 的增长等同于经济的发展，用 GDP 评估地区的发展程度以及地方官员的政绩，为了经济的快速发展，选择高耗能、高污染的粗放型发展模式，利用各种技术手段疯狂掠夺自然界。“人在自然面前以主人的姿态出现，不断显示人对自然的能动的‘普遍的物质交换’活动和‘多方面需要’的强势姿态，其结果是膨胀的欲望、虚假的需求、无度的掠夺，这就使人与自然的关系、人与社会的关系失衡与扭曲。”①

三 走向“人是目的”的人本行政

“人本行政是指政府以人的全面而自由的发展的普遍性为原则，组织与引导社会组织与公民共同高效而合法地处理公共事务的行政模式。”②其内涵包括三个方面：一是以人为核心和根本。“人”是具体的、历史的、社会的人，是“个体的人”和“集体的人”的统一。人在公共行政中处于主导、主体地位，是公共行政的本质因素和首要因素，是行政活动的出发点和归宿。二是以人为目的。公共行政的最高目标是谋求人的全面自由发展，挖掘人的潜能，提高人的素质，实现人的价值。三是主张社会治理。视人民为国家主人和管理主体，强调政府和公民社会共同治理公共事务。

“公共人”的人文精神与人本行政实质上是一脉相承的，两者主题基本一致。两者均以人为主体、核心、根本和目标，强调人在公共行政中的主体性，坚持“以人为本”的价值理念，以人的自由而全面的发展为终极目标。一方面，人文精神为人本行政提供理论逻辑。“公共人”的人文精神以人为目的，将人的自由而全面的发展视为价值追求，可见，人本行政中政府以人的全面而自由的发展的普遍性为行政原则是合理的。“公共人”的人文精神以人为本，保障公民的合法权益和政治参与，为人本行政中审视政府与公民的关系、构建社会治理模式提供了逻辑支撑。另一方面，人本行政是人文精神的实践形式和具体体现。人本行政中，政府组织和引导公民社会共同处理公共事务，既彰显了公共行政对人的价值理性和精神意识的肯定，又体现了政府以人为本、扩大公民参与，这些正是“公共人”人文精神的内核。

“公共人”的人文精神与人本行政之间相辅相成、相互促进。一方

① 周育国：《马克思主义人本理念的当代视域》，北京师范大学出版社 2013 年版，第 49 页。

② 齐明山：《公共行政模式的变革——走向人本行政模式》，《云南行政学院学报》2006 年第 3 期，第 10 页。

面，人文精神推动人本行政的发展。“公共人”的人文精神作为意识领域的精神力量，具有深层次的能动作用和导向作用，能唤醒行政人员的道德观念和伦理意识，发扬“不唯官”“不唯上”的行政人格，指导行政人员在决策、执行、协调等行政活动中遵循以人为本的要求，提高人本行政的实效性。另一方面，人本行政的实施塑造人文精神。随着人本行政的实施和深化，行政人员的价值观念也会随之转变，人文精神的具体内涵亦会逐渐重塑，比之前的更加科学化。同时，人本行政的最终目标是人自由而全面的发展，行政人员也包含在“人”之中，行政人员的人文素养在人本行政实践中能得到提升。

“人是目的”的人本行政又当如何构建呢？笔者认为宜从以下几方面入手。

首先，塑造以人为本的行政文化。行政文化深植于行政人员的内心，影响着行政人员的思想观念和行为抉择。它是公共行政的深层结构和灵魂动力，人文精神蕴涵于一定的行政文化之中。在“公共人”人性假设基础上，构建“人是目的”的人本行政，必须批判性继承传统行政文化中的人文精神，将“官本位”转变为“民本位”，塑造“以人为本”的行政文化。

行政文化的重点在人，应坚持“以人为本”的价值理念。“以人为本”兼容工具性价值和目的性价值，人摆脱了作为“机器”的工具身份，公共行政的最终目的是发展人、实现人的价值，这正是人本行政所要求的。“以人为本，就是要把人民的利益作为一切工作的出发点和落脚点，不断满足人们的多方面需求和促进人的全面发展。具体地说，就是在经济发展的基础上，不断提高人民群众物质文化生活水平和健康水平；就是要尊重和保障人权，包括公民的政治、经济、文化权利；就是要不断提高人们的思想道德素质、科学文化素质和健康素质；就是要创造人们平等发展、充分发挥聪明才智的社会环境。”①

行政文化具有历史性、稳定性和延续性，中国传统行政文化一直蕴含、延续着丰富的人文精神。人文精神始于殷末周初，经过儒释道的思想家们不断继承和发展，形成了“以民为本”的传统人文精神，奠定了“敬德保民”“仁者爱人”“修身齐家治国平天下”等基本特征。传统行政文化中，有“天人合一”、关注价值理性的人文气息，有对国家、民族

① 温家宝：《提高认识统一思想牢固树立和认真落实科学发展观》，《人民日报》2004 年 3 月 1 日。

和个人兴衰荣辱的人文关怀，应批判性地继承这些人文精神。同时，传统行政文化中也有诸多与人本行政相悖的思想，其中最主要的是“官本位”思想。在“官本位”思想的影响下，行政人员“唯上是从”，追求行政特权，为了私利轻易牺牲人民利益，将自我意识凌驾于人民和社会之上，这将严重阻碍人本行政的发展。所以，要将“官本位”转变为“民本位”，切实做到权为民所用、情为民所系、利为民所谋。

其次，构建以人为中心的组织结构。行政组织是公共行政的运行载体，实施人本行政先要构建具有人文精神的行政组织，其中构建以人为中心的组织结构是关键。以人为中心的组织结构具体表现为扁平化组织结构，它摒弃行政物化背景下的科层制组织结构，契合人本行政的主张，突出人的主体地位和核心作用，充分肯定行政人员的主导作用和价值观念，是行政组织彰显人文价值的必要途径。

以人为中心的扁平化组织结构是“基于信息化与网络化的技术平台，行政组织结构将一改原先垂直的金字塔型结构模式，删减大量原先为了信息的传递和组织协调而设的中间管理层从而让高层与基层直接对话，即通过扩大管理幅度，缩减管理层次来实现组织结构的扁平化，它将一改官僚制严格的‘控制’机制，通过广泛的授权来实现组织成员个体发展的需求”①。构建以人为中心的扁平化组织结构，首先，在层级体制上，将“消灭了人”的官僚层级体制进行优化或解制，改变传统的直线等级控制模式，合理缩减纵向的组织层级和政府机构，逐步扩大横向的管理幅度。其次，在权力分配上，通过权力下放和分权行政，将政府的部分职能划分给较低层级的政府机构，或者将一些政府职能让渡给公民社会，或者将部分决策权和执行权授予基层组织。最后，在行政关系上，利用网络技术和信息平台构建网络化的沟通平台，实现各个社会主体之间的信息共享，人民群众和行政人员能充分表达诉求和意愿，加强政府部门之间、政府与公民之间的沟通和合作。

再次，依法行政与以德行政相结合。依法行政是人本行政的物质保证，是人本行政走向法治化和规范化的基础与动力。作为“公共人”的行政人员的权力来源于人民，人民赋予的权力是有限的，行政人员应维护人民的合法权益和自由，不能滥用和扩大有限的行政权力，依法行政则是规范行政人员行为的最好保证。依法行政过程中，一方面，将公共行政的

① 王明春：《从科层化到扁平化——组织结构的人文解读》，《四川行政学院学报》2005年第1期，第15页。

基本内容和运行程序纳入法律法规的调整范畴，使“以人为本”的价值理念融入法律制度，在体系化的制度规范中维护人民群众的基本权利和公共利益。另一方面，革新依法行政的价值观念和执法方式，使行政执法的行动走向人性化和人本化，避免违法行政行为侵害公民权益。

以德行政是人本行政的精神保障。“当代公共行政范式的道德化诉求打开了公共行政的人文价值视窗，实现了事实与价值、目的与手段、效率与公平、工具理性与价值理性的统一，赋予公共行政合法性根基与价值合理性基础。”[①] 张康之指出，实现以德行政的关键取决于行政体制的道德化和行政人员的道德化。在行政体制改革和转型中，贯彻为人民服务的宗旨，建立行政道德的生成机制，塑造以德行政的环境氛围，将道德原则植入行政人员的价值观念和行政行为之中。

道德意识需要法律制度的保护，依法行政是以德行政的支撑力量。制度规范需要考虑道德因素，以德行政是依法行政的必要内容。可见，依法行政和以德行政相辅相成，将两者有机结合才能发挥最大效用，才能实现人本行政。

又次，强化自主管理与和谐管理。人本行政要求政府组织和引导社会团体、公民等主体共同处理公共事务，若公民社会没有足够能力实现自主管理与合作治理，人本行政将成为空谈。现阶段，我国的公民社会正处于发育之中，力量比较弱小，亟须政府大力培育。一方面，政府要规范“第三部门”的发展，避免对其过多干预，在政策、物质和资金上给予充分的支持，使其进行自我服务、自我激励和自我管理，提高公民社会的自我管理层次。另一方面，扩大公民参与，通过社区管理、公共事务管理民营化等行政改革，壮大公民社会的力量和影响，让其在与政府的合作治理中发挥作用。

和谐管理是克服行政物化、实现人本行政的必由之路。在行政物化的影响下，政府为了发展经济和谋求物质，不惜牺牲人民利益和自然环境，引发诸多不和谐因素。和谐管理遵循“以人为本”的科学发展观，追求人与人之间、人与自然之间、人与社会之间的和谐，这是人本行政在发展问题上的要求和体现。实施和谐管理，一是要以科学发展观为指导，使经济发展和人口、资源、环境相协调，综合考虑当前需要和未来发展。二是树立“以人为本”的政绩观，以全面性、群众性和实践性为评判标准，

① 曾盛聪：《当代公共行政的道德化转向：价值诉求与实践品格》，《长沙理工大学学报》（社会科学版）2014 年第 1 期，第 44 页。

建立涵盖政府、公民、自然、社会、经济等各个维度的绩效评估体系。三是筹谋人本化的发展战略，将人自由而全面的发展作为公共行政的终极目标，为人的发展提供平等、公平和公正的社会环境。

最后，提升行政人员的人文素养。行政人员是人本行政的直接执行者，人本行政实践依赖于行政人员的素质提升和潜能发挥。教育培训是塑造行政人员人文精神之必需。在教育培训中，一要重视人本思想教育，祛除“官本位”思想，贯彻“以人为本”的价值理念，明确人民群众的主体地位和重要作用。二要提高行政伦理素质，树立公开、公正、负责、诚信、服务等行政伦理信念，引导行政人员进行价值判断和伦理选择，规范其行政伦理行为。三要优化心智模式，训练行政人员的思维能力，矫正其心理偏差，锻炼其心理承受能力，开发其个性和潜能，激发行政人员的积极性、主动性和创造性。自我管理是提升行政人员人文素养之关键。“所谓自我管理是指组织成员对自己的思想、心理和行为进行的管理”[①]，是行政人员发挥自我影响、自我控制和自我教育的能力。行政人员在学习、研究和实践中领会人本行政的精髓和意义，注重自身的人格修养，将人文精神转化为内在品质。

① 黄德良：《人本行政管理》，上海大学出版社2002年版，第42页。

结语：认真对待公共行政的人性问题

公共行政就是一个大写的“人”，是一个有血有肉、五味杂陈、不特定的大写的人。人性的差异性以及资源的有限性，需要人的共同活动——公共行政——解决因资源有限产生的人性冲突，维持基本的社会秩序，保障个体的人能够生存、人的集体能够自立，从而延续着整个人类生生不息的进化过程。所以，人性与公共行政的关系就如一枚硬币，一体两面。人性是公共行政的内容、本质，公共行政是表现人性内容、本质的形式和现象。形式应当为内容服务、现象是本质的外化表现。公共行政应人而生、为人服务，人却时刻受到公共行政的制约，是公共行政文化氛围中的存在。这种人性与公共行政的辩证关系本应贯穿于人类的思想长河中。然而，应然与实然、理想与现实总是存在难以逾越的差距。在公共行政学的百年发展历程中，人对人的理性过度推崇，使人忘记了人从何处来、又将向何处去这一永恒的人生问题。导致公共行政领域中，以技术理性为行动理念，形式支配了内容、现象遮蔽了本质，只见到毫无生气的刚性制度，却无法体现丰富多彩的人性元素。在行政系统内部的管理中，科层制中的层级控制，使人成了制度的奴婢；新公共管理中的绩效考核，使人成为可以量化的对象。行政系统的外部管理更是视人为物，整齐划一、规则优先，无视人的差异性，本具有无限可能性的人仅是行政管理流程中的一个物而已。公共行政走向了人的反面，成为人的异化物。

人是脆弱的，需要自然界的物质供应才能维持自身的生命；人是可悲的，他们缺乏上帝的“神性”，在富饶的天堂中共享上帝无限的荣光；相反，人与人的尘世间，秩序中夹杂着混乱、和平中充斥着斗争、平等中总有不平等，人与人之间的尔虞我诈可以无限放大，随着人走完他们的短暂生命历程。所以，人总会在寂寥的夜晚哀叹人活着的不易等价值问题。人又是幸福的，他们的创造力可以改造自然，获得支撑人类生命需要的物质元素，可以在继承前人造就的文化基础上，继续创造属于他们自己时代的文化，满足自身的精神追求，过上诗意的生活。作为大写的“人”的公共行政，无论是指人类解决公共问题的集体行动，还是表现为一套分配社会性价值的规则体系，既应看到人性的局限性一面，也要对人性高尚的一面有足够的信心。不应过于夸大人性的阴暗面，招致严刑峻法、苛政的横行；也不能完全依靠人性的高尚面，认为人人都是尧舜，那样的话，公共行政只不过是一种美丽的神话。人性与公共行政的和谐关系，理应是在遵循事物发展规律基础上，充分发挥人的创造力，以人的整体性发展为目标，在公共行政的制度设计、制度实施中，尊重人性、保障人性，以人性的需要满足作为衡量公共行政制度与活动是否良善的核心标准。

最后，借用美国公共行政学者奥斯特罗姆的一句话暂时结束对公共行政人性问题的探索，他说，“如果根据运用于公共行政实践的知识所作出的行为之结果损害了人类的福利，我们就不得不断定这样的知识引起了社会病症”①。

① ［美］文森特·奥斯特罗姆：《美国公共行政的思想危机》，毛寿龙译，上海三联书店1999年版，第13页。

参考文献

一　中文著作类

1.《马克思恩格斯全集》（第 42 卷），人民出版社 1979 年版。

2.《马克思恩格斯选集》（第 1—4 卷），人民出版社 2012 年版。

3.《马克思恩格斯选集》（第 1—4 卷），人民出版社 1995 年版。

4.《资本论》（第 1 卷），人民出版社 1975 年版。

5. ［德］马克思：《1844 年经济学哲学手稿》，人民出版社 2000 年版。

6. ［德］马克思、恩格斯：《神圣家族》，人民出版社 1988 年版。

7.《列宁全集》（第 31 卷），人民出版社 1985 年版。

8.《列宁选集》（第 4 卷），人民出版社 1972 年版。

9.《毛泽东选集》（第 1—3 卷），人民出版社 1991 年版。

10.《刘少奇文集》（下卷），人民出版社 1985 年版。

11. ［古希腊］柏拉图：《理想国》，郭斌和、张竹明译，商务印书馆 1986 年版。

12. ［古希腊］亚里士多德：《政治学》，吴寿彭译，商务印书馆 1965 年版。

13. ［美］詹姆斯·W. 费斯勒、唐纳德·F. 凯特尔：《行政过程的政治：公共行政学新论》，中国人民大学出版社 2002 年版。

14. ［美］爱德加·薛恩：《组织心理学》，余凯成等译，经济管理出版社 1987 年版。

15. ［美］戴维·H. 罗森布鲁姆、罗伯特·S. 克拉夫丘克：《公共行政学：管理、政治和法律的途径》，张成福等译，中国人民大学出版社 2002 年版。

16. ［美］弗兰克·J. 古德诺：《政治与行政》，王元、杨百朋译，华夏出版社 1987 年版。

17. ［美］乔治·弗雷德里克森：《新公共行政》，丁煌、方兴译，中国人民大学出版社 2011 年版。

18. ［美］乔治·弗雷德里克森：《公共行政的精神》，张成福等译，中国人民大学出版社 2013 年版。
19. ［美］杜威：《人的问题》，付统先等译，人民出版社 1965 年版。
20. ［美］乔治·霍兰·沙拜因：《政治学说史》（上、下册），商务印书馆 1986 年版。
21. ［美］格罗弗·斯塔林：《公共部门管理》，陈宪等译，上海译文出版社 2003 年版。
22. ［美］全中燮：《公共行政的社会建构：解释与批判》，孙柏瑛等译，北京大学出版社 2008 年版。
23. ［美］丹尼斯·朗：《权力：它的形式、基础和作用》，高湘泽、高全余译，桂冠图书股份有限公司 2000 年版。
24. ［美］汉密尔顿、杰伊、麦迪逊：《联邦党人文集》，程逢如等译，商务印书馆 2004 年版。
25. ［美］丹尼尔·雷恩：《管理思想的演变》，孙健敏等译，中国社会科学出版社 2000 年版。
26. ［美］詹姆斯·M. 布坎南：《自由、市场和国家》，吴良健等译，北京经济学院出版社 1988 年版。
27. ［美］爱因·兰德：《新个体主义伦理观》，秦裕译，上海三联书店 1993 年版。
28. ［美］梯利著、伍德增补：《西方哲学史》，葛力译，商务印书馆 2009 年版。
29. ［美］梯利：《伦理学导论》，何意译，广西师范大学出版社 2002 年版。
30. ［澳］布伦南、［美］布坎南：《宪政经济学》，冯克利等译，中国社会科学出版社 2004 年版。
31. ［美］布坎南、塔洛克：《同意的计算：立宪民主的逻辑基础》，陈光金译，中国社会科学出版社 2000 年版。
32. ［美］安东尼·唐斯：《民主的经济理论》，姚洋等译，上海世纪出版集团 2005 年版。
33. ［美］杰伊·D. 怀特、盖·B. 亚当斯：《公共行政研究：对理论与实践的反思》，刘亚平、高洁译，清华大学出版社 2005 年版。
34. ［美］埃莉诺·奥斯特罗姆：《公共事务的治理之道：集体行动制度的逻辑》，余逊达、陈旭东译，上海三联书店 2000 年版。
35. ［美］文森特·奥斯特罗姆：《美国公共行政的思想危机》，毛寿龙译，上海三联书店 1999 年版。

36. ［美］金迪斯、鲍尔斯：《人类的趋社会性及其研究：一个超越经济学的经济分析》，浙江大学跨学科社会科学研究中心译，世纪出版集团、上海人民出版社 2006 年版。
37. ［美］罗斯科·庞德：《通过法律的社会控制》，沈宗灵、董世忠译，商务印书馆 1984 年版。
38. ［美］路易斯·亨金：《宪政·民主·对外事务》，邓正来译，生活·读书·新知三联书店 1996 年版。
39. ［美］赫伯特·A. 西蒙：《管理行为》，詹正茂译，机械工业出版社 2004 年版。
40. ［美］阿兰·斯密德：《制度与行为经济学》，刘璨、吴水荣译，中国人民大学出版社 2004 年版。
41. ［美］迈克尔·桑德尔：《自由主义与正义的局限》，万俊人译，译林出版社 2001 年版。
42. ［美］丹尼尔·贝尔：《社群主义及其批评者》，李琨译，生活·读书·新知三联书店 2002 年版。
43. ［美］麦金太尔：《德性之后》，龚群、戴扬毅译，中国社会科学出版社 1995 年版。
44. ［美］泰勒：《自我的根源：现代认同的形成》，韩震等译，译林出版社 2001 年版。
45. ［美］博登海默：《法理学：法律哲学与法律方法》，邓正来译，中国政法大学出版社 1999 年版。
46. ［美］理查德·J. 斯蒂尔曼二世：《公共行政学：概念与案例》（第七版），竺乾威、扶松茂等译，中国人民大学出版社 2004 年版。
47. ［美］珍妮特·V. 登哈特、罗伯特·B. 登哈特：《新公共服务：服务，而不是掌舵》，丁煌译，中国人民大学出版社 2010 年版。
48. ［美］罗伯特·B. 登哈特：《公共组织理论》，竺乾威译，中国人民大学出版社 2003 年版。
49. ［美］L. 亨金：《权利的时代》，信春鹰译，知识出版社 1997 年版。
50. ［美］查尔斯·T. 葛德塞尔：《为官僚制正名：一场公共行政的辩论》，张怡译，复旦大学出版社 2007 年版。
51. ［美］戴维·约翰·法默尔：《公共行政的语言：官僚制、现代性和后现代性》，吴琼译，中国人民大学出版社 2005 年版。
52. ［美］艾赅博、百里枫：《揭开行政之恶》，白锐译，中央编译出版社 2009 年版。

53. ［美］特里·L. 库伯：《行政伦理学：实现行政责任的途径》，张秀琴译，中国人民大学出版社 2001 年版。
54. ［美］查尔斯·K. 威尔伯、肯尼思·P. 詹姆森：《经济学的贫困》，范恒山、郑红亮译，北京经济学院出版社 1993 年版。
55. ［美］B. 盖伊·彼得斯：《政府未来的治理模式》，吴爱明、夏宏图译，中国人民大学出版社 2001 年版。
56. ［美］Jong S. Jun：《公共行政：设计与问题解决》，黄曙曜译，五南图书出版有限公司 2001 年版。
57. ［德］黑格尔：《法哲学原理》，范扬、张企泰译，商务印书馆 1961 年版。
58. ［德］恩斯特·卡西尔：《人论》，甘阳译，上海译文出版社 1985 年版。
59. ［德］康德：《道德形而上学原理》，苗力田译，上海人民出版社 1986 年版。
60. ［德］康德：《实践理性批判》，韩水法译，商务印书馆 1999 年版。
61. ［德］包尔生：《伦理学体系》，何怀宏、廖申白译，中国社会科学出版社 1988 年版。
62. ［德］马克斯·韦伯：《经济与社会》（上、下卷），林荣远译，商务印书馆 1997 年版。
63. ［德］罗伯特·霍恩等：《德国民商法导论》，楚建译，中国大百科全书出版社 1996 年版。
64. ［西德］路德维希·艾哈德：《来自竞争的繁荣》，祝世康、穆家骥译，商务印书馆 1983 年版。
65. ［英］威廉·韦德：《行政法》，徐炳等译，中国大百科全书出版社 1997 年版。
66. ［英］洛克：《政府论》（下篇），叶启芳、瞿菊农译，商务印书馆 1964 年版。
67. ［英］M. J. C. 维尔：《宪政与分权》，苏力译，生活·读书·新知三联书店 1997 年版。
68. ［英］休谟：《人性论》（下册），关文运译，商务印书馆 2010 年版。
69. ［英］休谟：《人性的断裂》，冯援译，光明日报出版社 1996 年版。
70. ［英］霍布斯：《利维坦》，黎思复、黎廷弼译，商务印书馆 1985 年版。
71. ［英］L. T. 霍布豪斯：《形而上学的国家论》，汪淑钧译，商务印书馆 1996 年版。
72. ［英］伯特兰·罗素：《权力论》，靳建国译，东方出版社 1988 年版。

73. ［英］边沁：《道德与立法原理导论》，时殷弘译，商务印书馆 2000 年版。
74. ［英］密尔：《功用主义》，唐钺译，商务印书馆 1956 年版。
75. ［英］密尔：《论自由》，程崇华译，商务印书馆 1959 年版。
76. ［英］亚当·斯密：《国富论》（上卷），郭大力、王亚男译，商务印书馆 1972 年版。
77. ［英］亚当·斯密：《道德情操论》，蒋自强等译，商务印书馆 1997 年版。
78. ［英］L. 罗宾斯：《过去和现在的政治经济学》，陈尚霖、王春育译，商务印书馆 1997 年版。
79. ［英］H. P. 里克曼：《理性的探险》，姚休等译，商务印书馆 1996 年版。
80. ［英］安德鲁·海伍德：《政治学核心概念》，吴勇译，天津人民出版社 2008 年版。
81. ［英］伊·拉卡托斯、艾·马斯格雷：《批判与知识的增长》，周寄中译，华夏出版社 1987 年版。
82. ［英］马尔科姆·卢瑟福：《经济学中的制度》，陈建波等译，中国社会科学出版社 1999 年版。
83. ［英］昆廷·斯金纳：《霍布斯哲学思想中的理性和修辞》，王加丰、郑崧译，华东师范大学出版社 2005 年版。
84. ［英］米尔恩：《人的权利与人的多样性：人权哲学》，夏勇等译，中国大百科全书出版社 1995 年版。
85. ［英］简·莱恩：《新公共管理》，赵成根等译，中国青年出版社 2004 年版。
86. ［法］皮埃尔·布迪厄、［美］华康德：《实践与反思：反思社会学导引》，李猛、李康译，中央编译出版社 1998 年版。
87. ［法］卢梭：《社会契约论》，何兆武译，商务印书馆 1991 年版。
88. ［法］卢梭：《论人类不平等的起源和基础》，李常山译，商务印书馆 1996 年版。
89. ［法］罗伯斯庇尔：《革命的法制和审判》，赵涵舆译，商务印书馆 1986 年版。
90. ［法］勒内·达维：《英国法与法国法》，舒扬等译，西南政法学院法制史教研室 1980 年印。
91. ［法］埃德加·莫兰：《复杂性理论与教育问题》，陈一壮译，北京大学出版社 2004 年版。
92. ［法］孟德斯鸠：《论法的精神》，张雁深译，商务印书馆 1961 年版。
93. ［法］拉・美特利：《人是机器》，顾寿观等译，生活・读书・新知三联书店 1956 年版。
94. ［法］莱昂・狄骥：《宪法学教程》，王文利等译，辽海出版社、春风文艺出版社 1999 年版。
95. ［奥地利］赫尔穆特・舍克：《嫉妒与社会》，王祖望、张田英译，社会科学文献出版社 1999 年版。
96. ［澳］斯马特、［英］威廉斯：《功利主义：赞成与反对》，牟斌译，中国社会科学出版社 1992 年版。
97. ［澳］欧文・E. 休斯：《公共管理导论》，张成福、王学栋等译，中国人民大学出版社 2007 年版。
98. ［荷］斯宾诺莎：《伦理学》，贺麟译，商务印书馆 1981 年版。
99. ［加］威尔・金里卡：《当代政治哲学》，刘莘译，生活・读书・新知三联书店 2004 年版。
100. ［意大利］但丁：《论世界帝国》，朱虹译，商务印书馆 1985 年版。
101. ［印］阿玛蒂亚・森：《伦理学与经济学》，王宇、王文玉译，商务印书馆 2003 年版。
102. ［匈牙利］卢卡奇：《历史与阶级意识》，张西平译，重庆出版社 1989 年版。
103. ［日］星野英一：《私法中的人》，王闯译，中国法制出版社 2004 年版。
104. 彭和平、竹立家：《国外公共行政理论精选》，中共中央党校出版社 1997 年版。
105. 彭和平：《公共行政学》，中国人民大学出版社 2012 年版。
106. 张康之：《寻找公共行政的伦理视角》，中国人民大学出版社 2002 年版。
107. 芮国强、乔耀章：《行政哲学基本问题探索与对话》，吉林人民出版社 2006 年版。
108. 何颖：《行政哲学研究》，学习出版社 2011 年版。
109. 颜佳华：《行政哲学研究》，湘潭大学出版社 2009 年版。
110. 颜昌武、马骏：《公共行政学百年争论》，中国人民大学出版社 2010 年版。
111. 林钟沂：《行政学》，三民书局 2005 年版。

112. 吴琼恩：《行政学》，三民书局 2008 年版。
113. 俞可平：《治理与善治》，社会科学文献出版社 2000 年版。
114. 竺乾威：《公共行政理论》，复旦大学出版社 2012 年版。
115. 竺乾威：《公共行政学》（第 3 版），复旦大学出版社 2008 年版。
116. 楚明琨：《公共行政学》，高等教育出版社 2013 年版。
117. 张国庆：《公共行政学》（第 3 版），北京大学出版社 2007 年版。
118. 吴琼恩：《行政学的范围与方法》，五南图书出版股份有限公司 2006 年版。
119. 严强、魏姝：《政治学研究方法》，凤凰出版传媒集团、江苏教育出版社 2007 年版。
120. 黄德良：《人本行政管理》，上海大学出版社 2002 年版。
121. 北京大学哲学系外国哲学史教研室：《古希腊罗马哲学》，生活·读书·新知三联书店 1957 年版。
122. 周辅成：《西方伦理学名著选辑》（上、下卷），商务印书馆 1996 年版。
123. 王海明：《人性论》，商务印书馆 2005 年版。
124. 祁志祥：《人学原理》，商务印书馆 2012 年版。
125. 刘良贵：《人性系统与国家机器的发展》，香港新华人民出版社 2010 年版。
126. 朱智贤：《心理学大词典》，北京师范大学出版社 1989 年版。
127. 王春福：《有限理性利益人与公共政策》，中国社会科学出版社 2008 年版。
128. 韩庆祥、邹诗鹏：《人学：人的问题的当代阐释》，云南人民出版社 2001 年版。
129. 韩庆祥：《马克思的人学理论》，河南人民出版社 2011 年版。
130. 陆士桢、孟登迎：《人文精神与意义探寻》，中国社会科学出版社 2005 年版。
131. 周育国：《马克思主义人本理念的当代视域》，北京师范大学出版社 2013 年版。
132. 北京大学哲学系外国哲学史教研室：《西方哲学原著选读》（下卷），商务印书馆 1982 年版。
133. 葛力：《十八世纪法国哲学》，商务印书馆 1991 年版。
134. 《韩非子·六反》。
135. 《韩非子·外储说左上》。

136. 《韩非子·内储说下》。
137. 《韩非子·饰邪》。
138. 冯友兰:《三松堂全集》(第1卷),河南人民出版社1985年版。
139. 陈波:《社会科学方法论》,中国人民大学出版社1989年版。
140. 李秀林、王于、李淮春:《辩证唯物主义和历史唯物主义原理》(第5版),中国人民大学出版社2004年版。
141. 苏富忠:《思维论》,中联出版社1992年版。
142. 刘军宁等:《自由与社群》,生活·读书·新知三联书店1998年版。
143. 吴玉军:《现代性语境下的认同问题——对社群主义与自由主义论争的一种考察》,中国社会科学出版社2012年版。
144. 肖滨、郭忠华:《公民身份与社会理论》,吉林出版集团有限责任公司2007年版。
145. 王新民:《公仆论》,中共中央党校出版社1995年版。
146. 苏越:《科学发现中的逻辑方法》,北京师范大学出版社1990年版。
147. 陈桂生:《教育学的建构》,湖南教育出版社1998年版。
148. 李建良等:《行政法入门》,元照出版有限公司2004年版。
149. 戴黍、牛美丽:《公共行政学中的批判理论》,中国人民大学出版社2008年版。
150. 湛中乐:《现代行政过程论:法治理念、原则与制度》,北京大学出版社2005年版。
151. 杨梅坤、黄学贤:《中国行政程序法典化——从比较法角度研究》,法律出版社1999年版。
152. 谢立中:《西方社会学名著提要》,江西人民出版社2001年版。
153. 陈忠:《规则论——研究视域与核心问题》,人民出版社2008年版。
154. 胡伟:《政府过程》,浙江人民出版社1998年版。
155. 李水海:《世界伦理道德辞典》,陕西人民出版社1990年版。
156. 孙国华:《中华法学大辞典·法理学卷》,中国检察出版社1997年版。
157. 肖金明:《法治行政的逻辑》,中国政法大学出版社2004年版。

二 中文期刊类

1. 马俊、刘亚平:《中国公共行政学的“身份危机”》,《中国人民大学学报》2007年第4期。
2. 周志忍:《公共行政学发展绕不开的几个问题》,《公共行政评论》2013年第2期。

3. 丁煌、李晓飞：《正本清源：公共行政学“身份危机”之新考量》，《湘潭大学学报》（哲学社会科学版）2010 年第 4 期。
4. 刘亚平：《公共行政学的合法性危机与方法论路径》，《武汉大学学报》（哲学社会科学版）2006 年第 1 期。
5. 王惠娜：《公共行政学的“身份危机”与未来走向》，《华侨大学学报》（哲学社会科学版）2012 年第 3 期。
6. 何艳玲：《危机与重建：对我国行政学研究的进一步反思》，《中国人民大学学报》2007 年第 4 期。
7. 董建新：《政府是否是“经济人”?》，《中国行政管理》2004 年第 3 期。
8. 陈庆云等：《比较利益人：公共管理研究的一种人性假设——兼评“经济人”假设的适用性》，《中国行政管理》2005 年第 6 期。
9. 陈庆云等：《公共管理理念的跨越：从政府本位到社会本位》，《中国行政管理》2005 年第 4 期。
10. 徐拥军：《“知识人”假设与知识型员工激励模式》，《经济师》2004 年第 2 期。
11. 孙健：《管理学视野中的生态和谐人假设及其实现》，《西北师大学报》（社会科学版）2004 年第 5 期。
12. 候保龙：《也论政府的人性假设：政府是公益人与经济人的统一体》，《浙江海洋学院学报》2007 年第 2 期。
13. 赵军、孙昌兴：《中国行政人伦理建设研究：从行政人的人性论谈起》，《江淮论坛》2005 年第 3 期。
14. 孙伟伟、冷向明：《政府官员人性假定问题探究》，《湖北行政学院学报》2009 年第 2 期。
15. 吴元其、王辉：《行政哲学：来龙去脉与建构路径》，《中国行政管理》2004 年第 6 期。
16. 郭夏娟：《论行政管理的伦理本质》，《理论月刊》2000 年第 10 期。
17. 丁煌：《政策制定的科学性与政策执行的有效性》，《南京社会科学》2002 年第 1 期。
18. 董长春：《权力的私人性及其法律控制》，《政治与法律》2005 年第 5 期。
19. 叶航、汪丁丁、罗卫东：《作为内生偏好的利他行为及其经济学意义》，《经济研究》2005 年第 8 期。
20. 刘瑞、吴振兴：《政府人是公共人而非经济人》，《中国人民大学学报》2001 年第 2 期。

21. 俞可平：《幸福与善治》，《马克思主义与现实》2011 年第 2 期。
22. 俞可平：《当代西方社群主义及其公益政治学评析》，《中国社会科学》1998 年第 3 期。
23. 郑富兴：《麦金太尔的美德教育思想》，《全球教育展望》2004 年第 8 期。
24. 唐慧玲：《对理性公民政治参与的思考——基于消极公民和积极公民理论》，《内蒙古大学学报》（哲学社会科学版）2012 年第 1 期。
25. 刘彦朝、李继刚：《试论近现代西方公民理论的逻辑结构》，《华北水利水电学院学报》（社会科学版）2004 年第 3 期。
26. 薛冰：《行政经济人假设的方法论反思》，《西北大学学报》（哲学社会科学版）2005 年第 4 期。
27. 王庆利：《“社会公仆”的概念解析》，《教学与研究》2004 年第 5 期。
28. 马尔：《列宁的人民管理制理论——马克思主义社会公仆理论的丰富和发展》，《广西大学学报》（哲学社会科学版）1991 年第 2 期。
29. 曾峻：《公共管理的逻辑起点论析：公共管理学基本问题研究之一》，《上海师范大学学报》（哲学社会科学版）2003 年第 5 期。
30. 刘小强：《学科还是领域：一个似是而非的争论》，《北京大学教育评论》2011 年第 4 期。
31. 张成福：《变革时代的中国公共行政学：发展与前景》，《中国行政管理》2008 年第 9 期。
32. 张成福：《论公共行政的“公共精神”》，《中国行政管理》1995 年第 5 期。
33. 冯英：《论公共行政之公共性及其何以可能》，《中国行政管理》2008 年第 5 期。
34. 张雅勤：《公共行政“公共性”的概念解析》，《浙江学刊》2012 年第 1 期。
35. 苏曦凌：《行政技术论》，《内蒙古社会科学》（汉文版）2012 年第 5 期。
36. 张晓峰：《理性的缺憾及对理性主义政策分析的反思》，《政治学研究》2004 年第 4 期。
37. 张之沧：《非理性主义辨析》，《江苏社会科学》1994 年第 5 期。
38. 芮国强、常静：《公共精神型塑下的行政转型》，《学术界》2007 年第 6 期。
39. 张永缜：《权力本位：中国现代化的绊脚石》，《理论导刊》2001 年第

2 期。
40. 张康之：《论公共行政领域中的能力本位》，《甘肃行政学院学报》2000 年第 3 期。
41. 胡炎平：《论服务行政的基本内涵》，《南京工程学院学报》2006 年第 2 期。
42. 郭垒：《人文精神是现代社会的创新之源》，《国家教育行政学院学报》2006 年第 3 期。
43. 周国平：《人文精神的哲学思考——周国平教授在国家行政学院的讲演》，《文汇报》2002 年 12 月 1 日。
44. 齐明山：《公共行政模式的变革——走向人本行政模式》，《云南行政学院学报》2006 年第 3 期。
45. 王明春：《从科层化到扁平化——组织结构的人文解读》，《四川行政学院学报》2005 年第 1 期。
46. 曾盛聪：《当代公共行政的道德化转向：价值诉求与实践品格》，《长沙理工大学学报》（社会科学版）2014 年第 1 期。
47. 张正军：《公共管理论域中的公共性问题：语义分析基础上的哲学诠释》，《江海学刊》2009 年第 3 期。
48. 薄贵利：《中国行政学：问题、挑战与对策》，《中国行政管理》1998 年第 12 期。
49. 颜佳华：《实践哲学视阈中的行政哲学》，《求索》2014 年第 1 期。
50. 谭九生：《公共行政价值的人学解构》，《湘潭大学学报》（哲学社会科学版）2013 年第 5 期。

三　外文资料

1. Ali Farazmand, *Handbook of Comparative and Development Public Administration*, New York and Basel: Marcel Dekker, Inc., 2001.
2. Christopher Pollitt and Geert Bouchaert, *Public Management Reform: A Comparative Analysis*, Oxford University Press, 2000.
3. Cooper Terry L., *The Responsible Administrator: An Approach to Ethics for the Administrative Role*, San Francisco: Jossey-Bass, 1990.
4. Denhardt Kathryn G., *The Ethics of Public Service: Resolving Moral Dilemmas in Public Organizations*, Westport CT: Greenwood Press, 1988.
5. Dwight Waldo, *The Administrative State: A Study of the Political Theory of American Public Administration*, Holmes & Meier Publishers, Inc., 1984.

6. Frederick C. Mosher, *Democracy and the Public Service*, Oxford University Press, 1982.

7. H. George Frederickson (editor), *Ethics and Public Administration*, M. E. Sharpe, Inc., 1993.

8. Jong S. Jun, *Public Administration: Design and Problem Solving*, New York: Macmillan, 1986.

9. J. Habermas, *The Philosophical Discourse of Modernity*, The MIT Press, 1987.

10. Jay D. White and Guy B. Adams, *Research in Public Administration*, International Education and Professional Publisher, 1994.

11. Mark H. Moore, Greating Public Value: *Strategic Management in Government*, Havard University, 1995.

12. Michael M. Harmon, *Action Theory for Public Administration*, New York: Longman, 1981.

13. Robert H. Simmons, *Public Administration: Values, Policy and Change*, NY: Alferd publishing Co., 1977.

14. Ashley Symes, Greating Public Values: Strategic Management in Government, Book Review, *International Public Management Journal*, Vol. 2, No. 1, 1999.

15. Bruce W. Ethics and Administration, *Public Administration Review*, 1992, 1.

16. Cooper T. L., The Paradox of Responsibility: An Enigma, *Public Administration Review*, 1996, 52 (6).

17. Davis M., Conflict of Interest, *Business and Professional Ethics Journal*, 1982, 1 (4).

18. Denhardt K., The Management of Ideals: A Political Perspective on Ethics, *Public Administration Review*, 1989, 49.